Inge Kloepfer

AUFSTAND DER UNTERSCHICHT

Was auf uns zukommt

| Hoffmann und Campe |

1. Auflage 2008
Copyright © 2008 by Inge Kloepfer
www.hoca.de
Satz: Pinkuin Satz und Datentechnik, Berlin
Druck und Bindung: Druckerei C.H. Beck, Nördlingen
Gesetzt aus der Palatino PostScript
Printed in Germany
ISBN 978-3-455-50052-3

HOFFMANN
UND CAMPE

Ein Unternehmen der
GANSKE VERLAGSGRUPPE

Inhalt

Prolog
Die Bedrohung 7

1. Kapitel
Vererbte Armut 33

2. Kapitel
Auf der Straße 65

3. Kapitel
Im falschen Viertel 90

Exkurs
Die Mitte in Angst 118

4. Kapitel
Familie in Trümmern 151

5. Kapitel
Sortieranstalt Schule 179

6. Kapitel
Der letzte Kick 212

7. Kapitel
Unter Verlierern 239

Epilog
Auf der Suche nach Lösungen 275

Nachwort 293
Literatur 295

Prolog

Die Bedrohung

Jascha zieht sich den Ärmel seines schäbigen T-Shirts über das Handgelenk. Er fährt sich damit übers Gesicht, um sich den Schweiß von der Haut zu wischen. Es ist unerträglich schwül auf der Theatinerstraße in München. Der Sommer 2020 war sehr warm und ist es immer noch, obwohl er sich langsam dem Ende zuneigt. Jascha holt einmal tief Luft, reckt sich und sinkt dann wieder zusammen. Seit Stunden hockt er vor dem leicht zurückgesetzten Portal der strahlend gelben Theatinerkirche, an der die gleichnamige Straße – eine der teuersten in der bayerischen Landeshauptstadt – ihren Anfang nimmt. Ein paarmal ist er bereits aufgestanden, hat sich angesichts nahender Polizisten in den Eingang der Kirche verzogen, um sich wenig später wieder an seinen Platz zu begeben.

Er beobachtet, wie ein junger, gutgekleideter Mann – etwa sein Alter – am Odeonsplatz aus einem Taxi springt und sich ein beiges Leinensakko überwirft. Er fragt sich kurz, warum er sich das antut: ein Jackett an diesem heißen Spätsommernachmittag? Der junge Mann geht mit bestimmten Schritten an ihm vorbei, ohne einen einzigen Blick auf den Pappbecher zu werfen, den Jascha als stumme Aufforderung an die vorbeischlendernden Passanten und den ein oder anderen Kirchenbesucher vor sich hingestellt hat. Er läuft die Fußgängerzone hinunter in Richtung Marienplatz, den Blick geradeaus gerichtet. Unwillkürlich steht Jascha auf, steckt die paar Münzen aus seinem Becher in die ausgebeulte Hosentasche und folgt ihm. Die Zeit dazu hat er ja, er hat nichts zu tun. Jascha hat nur die Straße, die seit seiner Ankunft in München sein Zuhause ist.

Jascha, 31 Jahre alt, ist gebürtiger Berliner. Er hat fast sein ganzes Leben in Berlin verbracht, bis ihm irgendjemand vor gut einem Jahr geraten hat, nach München zu fahren, wo es sich auf der Straße besser leben lasse. Die Münchner hätten mehr Geld. Wer auf der Straße die Hand aufhalte, werde eher bedacht als in der Hauptstadt. Und Jascha hat es geglaubt, ist in den ICE gestiegen, den Schaffnern geschickt aus dem Weg gegangen, bis es ihm schließlich gelang, einem der Reisenden seinen Fahrschein zu entwenden. So hat er sich durchgeschlagen bis in den Süden der Republik.

Jascha ist einer derer, die man zu den PISA-Versagern zählen müsste. In den Tests hätte er mit Sicherheit auf unterster Stufe abgeschnitten. Er weiß und kann zu wenig. Doch einen PISA-Test hat er nie geschrieben, weil er 1989 geboren ist und damit nicht zu den Jahrgängen gehört, die in den seinerzeit alle drei Jahre stattfindenden Schülertests an der Reihe waren. Damals haben die schlechten Ergebnisse deutscher Schüler bei den internationalen Vergleichsstudien die Öffentlichkeit noch aufgeregt. Doch mit jeder weiteren PISA-Welle hat die öffentliche Empörung abgenommen. Zwar gibt es die Tests immer noch, doch sind sie den Medien mittlerweile kaum mehr als zwei Sätze wert. Die Öffentlichkeit, bildungspolitischer Reformen seit Jahren überdrüssig, hat sich längst daran gewöhnt, dass Deutschlands Bildungssystem Jahr für Jahr Zigwenn nicht Hunderttausende von Versagern wie Jascha produziert.

Jascha ist nicht mitgekommen in der Schule. Es hat sich auch nie jemand um ihn gekümmert. Seine Mutter lebte, seit er sich erinnern kann, von der Sozialhilfe, wie man die staatlichen Transfers seinerzeit nannte. Der Vater verschwand früh, seine älteren Geschwister gingen ihre eigenen Wege. Geld war immer knapp und immer ein großes Thema zu Hause – meistens für Streit. Jascha hat seine zehn Pflichtschuljahre zwar hinter sich gebracht, doch Lernen war in seinem Leben stets nur Nebensache. Den Hauptschulabschluss hat er nicht geschafft. Alles Weitere war damit vorprogrammiert. Der Schule folgten nahtlos Hartz IV und ein paar vom Jobcenter, wie es damals hieß, verordnete Maßnahmen. Zu einer geregelten Arbeit aber hat er es nie gebracht. Jascha hat sich mit allerlei simplen Gelegenheitsjobs über Wasser gehalten, seit Hartz IV vor einigen Jahren so gut wie abgeschafft wurde, weil der Staat für die zum Zerreißen gespannten Sozialsysteme kein Geld mehr hatte. Jascha musste damals auch seine vom Jobcenter bezahlte Wohnung aufgeben, wie alle, die keine Familie hatten. Seitdem lebt er auf der Straße. Mit den Jobs – allesamt illegal – ist es in den vergangenen Jahren ebenfalls schwierig geworden, weil der Zoll auf der Jagd nach Schwarzarbeitern die Zahl der Beamten drastisch erhöht und ein geheimes System von Informanten aufgebaut hat; Kopfgeldjäger sind das, die jeden melden, der im Verdacht steht, sich illegal einen armseligen Lebensunterhalt zu verdienen. Irgendwie kriegen sie einen immer.

Wie in Berlin, das hat Jascha schnell mitbekommen, werden auch in der bayerischen Metropole die besseren Wohnbezirke von privaten Sicherheitsdiensten rund um die Uhr bewacht. Tag und Nacht drehen die Wachmänner ihre Runden um die Häuserblocks. Ein paar unangenehme Begegnungen hat Jascha mit diesen Typen schon hinter sich. Gescheut haben sie sich nie, auf ihn einzuprügeln, wenn er sich in die besseren Viertel verlaufen hatte. Anfangs hatte er sich noch geärgert, weil er genau wusste, dass die meisten dieser aggressiven, in der Regel zu Hungerlöhnen engagierten Sicherheitsleute kaum anders aufgewachsen waren als er selbst. Seither aber meidet er sie. In der Münchner Innenstadt sind Kaufhäuser und Einkaufspassagen schon lange nicht mehr für jedermann zugänglich. Wie früher vor den Discos und Clubs für die Reichen und Prominenten stehen dort vor jeder noch so kleinen exquisiten Boutique mit Elektroschockern bewaffnete Türsteher. Durch die Fußgängerzonen patrouillieren Polizeistreifen, nicht immer in Uniform. Manchmal sind es auch Soldaten der Bundeswehr, die seit einigen Jahren für die innere Sicherheit eingesetzt werden. Das Leben auf der Straße ist härter geworden.

Jascha ist sich sicher, dass der junge Mann ihn nicht wahrnehmen wollte, der eben so achtlos an ihm vorbeigegangen ist. Vielleicht war es das, was ihn ärgerte und dazu veranlasste, ihm zu folgen. Vielleicht ist es aber auch das merkwürdige Gefühl, sein Gesicht vor Jahren schon einmal gesehen zu haben, ihn von irgendwoher zu kennen. Schnell holt er ihn ein und beginnt, neben ihm herzulaufen – aufdringlich, herausfordernd. Der Mann wiederum scheint geradezu absichtlich den Kopf in die andere Richtung zu wenden. Jascha mustert ihn im Laufen von der Seite genauer. Einer dieser Erfolgstypen, die irgendwo ihr Geld herbekommen, denkt er sich. Woher sie es haben und wie sie es anstellen, weiß Jascha nicht. Er hat nie in seinem Leben mit so jemandem gesprochen. Er weiß nur, dass ihre Welt für ihn unendlich weit weg ist, so unerreichbar, dass schon seine Mutter immer von »uns« und von »den Reichen« gesprochen hatte.

Als Jascha merkt, dass der Mann ihm einen verstohlenen Blick zuwirft, der seine ganze Unsicherheit verrät, lächelt er kurz. Unvermittelt kommt ihm der Name Alexander in den Sinn. Sein Opfer hat ihn offenbar inzwischen wahrgenommen. Jascha streckt seine schmutzige Hand mit dem Pappbecher aus und hält sie ihm direkt vor den Körper. Der Mann schüttelt den Kopf, weicht zur Seite und beschleunigt seine Schritte. Doch Jascha lässt nicht locker: »Hey, etwas Kleingeld für mich?«, ruft er ihm zu. Sein Opfer zuckt zusammen, schüttelt nun heftig den Kopf und geht weiter. Jascha lässt sich scheinbar abwimmeln, hält inne, bleibt zunächst ein paar Schritte zurück und überlegt, warum ihm der Name so plötzlich in den Sinn gekommen ist. Doch schnell gibt er auf, verwirft alle Gedanken daran und folgt dem Fremden.

In einem der Eingänge eines Bürohauses, an dem sie vorüberlaufen, sitzen zwei junge Frauen auf den Stufen; sie sind ungepflegt. Jascha weiß, dass auch sie den jungen Mann anbetteln werden. Irgendwie gibt ihm das Auftrieb. Er weiß, dass die Strecke, die sich der Fremde vorgenommen hat, zu einem Spießrutenlaufen wird. Und er kann eine gewisse Schadenfreude nicht verhehlen. Ein Kind in kurzen Hosen und gelbem T-Shirt – ob Junge oder Mädchen, ist schwer zu sagen – hüpft auf den Steinen hin und her. Es erwischt einen Ärmel des Mannes, versucht ihn festzuhalten. Jascha sieht, wie es den Fremden anblickt, erwartungsvoll und gleichzeitig verschlagen. Der weicht erneut zurück. Jascha hört, wie eine der Frauen lachend sagt: »Da hättest du den Reichen fast erwischt.« Auf der anderen Seite der Straße erblickt Jascha wieder einen, der nichts hat. Er schaut die Straße weiter entlang. Überall hocken sie schon, die Menschen seinesgleichen aus der »schlechten Gesellschaft«. Vor ihm läuft sein Opfer, das jetzt die *Fünf Höfe* ansteuert, eine edle Einkaufspassage im Herzen von München.

Der Eingang ist nicht mehr weit weg. Jascha spürt die Angst des Mannes, der sich nun immer wieder umblickt. Er bleibt in einiger Entfernung stehen. Er merkt, wie die Stimmung den Fremden zu bedrücken scheint, auf dessen Nacken sich inzwischen Schweißtropfen gebildet haben, die in seinen Hemdkragen hinunterlaufen. An diesem heißen Spätsommernachmittag sind ungewöhnlich viele Menschen im Zentrum von München. Schon auf den ersten Blick ist zu erkennen, dass es sich nicht wie sonst um die wohlhabenden Bürger der bayerischen Weltstadt handelt. Es sind eher die Armen, die sich in der Fußgängerzone herumtreiben. Gegen die Szene geht die Stadt massiv vor, das ist bekannt, und versucht, sie immer wieder zu zerstreuen. Menschen, die ganz offensichtlich nichts in der Innenstadt verloren haben, werden konsequent aus dem Stadtzentrum vertrieben und an den Stadtrand gedrängt.

Jascha hat das auch immer wieder erlebt, wenn er aufgescheucht wurde, mit rüden Worten und manchmal sogar einem Knüppel oder Tritten. Plötzlich amüsiert ihn die Vorstellung, wie hilflos die Polizisten herumlaufen werden, wenn sich die Stadt mit seinesgleichen zu füllen beginnt, mit den Menschen also, die vor allem in den Außenbezirken ihr Dasein fristen. Es ist erst Nachmittag. Jascha ist sich sicher: An diesem Abend werden noch sehr viel mehr von ihnen kommen. Die Außenbezirke Münchens, die schmuddeligen Viertel mit den Menschen, die seit Jahrzehnten von der Hand in den Mund leben, haben inzwischen einen schlechten Ruf. In ihren Straßen sollte man sich nachts nicht mehr blicken lassen, zumindest dann nicht, wenn man allzu offensichtlich nicht dorthin gehört, heißt es jedenfalls in den bürgerlichen Schichten.

Es sei zu gefährlich. Tatsächlich: Übergriffe sind die Regel, so wie es in vielen anderen Großstädten der Welt schon seit Jahrzehnten der Fall ist.

An diesem Sommerabend wird Münchens Unterschicht langsam in die Innenstadt strömen und sich in den teuren Einkaufsmeilen versammeln. Etliche haben sich schon eingefunden, Frauen, Männer, Kinder. Sie hocken herum und gucken, manche bedrängen mit Einkaufstüten beladene Passanten. Es scheint, als hätten sie sich allesamt abgesprochen, sich an diesem Abend dem Establishment entgegenzustellen. Auch Jascha hat mitbekommen, dass viele vorhaben, in die Innenstadt zu ziehen. Keine Flugblätter, keine Aufrufe – es lief über Mund-zu-Mund-Propaganda.

Jascha sieht, wie sein Opfer versucht, unbemerkt an einer Gruppe von vier Männern vorbeizukommen, die etwas jünger sind als er. Einer hält ihn fest. Jascha vernimmt die Worte deutlich: »Vorbeimogeln ist nicht. Ich brauche Geld!« Der Fremde reist sich los, fängt an zu rennen. Die vier Typen lachen rau und verfolgen ihn kurz, dann geben sie auf. Sie werfen einen Blick zu Jascha hinüber, der die Szene verfolgt hat. Sie grinsen ihn an, er nickt zurück.

Kurz vor dem Eingang der Passage, die der Fremde ansteuert, tritt eine Frau in hellblauer Jogginghose, weißem T-Shirt und Flipflops auf ihn zu. Sie ist seltsam alterslos, hat ihre dünnen aschblonden Haare mit einem Gummi im Nacken zusammengebunden und hält eine brennende Zigarette zwischen den Fingern. Jascha ist klar, dass auch sie ihn angehen wird. Der Mann nimmt den kleinsten Schein aus einem geklammerten Bündel, das er schnell aus seiner Hosentasche gezogen hat. Er gibt ihr fünf Euro. Aber das reicht ihr nicht. Dafür bekäme sie in München keine zwei Liter Milch. Sie verstellt ihm den Weg zum Eingang der Passage. Der Fremde versucht, an ihr vorbeizukommen.

Er schaut sich noch einmal um und sieht Jascha. Ihre Blicke begegnen sich für den Bruchteil einer Sekunde. Und plötzlich ist sich Jascha ganz sicher, dass er ihm schon einmal begegnet ist, irgendwann vor sehr, sehr langer Zeit. In diesem Moment der Unachtsamkeit des Fremden nimmt die Frau ihre Zigarette und drückt sie mit einer raschen Bewegung auf seinem Jackenärmel aus. Dann wendet sie sich ab und ist im nächsten Moment verschwunden. Ein Loch schmort sich in das beige Leinengewebe. Jascha grinst wieder und denkt: Irgendwie hat sie ihre Sache besser als er gemacht. Sie hat es ihm gezeigt, dem Reichen auf der Sonnenseite des Lebens.

Er sieht noch, wie dem Fremden wieder jemand in den Weg tritt und ihm die Hand entgegenstreckt. Diesmal sind es zwei schwerbewaffnete Sicherheitsleute. Sie tragen Schwarz und bewachen den Eingang zu den *Fünf Höfen*. Gerade noch rechtzeitig wird er von ihnen in die Passage hineingezogen. Jascha schaut sich um. Die S- und U-Bahn-Schächte um den Marienplatz spucken immer mehr Menschen aus. Die Münchner Innenstadt beginnt sich zu füllen …

So könnte sie aussehen, unsere Zukunft 2020 in einer in sich tiefgespaltenen Gesellschaft. Das Jahr 2020 erscheint noch fern. Doch so lange ist es nicht mehr hin. Schneller, als uns vielleicht lieb ist, werden wir dort angekommen sein. Glauben Sie es nicht, dann machen Sie die Probe: Erinnern Sie sich zum Beispiel an den 9. November 1989? Sicher wissen Sie noch genau, wo Sie sich aufhielten, als die Mauer fiel und das Ende der DDR damit besiegelt wurde. Sicher haben Sie noch vor Augen, wer Ihnen die Nachricht zutrug, dass es sich lohnen würde, nach Hause zu gehen, um den Fernseher einzuschalten. Sicher ist Ihnen im Gedächtnis geblieben, wo Sie saßen und die Bilder von Tausenden Menschen sahen, von Berlinern aus Ost und West, die auf der Mauer standen und jubelten. Seit dem November 1989 sind neunzehn Jahre vergangen. Spüren Sie, wie nah diese Zeit noch ist? Bis 2020 bleiben uns nur noch zwölf Jahre. Auf der Zeitachse ist das ein Drittel weniger als zurück ins Jahr der Wende. Doch fühlt sich 2020 viel ferner an. Aber das ist nur ein Gefühl, das aus unserer fehlenden Vorstellungskraft bezüglich der Zukunft resultiert. Auf Distanz zum Jahr 2020 hält uns allein die vermeintliche Ungewissheit darüber, was uns widerfahren wird. Vielleicht ist es aber auch die Tatsache, dass wir es gar nicht so genau wissen wollen.

Doch die Ferne trügt: Um viele Entwicklungen wissen wir bereits. 2020 wird es zum Beispiel längst selbstverständlich sein, dass sich Menschen ihr Erbgut entschlüsseln lassen mit einer Vielzahl im Körper schlummernder Krankheitsrisiken. Es wird normal sein, dass Versicherungen und Unternehmen versuchen, an genau diese Informationen heranzukommen. 2020 werden die Computer mit Sicherheit mehr Daten bewältigen können als das menschliche Gehirn. Die Rechner werden für viele bezahlbar sein. Miniatur-Roboter werden durch menschliche Körperwindungen schwirren und die Kommunikation zwischen Menschen und Maschinen in ganz neue Dimension geführt haben.

Die lebensverändernden Fortschritte, die uns die Wissenschaft bescheren wird, sind nur die eine Seite der Medaille. Auf der anderen Seite stehen weniger erfreuliche, bedrohliche Prognosen. Denn auch hier wissen wir um viele Prozesse, die schon vor Jahren in Gang gesetzt wurden. Und wir wissen um deren Folgen. Das gilt nicht nur für die Klimakatastrophe, die allen Anstrengungen zum Trotz ihren Lauf nimmt, sondern auch für gesellschaftliche Entwicklungen. In vielen Gemeinden wird die Bevölkerung nicht nur stark altern, sondern auch schrumpfen. Junge Menschen werden in die Städte ziehen, ganze Landstriche verwaisen und Immobilien entwertet werden. Wir können darüber hinaus heute schon absehen, dass es im Jahr 2020 in Deutschland ein Heer von Menschen geben wird, die zum Fortschritt und Wohlstand unserer Gesellschaft nichts mehr beitragen können. Das wird nicht nur die steigende Zahl der Rentner sein, von denen ein erheblicher Teil in bitterer Armut leben wird. Im Jahr 2020 wird Jascha, der heute 19 Jahre alt und im Grunde schon gescheitert ist, fast sein ganzes junges Leben lang von der Sozialhilfe gelebt haben. Er wird einer von mehreren Millionen Menschen sein, die ihre erste Lebenshälfte noch nicht hinter sich gebracht haben und dennoch nicht in der Lage sind, ihren Lebensunterhalt mit eigener Arbeit zu verdienen. Jascha und Millionen anderer junger Menschen werden Deutschland seit Jahren auf der Tasche liegen und unsere Sozialsysteme einem erbarmungslosen Stresstest unterziehen. Mit der Wissensgesellschaft werden sie nichts zu tun haben. Weil sie nicht mithalten können, werden sie weder von ihr profitieren noch von ihr gebraucht. Mehr schlecht als recht werden sie von ihr durchgefüttert werden.

Blicken wir uns einfach um. Alle diese Menschen sind heute schon da; viele von ihnen sind jung. Es sind Jugendliche und Kinder, die vernachlässigt und alleingelassen ohne die notwendige Förderung am Rande der Gesellschaft aufwachsen, in den unteren Schichten, in bildungsfernen, zum Teil lieblosen Elternhäusern, in schlechten Schulen. Sie werden in zwölf Jahren, also bis zum Jahr 2020, nicht verschwunden, sondern junge Erwachsene sein. Sie werden ihre Milieus bis dahin nie verlassen haben. Sie werden ihr Leben lang am Rand der Gesellschaft balancieren, ohne Anschluss an die großen Chancen und individuellen Entwicklungsmöglichkeiten, die eine postindustrielle Gesellschaft bietet.

Lange Zeit von der breiten Öffentlichkeit unbemerkt oder nur unwillig wahrgenommen, wuchsen und wachsen sie heran. Aber kaum einer wollte oder will wirklich etwas von ihnen wissen; abgesehen von einigen Bürgermeistern, von Lehrern, Sozialarbeitern, Polizisten oder etwa engagierten Bürgern, die seit Jahren vergeblich versuchen, in die Milieus dieser Menschen ein wenig Ordnung und Hoffnung zu bringen. Wenn Eltern in ihrer Erziehungsverantwortung zunehmend versagen, wenn Lehrer vor der Gewalt in Schulen kapitulieren, wenn Polizisten nicht mehr in der Lage sind, in bestimmten Stadtvierteln die öffentliche Ordnung zu gewährleisten, wenn sich nicht nur Wohnungsbaugesellschaften, sondern auch Schulen zunehmend der Mitarbeiter florierender privater Sicherheitsunternehmen bedienen, wenn Schüler keinen vollständigen Satz herausbekommen, wenn jeder fünfte Teenager so wenig Abstraktionsvermögen besitzt, dass er einfache Texte nicht begreift und simple Grundrechenarten nicht beherrscht, dann sind das die hässlichen Symptome einer gesellschaftlichen Misere. Diese Symptome sagen uns mehr als deutlich: Irgendetwas läuft seit Jahren, wenn nicht Jahrzehnten grundlegend falsch in Deutschland.

Es genügt eine einfache Rechnung, um zu wissen, von welchen Dimensionen in Zukunft die Rede sein wird. Rund 22 Prozent der Jugendlichen eines Jahrgangs haben im ersten PISA-Test 2000 auf unterstem Niveau abgeschnitten. Unterstes Niveau bedeutet: Sie können weder den Inhalt einfachster Texte wiedergeben, noch sind sie in der Lage, die schlichtesten Rechenoperationen durchzuführen. Viele der PISA-Versager aus dem Jahr 2000 werden keinen regulären Ausbildungsplatz gefunden haben. Wahrscheinlich sind sie in irgendwelchen teuren Warteschleifen gelandet, die sich euphemistisch »Berufsvorbereitung« nennen. Diese jungen Leute werden heute keiner anspruchsvollen Arbeit nachgehen, sondern von staatlichen Transfers auf Kosten der Gesellschaft leben oder sich in schlecht bezahlten Jobs verdingen, um über die Jahre wieder aussortiert zu werden.

Die Fünfzehnjährigen, die im zweiten PISA-Test 2003, gemessen an ihren Leistungsergebnissen, zur Risikogruppe gehörten, machten – wie schon 2000 – gut 22 Prozent aller Schüler ihrer Alterskohorte aus. Auch sie erzielten Ergebnisse auf der untersten Stufe. Weder ihr Leseverständnis noch ihre Rechenkünste reichen für das Erlernen eines einfacheren Ausbildungsberufs aus. Im dritten PISA-Test 2006 sind es wiederum 20 Prozent, die auf unterster Stufe abgeschnitten haben. Nun sind zwischen der ersten und der dritten PISA-Studie sechs Jahre vergangen, ohne dass sich im unteren Leistungsspektrum gravierende Verbesserungen ergeben hätten. Wenn in Deutschland die sechs Jahrgänge zwischen den PISA-Studien I und III im Durchschnitt jeweils 850 000 Köpfe zählen, von denen wiederum je rund ein Fünftel aufgrund fehlender Kompetenzen nur schwer oder gar nicht in Beschäftigung zu bringen ist und über die Jahre wahrscheinlich aufgrund der Anforderungen der Wissensgesellschaft abgehängt wird, dann hat sich allein in diesen sechs Jahren ein Heer von mehr als einer Million Jugendlichen gebildet, die die Gesellschaft nicht will und die Wirtschaft auf Dauer nicht brauchen kann. Inzwischen schreiben wir das Jahr 2008. Und nur wenig hat sich grundsätzlich getan.

Zur Risikogruppe gehören nicht nur die Schulabbrecher, die sich auf knapp 10 Prozent eines Jahrgangs belaufen. Viele Jugendliche verlassen unser dreigliedriges Bildungssystem zwar mit Schulabschlüssen, aber mit zu wenigen Kompetenzen. Der Anteil der Jugendlichen, der die inzwischen typischen Warte- und Nachschulungsschleifen für die Schwervermittelbaren aufbläht und in irgendwelchen »Maßnahmen«, in Berufsvorbereitungs- oder den Berufsgrundschuljahren hängt, ist in der Vergangenheit stark gestiegen. Sie treffen auf stets wachsende Anforderungen der Ausbildungsberufe und am Ende auf eine steigende Nachfrage der Unternehmen nach gutqualifizierten Arbeitnehmern, zu denen sie niemals gehören werden. Sie tragen nichts bei zu dem, was diese Gesellschaft voranbringt. Sie sind im ökonomischen Sinne nicht produktiv. Sie sind mehr als überflüssig oder entbehrlich. Sie sind längst zu einer schweren Last für die Allgemeinheit geworden. Und viele von ihnen werden es ihr Leben lang bleiben. So weit zur Zukunft.

Werfen wir einen Blick in die Gegenwart: Diese jungen Menschen kommen häufig aus sozial schwachen Familien, aus dem ehemals kleinbürgerlichen Milieu, dessen Angehörige im Lauf der Jahrzehnte durch den sozioökonomischen Wandel aus dem Wirtschaftsleben aussortiert und an den Rand gedrängt wurden. Sie kommen aus einer Schicht, die wenig Geld, wenig Bildung und wenig Chancen hat, in der sich die schlecht Qualifizierten, das neue Dienstleistungsproletariat, die Geringverdiener und ein Großteil der Empfänger staatlicher Sozialtransfers versammeln. In unserer paradoxerweise zugleich reicher und ärmer werdenden Gesellschaft gehören die Menschen dieser Schicht zum unteren Ende, zur wachsenden Zahl derer, die an oder sogar unterhalb der Armutsgrenze leben und damit zu den Verlierern der Modernisierung zählen. Jascha und seine Generation, die uns 2020 schwer zu schaffen machen wird, kommen aus einem Milieu, das wir heute als »neue Unterschicht« bezeichnen. Jascha und seine Altersgenossen werden weniger Chancen denn je haben, ihrem Milieu zu entkommen. Unterschicht bleibt Unterschicht. Sie reproduziert sich selbst, und sie wird wachsen.

Zugegeben: Eine vollkommen egalitäre Gesellschaft hat es in Deutschland nie gegeben. Das ist seit jeher ein frommer Wunsch so manches Sozialromantikers geblieben oder auch einfach nur die Illusion derer, die die »schlechten Viertel« in Deutschlands Städten nie betreten haben. Schichten, Milieus oder gar Klassen sind immer Bestandteil gesellschaftlicher Realität. Ob in den großen Sozialdramen Gerhart Hauptmanns oder in den Romanen von Hans Fallada – die krassen sozialen Unterschiede waren immer ein Thema. Später dann, in den sechziger Jahren, wurden die »Schmuddelkinder« aus der »Unterstadt« von Franz Josef Degenhardt besungen, als noch weitgehend Vollbeschäftigung herrschte. »Ihr da oben, wir da unten« lautete ein Buchtitel von Bernt Engelmann und Günter Wallraff. Es gab sie also schon immer, die Vielverdiener, die reich Geborenen, die kometenhaften Aufsteiger. Und es gibt seit jeher jene, die sich tagein, tagaus um ihr Auskommen den Kopf zerbrechen müssen, die Arbeitslosen, die Geringverdiener, das Heer der *working poor*. Viele von ihnen befinden sich im Teufelskreis von Armut, Sozialhilfe und wieder Armut, ohne dass es ihnen gelingt, ihm zu entkommen.

Wenn das alles schon immer so gewesen ist, warum sollte uns diese Entwicklung gerade jetzt beunruhigen? Dafür gibt es gute Gründe, denn die Verfestigung einer Schicht der sozial Abgehängten geht mit zwei anderen

Entwicklungen einher, die sich in ihren Auswirkungen allesamt gegenseitig verstärken. Erstens: Deutschland leistet sich eine wachsende, vergleichsweise unproduktive Gesellschaftsschicht in einer Phase, in der die Bevölkerung dramatisch altert und schrumpfen wird. Und zweitens: Deutschland leistet sich eine solche Schicht in Zeiten der Globalisierung, da die Wirtschaft durch den internationalen Konkurrenzdruck von Produktivitätssprung zu Produktivitätssprung getrieben wird.

Überdenken wir den ersten Punkt: Die Alten werden immer älter, und sie werden mehr; die im Arbeitsleben stehende Bevölkerung nimmt hingegen ab. Welche Dynamik in der Entwicklung steckt, zeigt die Bevölkerungsvorausberechnung des Statistischen Bundesamtes. Ende 2005 war ein Fünftel der Bevölkerung jünger als 20 Jahre, etwa der gleiche Teil befand sich mit 65 Jahren und älter bereits im Rentenalter. Inzwischen hat die ältere Bevölkerungsgruppe die jüngere zahlenmäßig überholt. Rund 60 Prozent stehen im Erwerbsalter. Dieser Teil der Bevölkerung, der derzeit bei rund 50 Millionen liegt, wird im Jahr 2030 nur noch 42 Millionen Menschen ausmachen und 2050 womöglich auf 35 Millionen gesunken sein. Brisant ist die Entwicklung deshalb, weil genau jene Gruppe der 20- bis 65-Jährigen diejenigen sind, die den Wohlstand erwirtschaften, von dem die wachsende Generation der Alten wird leben müssen. Nach 2020 wird der »Altenquotient« regelrecht nach oben schnellen. Das ist die Anzahl derjenigen, die 65 Jahre und älter sind, bezogen auf jene, die im Erwerbsalter stehen. Dabei gilt es zu bedenken, dass nur ein Teil der 20- bis unter 65-Jährigen auch tatsächlich im Berufsleben steht. Nicht alle arbeiten. Nur knapp 27 Millionen Menschen sind sozialversicherungspflichtig beschäftigt. Diese in Zukunft weniger werdenden Beitragszahler werden immer mehr Rentner finanzieren müssen und darüber hinaus einen Teil ihrer Altersgenossen, die in der postindustriellen Arbeitswelt niemals ankommen und ihren Platz finden werden.

So gut wie heute wird es um den Lebensstandard der nicht arbeitenden Menschen und um die Finanzierung der Sozialsysteme nie wieder bestellt sein. Denn im Moment lebt Deutschland noch in der besten aller Welten: Die Erwerbstätigen zwischen 20 und 65 Jahren bilden die größte Gruppe der Gesellschaft. Sie hat deshalb noch verhältnismäßig wenige Ruheständler zu versorgen. Zudem müssen die Beschäftigten aufgrund der heute geringen Geburtenzahl weit weniger in die nachwachsende Generation investieren. Denn es gibt insgesamt weniger Kinder und Jugendliche als zu der Zeit, in der das Gros der derzeit arbeitenden Bevölkerung in den Kinderschuhen steckte. Der demographische Wandel wird die umfassendste Bedrohung für unsere Sozialsysteme sein. Dabei steht die eigentliche Nagelprobe der Gesellschaft erst noch bevor.

Doch das Altern hat weit mehr Konsequenzen für ein Land, als dass sich bloß eine Lücke von Arbeitskräften auftut. Seit etwa drei Jahrhunderten versuchen sich Wissenschaftler verschiedener Disziplinen daran, Bevölkerungsentwicklungen zu erklären und ihre Folgen für das Wohl der Gesellschaft als Ganzes abzuschätzen. Einer der bekanntesten war Thomas Robert Malthus, der Ende des 18. Jahrhunderts, vor allem die Verelendung der Massen in London mit der ersten Industriellen Revolution vor Augen, sein pessimistisches »Bevölkerungsgesetz« entwickelte. Im Zentrum seiner Überlegungen stand die Überbevölkerung als Ergebnis und Problem der rasanten wirtschaftlichen Entwicklung. Während das Bevölkerungswachstum exponentiell steigt, so seine Überlegung, wächst die Nahrungsmittelproduktion lediglich linear. Das überproportionale Bevölkerungswachstum zieht damit jene sozialen Probleme nach sich, die Malthus in seiner Zeit beobachten konnte.

Heute versuchen die Gesellschaftswissenschaftler – allen voran Ökonomen und Soziologen – vor allem die Folgen des Alterns der Bevölkerung und auch ihres Schrumpfens für eine Gesellschaft, deren Wirtschaft und Wohlstand zu begreifen. Sie gehen grundsätzlich davon aus, dass eine wachsende Bevölkerung auch zu mehr Wirtschaftswachstum und Wohlstand führt – vor allem in Ländern, die sich in den Phasen des Übergangs von der Industrie- zur Dienstleistungsgesellschaft und weiter zur Wissensgesellschaft befinden. Denn in diesen Gesellschaften hängen die Produktivitätsfortschritte nicht mehr vor allem von der Verfügbarkeit des Sachkapitals ab, sondern – ökonomisch gesprochen – von der Qualität des Humanvermögens, also vom Wissen, von der Kreativität und dem Erfindungsreichtum der Menschen. Da sich Menschen nun aber nicht beliebig beschulen und bilden lassen, da sich deren Qualifikation, Intelligenz und Kreativität demnach nicht ad infinitum steigern lassen, um im weltweiten Produktivitätswettbewerb mitzuhalten, kommt es auch auf die Anzahl der nachwachsenden Menschen an. Und die wird in Deutschland immer kleiner. Innovationsfähigkeit und Produktivität werden also nicht nur von der Qualität, sondern auch von der Quantität des Nachwuchses bestimmt. Wenn es davon zu wenig gibt, wenn also die Bevölkerung immer älter wird und schrumpft, werden Produktivitätssteigerungen zunehmend schwieriger. Deutschland hat – durch seine seit Jahrzehnten etablierte Kultur der Kinderlosigkeit – per se einen Standortnachteil, den es durch höhere Investitionen in die einzelnen

Köpfe seiner Bevölkerung nicht beliebig wird ausgleichen können. Das ist beängstigend genug.

Wenn sich zu dieser Entwicklung allerdings noch hinzugesellt, dass die Qualität des Nachwuchses international nicht mithalten kann, dass also die nachwachsenden jungen Menschen hierzulande insgesamt zu wenig wissen und können, dass gar ein Fünftel von ihnen für unsere Wissensgesellschaft regelrecht ausfällt, dann wird das seine Effekte auf den Wohlstand nicht verfehlen. Es wird uns schlechter gehen – zunächst schleichend, im Jahr 2020 aber schon deutlich spürbar. Dass mit dem sinkenden Wohlstandsniveau auf Dauer auch Verteilungskonflikte verbunden sein werden, so wie sie sich jetzt angesichts der schon stark belasteten Sozialversicherung phasenweise immer wieder abzeichnen, erklärt sich von selbst.

Werfen wir einen Blick in den Migrationsbericht 2007 der Organisation für wirtschaftliche Zusammenarbeit (OECD). Die Prognose ist düster – nicht nur für Deutschland, sondern für viele ihrer Mitgliedsländer; für die stark alternden Staaten wie Deutschland, Japan und Italien aber besonders. Bereits vor drei Jahren hat die erste Alterskohorte des Babybooms der Nachkriegszeit das sechzigste Lebensjahr vollendet. Viele dieser Kohorte haben sich vom Arbeitsmarkt zurückgezogen. Immer mehr werden folgen. Die Zahl derer, die in den Ruhestand gehen, wird mit jedem Jahr größer. Um das Jahr 2030 herum wird sich der geburtenstärkste Jahrgang der Nachkriegsgeschichte (1964) in den Ruhestand verabschiedet haben. Schon in den nächsten Jahren werden jene, die aus dem Arbeitsleben ausscheiden, zahlenmäßig mehr sein als die, die auf den Arbeitsmarkt strömen. Bereits 2010 wird die Erwerbsbevölkerung geschrumpft sein. Und dann wird es eng in der Wirtschaft, der schon heute zigtausendfach gut ausgebildete Nachwuchskräfte fehlen. Ohne Einwanderung – so die Prognose der OECD – wird die Zahl der Bürger im erwerbsfähigen Alter bis 2020 um 6 Prozent gesunken sein. Schon jetzt wird das Ausmaß des volkswirtschaftlichen Schadens angesichts der fehlenden Facharbeiter auf bis zu 20 Milliarden Euro geschätzt. Wie viele Milliarden werden es sein, wenn der Letzte des Jahrgangs 1964 den Arbeitsmarkt verlassen hat? Im Vergleich zum geburtenstärksten Jahrgang 1964 mit 1,34 Millionen Geborenen hat sich die Jahrgangsstärke inzwischen halbiert. 2007 kamen gerade noch 685 000 Kinder zur Welt.

Damit sind wir beim zweiten Punkt, der Anlass zu größter Sorge geben sollte. In die verschiedenen Berechnungen der Forscher sind alle nachwachsenden Erwerbsfähigen einbezogen, also auch jeder vierte bis fünfte eines Jahrgangs, der in Deutschland derzeit die Schule entweder ohne Abschluss verlässt oder aber das Rechnen, Lesen und Schreiben nicht ausreichend beherrscht. Das heißt, die Vorhersagen fallen allesamt womöglich noch optimistisch aus. In Wirklichkeit wird die Lücke fehlender qualifizierter Arbeitskräfte noch viel größer sein. Nachwuchs, der aufgrund mangelnder Fähigkeiten überhaupt nicht oder nur sehr schwer ins Arbeitsleben zu integrieren ist, wirkt auf die Wirtschaft zunächst nicht anders als eine sinkende Geburtenzahl. Für die Gesellschaft als Ganzes ist es schlimmer, weil der unproduktive Teil des Nachwuchses ein Leben lang versorgt werden will. Somit hat die im internationalen Vergleich steigende Bildungsarmut hierzulande längst gesamtwirtschaftliche Folgen.

Ein rohstoffarmes Land wie Deutschland aber lebt von der Qualität des Humankapitals. Es lebt vom Wissen, der Bildung und der Kreativität seiner Menschen. Das betrifft nicht nur den wissenschaftlichen Fortschritt, die

Entdeckungen und Erfindungen, sondern auch die Umsetzung und Anwendung neuer Technologien. Ganz automatisch spielen gut ausgebildete, kreative Menschen eine entscheidende Rolle in der Entwicklung des Wohlstands eines Landes. Ihre Existenz zieht ausländische Investoren an, in Deutschland zu produzieren, was wiederum einen positiven Effekt auf Wirtschaftswachstum und Wohlstand des Landes hat und damit auf die Fähigkeit, Schwache in der Gesellschaft mitzutragen. Wenn nun aber die Zahl der Arbeitnehmer aufgrund der demographischen Entwicklung abnimmt, dann müssen die Arbeitskräfte, die nachkommen, umso produktiver sein. Das geht nur, wenn sich Wissen und Kompetenz eines jeden Einzelnen auf ein höheres Niveau verschieben. Einfach gesagt: Nicht mehr 38 Prozent eines Jahrgangs müssen Abitur machen, sondern mindestens 60 Prozent, nicht mehr jeder Dritte muss ein Studium aufnehmen, sondern eher die Hälfte eines Jahrgangs, damit Deutschlands Wirtschaft international nicht zurückfällt und das Land sein Wohlstandsniveau nicht drastisch einbüßt. Aber genau das Gegenteil ist der Fall. Die jungen Menschen werden weniger, und zudem ist ihre Generation mit einer potenziellen Ausfallquote von mehr als 20 Prozent belastet. Mit anderen Worten: Jeder fünfte Jugendliche wird auf Dauer nicht produktiv und damit ökonomisch gesehen überflüssig sein.

Das privatwirtschaftlich getragene Institut der deutschen Wirtschaft (IW) bezeichnet dieses Phänomen als »Humankapitalschwäche«, wohlwissend, dass sich hinter dem wissenschaftlichen Ausdruck eine Entwicklung höchster Brisanz verbirgt. Bereits in der Vergangenheit wirkte diese Humankapitalschwäche wie eine Wachstumsbremse für Wirtschaft und Wohlstand. In der Zukunft wird sie noch verheerendere Folgen mit sich bringen. Denn durch das zu geringe Können der nachwachsenden Generationen wird eine Abwärtsspirale in Gang gesetzt. Das aus fehlender Qualifikation folgende geringe Wirtschaftswachstum schlägt sich auf den gesellschaftlichen Wohlstand nieder und auf die öffentlichen Haushalte. Dazu kommen die Belastungen der Sozialsysteme durch immer mehr Menschen, die von der Wirtschaft nicht gebraucht werden, aber natürlich ein Recht auf Unterstützung haben, die also nicht einzahlen und dennoch menschenwürdig leben sollen. Das heißt: Das Sozialsystem muss gerade dann mehr leisten, wenn es auf der Einnahmenseite geschwächt wird. Noch hält die teuer erkaufte Ruhe, doch ist das soziale Netz schon lange zum Bersten gespannt. Was, wenn es reißt, weil es nicht mehr finanzierbar ist? Ob es dann auf den Straßen noch ruhig bleibt, würde heute kaum einer garantieren wollen.

Die Effekte des Alterungsprozesses und der Bildungsarmut verstärken sich also gegenseitig. Das eine wirkt auf das andere wie ein Turbo. Dabei müssten die wachstumshemmenden Effekte der Bevölkerungsalterung unbedingt durch eine höhere Produktivität der nachwachsenden Menschen kompensiert werden. Darin liegt die eigentliche Brisanz des Anwachsens der Unterschicht. Das alternde Deutschland kann sich seine »neue Unterschicht« gerade vor dem Hintergrund seiner demographischen Entwicklung und des steigenden Anpassungsdrucks durch den internationalen Wettbewerb immer weniger leisten. Der Soziologe Franz-Xaver Kaufmann geht dabei noch über die rein ökonomischen Zusammenhänge hinaus: »Wenn Kinder nicht zur Welt kommen, wenn sie sich ungünstig entwickeln, wenn sie die für die gesellschaftliche Teilhabe notwendigen Kompetenzen nicht erwerben, wenn also die erforderlichen Humanvermögen nicht im für die Nachwuchssicherung notwendigen Umfange gebildet werden, so trifft das den gesellschaftlichen Zusammenhang als Ganzen. Es reduziert die Standortqualitäten Deutschlands in jeder Hinsicht und leistet im Extremfall sozialer Desorganisation Vorschub.« Die soziale Desorganisation hat längst begonnen. Im totalen Erziehungsversagen breiter Elternschichten, in der Unfähigkeit des Bildungssystems, darauf zu reagieren, in zunehmender Verwahrlosung von Familien oder in der Entwicklung von Parallelgesellschaften mit eigenen Gesetzen, in Stadtvierteln, die Polizisten nur noch ungern betreten, zeigen sich die ersten Phänomene dieses Prozesses.

Vergessen Sie Ökonomie und Soziologie für einen Moment. Denken Sie stattdessen an Ihre ganz persönlichen Eindrücke und Erfahrungen, wenn Sie etwa einer Gruppe von jungen Menschen entgegengehen und unwillkürlich die Straßenseite wechseln. Oder wenn im Fernsehen Berichte über Gewalt an Schulen, kindliche Verwahrlosung oder die verzweifelten Aktionen fürsorglicher Mitmenschen gezeigt werden, die das Elend vieler Kinder aus sozial schwachen Familien nicht ertragen können und Tafeln oder Mittagstische einrichten, damit diese Kinder, Jugendlichen und Erwachsenen wenigstens eine warme Mahlzeit bekommen. Sie werden sich fragen: Was soll aus den Unterschichtkindern werden, wenn sie älter sind? Wie werden sie reagieren, wenn der Sozialstaat die Leistungen, an die sie sich gewöhnt haben, nicht mehr finanzieren kann? Was passiert in Deutschland, wenn die Basis des sozialen Friedens zunehmend erodiert, weil sich die Menschen an den Rändern der Gesellschaft geprellt fühlen um ihre Chancen?

Das Heer der Ausgeschlossenen, Chancenlosen, Entbehrlichen wird den anderen – uns allen – buchstäblich zu

Leibe rücken. Ein Szenario, das im Jahr 2020 Realität sein kann. Da werden die Streetworker nicht helfen, die sich zusammenrottende Jugendliche auf Straßen und in öffentlichen Parks ansprechen, um diese tickenden Zeitbomben des sozialen Unfriedens zu entschärfen. Da werden auch die Sozialarbeiter, die heute eine rasant steigende Zahl von Familien in ihrem Alltag betreuen, nichts ausrichten können. Die Abgehängten, die Überflüssigen, die Chancenlosen werden wie Jascha auf einer der teuersten Einkaufsstraßen Deutschlands, der Theatinerstraße in München, ihr Recht auf Chancen und Teilhabe einfordern.

Spätestens dann wird uns bewusst werden, dass wir mit den immer weniger werdenden Kindern und Jugendlichen in Deutschland nicht sorgsam genug umgegangen sind und uns fatalerweise daran gewöhnt haben, das Abdriften eines Teils des Nachwuchses auszublenden. Dabei hätten wir gerade sie hegen und pflegen, hervorragend ausbilden und exzellent qualifizieren müssen – in erster Linie aus Gründen der sozialen Gerechtigkeit, aus ethisch-moralischer Verpflichtung. Aber auch aus einem gesunden Eigennutz heraus: Unser dramatisch alterndes Land braucht jeden Einzelnen dieser jungen Menschen, damit sie uns in ein, zwei oder drei Dekaden buchstäblich ernähren. Damit sie unsere Rente bezahlen, für die von uns benötigten Pflegeleistungen aufkommen und sich um uns kümmern; damit sie unsere Immobilien erwerben, die wir womöglich verkaufen müssen, um es uns auch im Alter noch gutgehen zu lassen, weil die ächzenden Sozialversicherungssysteme noch viel weniger leisten als das wenige, was man uns versprochen hat.

Stellen wir uns unumstößlichen Tatsachen: Deutschland ist zum wirtschaftlichen Erfolg verdammt. Nur so kann es seine Sozialsysteme finanzieren, im globalen Wettkampf um Technologien, Wissen und ganze Märkte gegen andere Länder bestehen und sich seinen Wohlstand erhalten. Der Erfolg liegt in einem rohstoffarmen Land wie unserem einzig und allein in der Qualität und Quantität seines Humankapitals. Alles andere wird davon abhängen. Die Grundlage dafür wiederum ist verfügbare Bildung auf höchstmöglichem Niveau für alle Schichten der Bevölkerung und ein stabiles Umfeld, in dem die nachwachsenden Generationen ihre Talente entwickeln können.

Wer Jaschas Lebensweg in seinen Stationen in diesem Buch verfolgt, der wird sich unwillkürlich entrüsten – ob der brutalen Willkür des Schicksals. Denn Jascha ist wahrscheinlich einfach nur auf der »falschen« Seite des Lebens groß geworden. Er wurde in die »falsche« Familie hineingeboren, er ist im »falschen« Viertel aufgewachsen, hat die »falschen« Schulen besucht und die »falschen« Freunde gehabt. Er war eines der Schattenkinder, von denen Deutschland so viele hervorbringt: blass, leistungsschwach, destruktiv. Es ist heute leider mehr als legitim, sich zu fragen, ob nicht alles anders gekommen wäre, wenn er als Kind in gutbürgerliche Kreise hineingeboren worden wäre oder wenn sich irgendjemand um ihn gekümmert hätte. Aber genau das war nicht der Fall. Die Biographie dieser Kinder ist eine Geschichte des Scheiterns, die im reichen Deutschland nicht sein müsste und mit Blick auf die Zukunft noch viel weniger sein darf. Jaschas Lebensweg ist voller Ungerechtigkeiten. Aber was ist gerecht in einem Land, in dem die sozialen Unterschiede deutlich zunehmen und die Chancen gerade vom sozialen Status abhängen?

Nehmen wir am Ende dieses Kapitels einen sehr kurzen Umweg über die Frage der sozialen Gerechtigkeit. Über dieses Thema haben sich die größten Philosophen der Welt den Kopf zerbrochen. Dabei hat sich der Fokus der breiten Diskussion um die soziale Gerechtigkeit verschoben. Früher standen Verteilungsfragen im Vordergrund, die sich vor allem auf die Unterschiede im Einkommen und Vermögen bezogen. Heute geht es eher um die Chancen der Menschen, ihre Fähigkeiten zu entwickeln und daraus Nutzen zu ziehen. Es geht also nicht um die Gleichverteilung von Gütern, sondern darum, dass Menschen mit ähnlichen Talenten auch ähnliche Chancen in einer Gesellschaft haben sollten. Gerechtigkeit betrifft damit die Eröffnung von Lebenschancen, wobei diese in Deutschland wiederum in zunehmendem Maße von materiellen Ressourcen bestimmt werden. Und damit rücken derzeit vor allem die Verteilungsfragen wieder in den Vordergrund. Gerecht wäre es also, wenn jeder – unabhängig von den Verhältnissen, in die er hineingeboren wurde – die faire Chance erhält, seine Fähigkeiten zu entwickeln und in einer Gesellschaft eine ebendiesen Fähigkeiten entsprechende Position zu erreichen. Jascha hat diese Chancen in seinem jungen Leben nie bekommen.

Sie glauben, das geht Sie nichts an. In der Tat müssen Sie sich über soziale Gerechtigkeit als solche nicht den Kopf zerbrechen. Sie müssen sich auch nicht über die Ungerechtigkeiten eines Systems entrüsten, das systematische Verlierer produziert, um zu dem Schluss zu gelangen, dass sich in Deutschland etwas verändern muss. Sie müssen – pathetisch gesprochen – ihr Herz dem Elend und Unglück der sozial Schwachen gar nicht erst öffnen. Sie benötigen nur ein wenig Weitblick, um zu begreifen, dass die Unterschicht, die sich (noch) am Rand der Städte oder in bestimmten Vierteln versammelt und die sich nach ein paar medial aufgeheizten Debatten schnell wieder ausblenden lässt, den Zusammenhalt der Gesellschaft bedroht. Sie wird nach ihrem Recht verlangen, ein Mindestmaß an vermeintlicher gesellschaftlicher Teilhabe von uns allen finanziert zu bekommen. Sonst wird sie uns auf Dauer nicht in Ruhe lassen. Einige der sozial Schwachen werden sich damit zufriedengeben. Andere werden es nicht. Sie werden auf ihre Entwicklungschancen bestehen und sich in dem Maße, in dem ihnen diese verwehrt bleiben, vom Mainstream unserer Gesellschaft verabschieden in andere Welten. Es reicht also schon ein gesunder Egoismus, um zu erkennen, dass sich Deutschland seine Unterschicht nicht leisten kann.

1. Kapitel
Vererbte Armut

»Geld war bei uns nie ein großes Thema«, sagt Jascha und schaut ins Leere. Wirklich nicht? »Na ja«, meint er nachdenklich. »Wäre es nach meiner Mutter gegangen, hätte es nie ein großes Thema sein sollen. Aber oft gab es deshalb Streit.« Jascha sitzt in einem Internetcafé in Berlin-Charlottenburg. Wer ihn sucht, findet ihn dort. Am späteren Nachmittag oder auch am Abend. Vorher nicht. Denn Jascha schläft meistens bis Mittag. Er hat nichts zu tun, lebt derzeit von Hartz IV. Hier im Internetcafé will niemand etwas von ihm – vom Ladenbesitzer einmal abgesehen, der die Rate für die Streifzüge durch die virtuelle Welt mit 50 Cent für die Stunde festgesetzt hat.

Jascha ist gerade 19 Jahre alt, und man würde ihn nicht älter schätzen. Er ist von mittlerer Größe, leicht untersetzt und sehr kräftig. Irgendwie wirkt er aufgepumpt. »Ich trainiere viel – mit Hanteln«, sagt er und blickt unwillkürlich auf seine Schultern, an seinen nackten Armen herunter und ballt seine Hände zu Fäusten. Die Unterarme sind derzeit mit Pusteln übersät. »Ich geh nicht zum Arzt; deswegen nicht«, setzt er hinzu und winkt ab. Dann lächelt er und schüttelt den Kopf. Bisher sei er weitgehend ohne Ärzte ausgekommen. Ärzte seien etwas für Schwächlinge oder »wenn es einen in einer Prügelei wirklich mies erwischt hat«.

Eigentlich lächelt Jascha fast nie, zieht lieber seine hellen Augenbrauen zusammen, um seinem Klein-Jungen-Gesicht ein gewichtigeres Aussehen zu geben. Wenn man sich ausschließlich auf sein Gesicht konzentriert, auf seine blasse, feine Haut mit ein paar wenigen Sommersprossen, die weichen Züge, seine Stupsnase, seine engstehenden wasserblauen Augen – dann kann man erahnen, wie er als kleiner Junge ausgesehen haben mag. Freundlich und offen, wenngleich ein wenig traurig, blässlich und schmal, irgendwie schutzbedürftig. Heute ist das anders. Wenn man ihn als Ganzes vor sich hat, dann ahnt man sofort, dass aus ihm ein unberechenbarer Schläger geworden ist.

Jascha schaut fast immer an seinem Gegenüber vorbei. Blickkontakt vermeidet er tunlichst. In den Kreisen, in denen er über Jahre verkehrt hat und noch verkehrt, gilt der direkte Blick als Provokation. »Wenn mich jemand zu lange angeschaut hat, dann habe ich ihm früher eine reingehauen«, erklärt er. »Und manchmal tue ich es heute noch. Das machen alle.« Wer ihn sieht, glaubt ihm aufs Wort. Die hellblonden Haare trägt er an den Seiten extrem kurz, die Kopfhaut schimmert durch. Über die Kopfmitte läuft von der Stirn bis zum Nacken ein Streifen etwas längerer Haare, die sich zu kräuseln beginnen und die Vermutung nahelegen, dass er Locken hätte, würde er sich die Haare wachsen lassen. Aber er hat sie zu einer Art Bürste geschnitten. Es ist Sommer. Jascha trägt ein dunkles T-Shirt, eine halblange olivfarbene Hose und Turnschuhe. Er ist Deutscher.

Wenn er seine Geschichte erzählt, die so viel von der Normalität so vieler Kinder und Jugendlicher in Deutschland in sich trägt, ist es eine Geschichte aus Deutschlands neuer Unterschicht. Sie beginnt für Jascha beim Geld und bei seiner Mutter. »Als wir klein waren, hat meine Mutter uns immer Geschenke gemacht, zum Geburtstag, zu

Weihnachten, zu Ostern. Auch wenn sie nicht viel Geld hatte. Kleine Geschenke waren das, aber wir alle wussten, dass sie von Herzen kamen«, sagt er, und es klingt ein wenig mechanisch. Geschenke müssen nicht groß sein, sondern von Herzen kommen, sonst sind sie nichts wert – das jedenfalls habe seine Mutter jedes Mal gesagt, wenn es Geschenke gab. Und Jascha hat als Kind ganz fest daran geglaubt. Etwas anderes blieb ihm nicht übrig. Sonst hätte er sich niemals wirklich freuen können über die armseligen Kleinigkeiten, die nichts mit dem zu tun hatten, was er schon als sechs- oder siebenjähriger Knirps auf seinen einsamen Streifzügen durch die Kaufhäuser gesehen und sich sehnlich gewünscht hatte. Auf seine Mutter lässt Jascha bis heute nichts kommen. »Sie hat sich angestrengt für uns fünf Kinder, so gut es eben ging.«

Gut ging es fast nie. Die Sozialämter der Stadt haben der Familie geholfen, wo sie nur konnten. Sie sind über die Jahre zu deren ständigen Begleitern geworden. Sie waren es schon lange vor Jaschas Geburt. Auch Jaschas Mutter kennt es nicht anders. Schon sie wuchs in einer Familie auf, deren Kontakte zum Sozialamt an der Tagesordnung waren. Seine Großeltern, die Eltern seiner Mutter, kamen aus einfachen Verhältnissen. Der Großvater arbeitete auf dem Bau, die Großmutter gar nicht. Beide waren schon in frühem Alter gesundheitlich angeschlagen. Bei der Großmutter war es der Zucker, beim Großvater das Herz, das ihm zu schaffen machte. Phasen längerer Arbeitslosigkeit folgten, irgendwann dann die Erwerbsunfähigkeit. Schon mit Mitte vierzig lebte Jaschas Großvater von der Sozialhilfe. »Meine Großeltern kannten sich mit den Ämtern aus«, sagt Jascha.

Als Jaschas Mutter ihr erstes Kind bekommt, ist sie mit 16 Jahren noch minderjährig. Das Kind ist unehelich. Das Jugendamt ist informiert, so wie immer, wenn die jungen Mütter das achtzehnte Lebensjahr noch nicht vollendet haben. Ihr Freund, gerade 19 Jahre alt, erkennt die Vaterschaft an und bekommt damit das Sorgerecht. Der Konfliktfall mit den Eltern der jungen Mutter ist damit eingetreten. Nicht nur, dass die Eltern über die frühe Schwangerschaft entsetzt sind, die die Tochter zum Abbruch ihrer Berufsausbildung zwingt. Sie sind auch gar nicht damit einverstanden, dass ihr noch minderjähriges Kind, Jaschas Mutter, der elterlichen Wohnung alsbald den Rücken kehrt und mit ihrem Freund zusammenzieht. Halten aber können sie die Tochter nicht. »Meine Großmutter wollte immer das Sorgerecht für uns Kinder haben«, erklärt Jascha, und es schwingt ein wenig Entrüstung mit. Sie habe später sogar einmal versucht, seiner Mutter das Sorgerecht für alle fünf entziehen und auf sich übertragen zu lassen. »Angeblich, weil es mit uns allen immer weiter bergab gegangen ist.« Das jedenfalls habe ihm seine Mutter irgendwann erzählt, als es zwischen ihr und der Großmutter wegen der Kinder wieder einmal zum Eklat gekommen war. Doch schon im Streit um das Sorgerecht für Jaschas großen Bruder Janko hatte die Großmutter das Nachsehen. Der Freund der Tochter war immerhin volljährig. Er hatte seine Ausbildung mehr schlecht als recht beendet. Berufstätig aber war er nicht.

Die Entfernung zwischen Mutter und Tochter wächst. Sie sehen sich immer seltener. Irgendwann bricht der Kontakt ganz ab. Stattdessen hält sich Jaschas Mutter an ihren Onkel, einen Cousin ihres Vaters, der keine Kinder hat und im Berliner Norden wohnt. Mit ihm hat sie sich immer gut verstanden, schon als kleines Kind. Manchmal steckt er ihr etwas zu, ein bisschen Geld – obwohl er selbst nicht viel hat. Die junge Familie kommt ohne Sozialhilfe nicht über die Runden. Der Freund der Mutter ist von Unternehmen zu Unternehmen getingelt und hat sich die in den achtziger Jahren üblichen Stempel der Firmen geholt, die einzig dazu dienten, nachzuweisen, dass er sich den Vorgaben der Ämter entsprechend beworben hatte. Dass es nie zu wirklichen Bewerbungsgesprächen kam, die Firmen mit der freizügigen Vergabe der Stempel als Bestätigung vermeintlicher Bewerbungsversuche die mehr oder weniger ernsthaft Arbeitssuchenden schnellstmöglich wieder vom Firmengelände auf die Straße entließen, war damals jedermann bekannt.

Und Jaschas Mutter musste mit dem Säugling keinerlei Arbeitsbemühungen nachweisen. Sie hatte ja das Kind. So beginnt schon Jahre vor Jaschas Geburt das Leben der jungen Familie mit staatlicher Unterstützung. Hin und wieder wird der Vater zur GZA herangezogen, zu sogenannter gemeinnütziger zusätzlicher Arbeit, wie es damals in Berlin hieß, ein lockeres Unterfangen, mit dem er sich sogar ein wenig dazuverdient. Beim Wohnungsamt besorgt sich die junge Familie einen Wohnberechtigungsschein, mit dem sie sich bei einer der Wohnungsbaugesellschaften des Landes vorstellt. Beim Sozialamt beantragt sie zusätzlich zu den regulären monatlichen Zahlungen Unterstützung für Möbel, Bekleidung, für Wasch- und Spülmaschine. Natürlich bleibt das Geld immer ein Thema, ein großes, vor allem für Jaschas Mutter, die sich weniger durch die finanzielle Abhängigkeit vom Staat als vielmehr von den Besuchen bei den Ämtern und den vielen Anträgen belastet fühlt. So jedenfalls erzählt es Jascha.

Jaschas Mutter heiratet mit achtzehn und wird wieder schwanger. Ihr zweites Kind ist eine Tochter, Jaschas große Schwester Janina, mit der er heute kaum noch Kontakt hat. Der Anspruch auf Hilfe zum Lebensunterhalt bleibt auch bestehen, als ihr frischgekürter Ehemann einen Job als Hilfsarbeiter findet. Jaschas Mutter bleibt weiterhin zu Hause. Mit den zwei Kindern ist sie fast immer allein.

Als sie ihr drittes Kind, Jascha, erwartet, ist der Ehemann bereits aus ihrem Leben verschwunden. Unterhalt für seine beiden Kinder zahlt er nicht. Der Unterhaltsbeistand vom Amt, der Jaschas Mutter für den Fall der Fälle zur Seite gestellt wurde, gibt alsbald auf. Vom Vater ist nichts zu holen. Das Amt springt ein und zahlt für die ersten beiden Kinder Unterhaltsvorschuss. Eine andere Möglichkeit gibt es nicht.

Der neue Freund der Mutter, ein selbständiger Maler, geht bei der jungen Frau längst ein und aus. »Er hat auch für Janina und Janko die Rolle des Vaters übernommen«, sagt Jascha. »Und er hat es gut gemacht. Meine Geschwister mochten ihn«, setzt er hinzu, fast trotzig. Mit 20 Jahren wird Jaschas Mutter wieder schwanger. Diesmal von ihrem neuen Freund, Jaschas Vater. »Als ich zur Welt kam, dachten viele noch, ich wäre vom ersten Mann meiner Mutter«, sagt Jascha. Mit 20 Jahren hat Jaschas Mutter drei kleine Kinder. Mit 25 Jahren bekommt sie Zwillinge, Laura und Lisa. »Weil mein Vater noch zwei Namen mit J nicht mehr ertragen konnte«, sagt Jascha. »Zwillinge – das hatte ihr gerade noch gefehlt.«

Mitte der neunziger Jahre, nach der Geburt von Jaschas kleinen Schwestern, versucht die neu zusammengesetzte, inzwischen siebenköpfige Familie den Aufbruch in eine bessere Welt. Sie verlässt ihren alten Kiez im Berliner Norden und beantragt beim zuständigen Sozialamt den Umzug in einen anderen Stadtteil. Dort sind ganz neue Sozialwohnungen entstanden, in einem ehrgeizigen Projekt, das der Berliner Senat noch zu Zeiten großer Wohnungsnot in der Stadt beschlossen hatte. Auf brachliegendem Industriegelände entstanden neue Wohnhäuser – teilweise mit Sozialwohnungen. Grün und kinderfreundlich sollte alles sein, attraktiv für Familien aus allen Schichten der Bevölkerung. »Ich glaube, meine Eltern dachten wirklich, dass man dort mit Kindern gut leben konnte«, sagt Jascha nachdenklich und schüttelt den Kopf. Dazu die notwendige Infrastruktur: Kindergärten, Schulen, Supermärkte. Das zuständige Sozialamt gibt die Mietgarantie, dem Umzug steht nichts mehr im Wege.

Dass sich das so idyllisch geplante Viertel mit seinen Sozialwohnungen binnen kurzer Zeit zu einem neuen sozialen Brennpunkt entwickeln würde, war damals nicht nur von Jaschas Eltern kaum vorherzusehen. »Haben Sie nie davon gehört?«, fragt Jascha eindringlich. Er beginnt auf seinem Stuhl zu wippen. Er fragt ja selten. Und so ist die Frage rhetorisch, eine Einführung in seine Kindheit draußen auf der Straße. »Vor ein paar Jahren«, erinnert er sich, »stand unser Kiez plötzlich als neuer Problemkiez ganz weit oben auf der Liste.« Immerhin hatte er das mitbekommen. Die hehren Pläne der Stadtoberen von einer gelungenen sozialen Mischung in einem neuen Viertel schienen knapp zehn Jahre nach dessen Entstehung grandios gescheitert. Die Hoffnungen der Bewohner, die mit ihrem Umzug in die neuen Wohnungen verbunden waren, hatten sich verflüchtigt. Der Innensenator meldete seinerzeit aus dem Quartier eine beunruhigend hohe Anzahl an Delikten, von denen sicher auch einige auf die Kappe von Jascha und seinen Freunden gingen.

An die ersten Tage in der hellen Wohnung meint er sich noch gut zu erinnern. Es sei eine heitere Atmosphäre gewesen, die ganze Familie war bester Dinge. »Alles war neu, mein Vater musste überhaupt nichts an der Wohnung tun«, sagt er. Das ist ihm im Kopf geblieben. Vielleicht hat es ihm die Mutter auch so erzählt, als Erinnerung an eine Zeit, in der ihre Welt zunächst wieder in Ordnung schien und endlich Ruhe einkehren sollte. Doch es reicht hinten und vorne nicht. Jaschas Vater schafft es als selbständiger Handwerker nicht, die Familie mit seinen unregelmäßigen Einkünften über die Runden zu bringen. Häufig gibt es Streit, meistens geht es um Geld und um die täglichen Enttäuschungen einer jungen Frau, die von einer Idylle träumt, in der sie niemals leben wird. Die Mutter, die zwischen den Geburten ihrer Kinder immer wieder mit kleineren Jobs versucht, die Haushaltskasse aufzubessern, ist Stammkundin bei den Ämtern. Hilfe zum Lebensunterhalt, Anträge für Bekleidung, Anträge für Möblierung – mal mehr, mal weniger.

Der regelmäßige Gang zu den Sozialämtern wird vor allem von dem Zeitpunkt an zum Familienthema, als auch der zweite Mann, Jaschas Vater, die Familie verlässt. Jascha ist sieben, als er seinen Vater auf der Straße erstmals mit seiner neuen Freundin sieht. Er weiß nicht, wer seine Begleitung ist, kann sich keinen Reim darauf machen. »Trotzdem hatte ich das Gefühl, dass irgendetwas nicht stimmte. Ich bin ihm entgegengelaufen«, erzählt er, »weil wir nachmittags immer auf der Straße waren.« Fragend hat der kleine Junge zu ihm aufgeschaut. »Guck nicht so«, habe ihm der Vater brüsk gesagt, sich abgewandt und ihn einfach stehen lassen.

Jaschas Mutter bleibt nach der Trennung von ihrem zweiten Mann mit ihren fünf Kindern in der Sozialwohnung zurück, allein. »Irgendwie bin ich damit aufgewachsen, dass man nicht ins Bodenlose fallen kann«, lautet Jaschas Kommentar. Trotzdem versucht seine Mutter immer wieder, der Arbeitslosigkeit zu entkommen. Sie nimmt Stellen als Kassiererin in den großen Supermärkten an, die schlecht bezahlt sind. Es sind die Billigdiscounter, bei denen sie unterkommt. Sie müsste sich gar nicht um Arbeit bemühen – nicht als Mutter von fünf Kindern. Trotzdem scheut sie keine Mühe, sich über die Jahre von Job zu Job zu hangeln. 180 D-Mark darf sie dazuverdienen, alles andere wird auf die Sozialhilfe angerechnet. »Ich glaube, es war mehr als nur das Geld. Sie wollte sicher auch raus aus der Wohnung. Sie wollte ein eigenes Leben, weg von uns, die wir immer mehr Probleme machten«, meint Jascha. Er erzählt von der Zeit, als die Mutter bei einer Filiale einer Supermarktkette an der Kasse saß. »Bis zum späteren Nachmittag war sie dort beschäftigt. Oft aber war sie erst abends zu Hause. Ich denke, sie war dann noch mit irgendeiner Freundin unterwegs. Das hat sie jedenfalls immer gesagt. Die Nachmittage waren wir eigentlich immer allein«, sagt Jascha. »Manchmal haben wir mittags angerufen. Dann hat sie gesagt: ›Wartet noch eine halbe Stunde, gleich habe ich Pause, und wir können zusammen etwas trinken gehen.‹« Vor allem den Zwillingen gefällt das, allen voran der kleinen Laura, die sich so gern an den prallgefüllten Regalen des Geschäfts vorbeidrückt, um sich die Zeit zu vertreiben. »Laura hat meine Mutter tagsüber manchmal richtig vermisst.« Hin und wieder bringt die Mutter Süßigkeiten mit nach Hause, wenn es abends wirklich spät geworden ist. »Mit schönen Grüßen vom Bürgermeister hat sie das Zeug dann an uns verteilt.« Jascha grinst, sein immer wieder aufscheinender Zynismus muss von seiner Mutter kommen. »Sie hat oft darüber gespottet«, erzählt er und meint ihre Abstecher zum Sozialamt. »Ich glaube, anders hätte sie es nicht ausgehalten.« Natürlich habe es ihr einen Stich ins Herz gegeben, wenn gegen Ende des Monats die Mahlzeiten eintöniger wurden. »Es gab Tage, da haben wir mittags nach der Schule und abends immer nur Nudeln mit Ketchup gegessen. Das konnten wir uns selbst kochen, und es war auch das Einzige, was in den Schränken zu finden war«, erzählt Jascha. »Aber wir wussten ja, dass es dann am Monatsanfang wieder besser werden würde.« Plötzlich lacht er kurz auf. »Vielleicht ist mein Lieblingsessen deshalb auch heute noch Nudeln oder Toast mit Ketchup.«

Die Mitarbeiter des Sozialamtes sind allerdings nicht die Einzigen, die sich um die junge Familie kümmern. Auch das Jugendamt hat ein Auge auf die Mutter der fünf Kinder geworfen, von denen zumindest die drei älteren nachmittags und abends in den Straßen und Kaufhallen herumlungern. Die Akte der Familie ist mit der Geburt des ersten Kindes angelegt worden, weil die Mutter damals minderjährig war. Und sie beginnt, sich mit den Jahren zu füllen. Die Kinder, zunächst Janko und Janina, später dann auch Jascha, treiben ihr Unwesen auf der Straße, die ihr zweites Zuhause wird; nicht allein, sondern mit einer ganzen Gruppe anderer Kinder. Es sind Kinder und Jugendliche, denen man lieber nicht begegnen will. »Irgendwann«, sagt Jascha, »haben wir Besuch vom Jugendamt bekommen.« Warum die Mitarbeiter des Amtes damals bei ihnen geklingelt haben, weiß er nicht. »Meine Mutter hat es mir nie erzählt.« Nur eins weiß er: Dass seine beiden großen Geschwister und er nach der Schule zu viel Zeit draußen verbrachten.

Er hat seinen großen Bruder beobachtet, wie er zum Dieb wurde, zu einem, vor dem kaum ein Regal im Drogeriemarkt oder in der Kaufhalle sicher war. Er hat ihn bewundert für seine Abgebrühtheit. Er hat die Freunde gesehen, mit denen sich seine große Schwester umgab, unheimlich sind sie ihm zuerst gewesen, wie sie da in kleinen Gruppen herumstanden, irgendwelche Dinge austauschten und rauchten. Er weiß, dass seine Mutter immer wieder einmal beim Jugendamt vorsprach, um sich bei einer der Erziehungsberatungsstellen Hilfe zu holen. Was er erst sehr viel später erfährt, als er selbst längst straffällig geworden ist, ist, dass die Polizei in ihren regelmäßigen Tätigkeitsberichten das Jugendamt mehrfach auf die Probleme der jungen Familie aufmerksam gemacht hat.

Er kann sich genauso gut vorstellen, dass die Nachbarn hin und wieder Alarm schlugen, sei es bei der Polizei oder beim Jugendamt. »Bei uns hat jeder gelebt, wie er wollte. Und oft waren wir alle ziemlich mies drauf«, meint er. »Das Jugendamt kam mehrfach, das weiß ich noch.« Sie kommen zu zweit, sitzen mit der Mutter im Wohnzimmer oder in der Küche, die pubertierenden Großen sind irgendwo auf der Straße unterwegs, Jascha und seine kleinen Schwestern langweilen sich in ihrem Zimmer. »Ich glaube, sie haben meiner Mutter gesagt, dass alles besser werden muss. Wenn wir uns weiter so schlecht benehmen, kommt einer von uns ins Heim.«

Irgendwann schaut ein Sozialarbeiter von der Familienhilfe in regelmäßigen Abständen vorbei, »um uns, wie er es meinen großen Geschwistern gesagt hat, die Grundfertigkeiten des sozialen Verhaltens beizubringen«, spottet Jascha, indem er den Jargon der Sozialarbeiter nachäfft. »Ein-, manchmal auch zweimal die Woche ist er da. Meistens hat er mit uns gesprochen.« Wieder huscht eines seiner seltenen Lächeln über seine Lippen, voller Sarkasmus. »Aber das habe ich damals alles nicht begriffen. Wenn jemand von der Familienhilfe kam, sind wir alle zu Hause geblieben. Doch am nächsten Tag waren wir nach der Schule mit unseren Kumpels wieder auf der Straße.«

Über die Jahre hat Jascha gelernt, dass eine Familie mit

mehreren Kindern kaum allein über die Runden kommen kann. Er hat genügend Freunde, deren Familien es nicht anders ergangen ist. Arbeitslose Eltern, verschwundene Väter, neue Männer zu Hause, verrauchte Wohnungen, leere Flaschen, vergebliche Jobsuche, immer wieder Kontakte zum Jugendamt, am Ende womöglich die Selbstaufgabe. »Das geht doch den meisten Kindern so«, lautet sein lapidarer Kommentar. Wer Jascha heute reden hört, der ahnt, dass für ihn die staatlichen Transfers ebenso selbstverständlich zum Leben gehören wie das Jugendamt oder jetzt das Jobcenter, das sich um ihn als Hartz-IV-Empfänger kümmert. Sein Leben wird organisiert, mehr schlecht als recht. Schon seinen Großeltern erging es nicht anders. Wer es allein nicht schafft, dem muss geholfen werden.

Ob er es richtig findet, dass Menschen ein Leben lang den Steuern zahlenden Mitbürgern auf der Tasche liegen? Jaschas Antwort ist eine Gegenfrage: »Bekomme ich denn die Chance, das Geld irgendwann zurückzuzahlen?« Dann zuckt er abermals mit den Schultern. »Meine Mutter hat mir mal gesagt: ›Wenn du einmal auf der Schiene bist, kommst du davon nicht wieder runter‹«, und spöttisch setzt er hinzu: »Ich würde heute sagen: Sie hat recht. Sie hat ihr Leben lang versucht, da rauszukommen, es aber mit uns Kindern nie geschafft. Und wir, ihre Versagerkinder, werden die Nächsten sein.«

Jascha hat recht. Er wird in der Tat der Nächste sein. Er entspricht dem Prototyp eines Vertreters der neuen Unterschicht. Er kommt vom Rand der Gesellschaft, auch wenn er in dessen Mitte lebt. Er kommt aus einer Schicht, in der viele nicht für sich selbst sorgen können. Und er wächst in einer Gesellschaft auf, die ihn von vornherein zu einem der vielen systematischen Verlierer macht. Seine

Geschichte, die im Sozialhilfe-Milieu ihren Anfang nimmt, wird das noch zeigen.

Dass Jascha heute wie schon seine Mutter und seine Großeltern auf staatliche Transfers angewiesen ist, muss nicht verwundern. Sozialhilfe-Karrieren sind in Deutschland vererbbar. Das heißt, wer in relativer Armut aufwächst, hat die »besten Aussichten« darauf, im Erwachsenenalter ebenfalls arm zu sein. Wer Eltern hat, die ihre Familie mit staatlichen Transfers über die Runden brachten, hat ein deutlich größeres Risiko, an der Arbeitsgesellschaft zu scheitern und ihr langfristig zur Last zu fallen. Dieses seit Jahren bekannte Phänomen, das von Politikern immer wieder einmal mit den Worten aufgegriffen wird: »Wir müssen die Kinder aus der Sozialhilfe holen«, wurde längst wissenschaftlich untersucht. Wie in vielen großen Industrieländern gibt es auch in Deutschland einen Armuts- oder Sozialhilfekreislauf zwischen Eltern, Kindern und Enkeln. Vor allem dann, wenn Kinder bereits im jugendlichen Alter sind und ihre Eltern von Sozialtransfers leben, steigt die Wahrscheinlichkeit, dass auch sie irgendwann im sozialen Netz hängen bleiben. Sie tragen ein bis zu 25 Prozent größeres Risiko, im Erwachsenenalter ihrerseits abhängig von staatlichen Transfers zu werden als ihre Altersgenossen aus sozialhilfeunabhängigen Familien. Und: Jungen sind davon stärker betroffen als Mädchen.

Eltern arm – Kinder arm, Eltern reich – Kinder reich: Das gilt seit Jahren auch für Deutschland. Noch liegt das Risiko, von seinen Eltern die Sozialhilfeabhängigkeit oder auch die Armut zu erben, hierzulande niedriger als etwa in den Vereinigten Staaten oder Großbritannien. Doch das wird aller Voraussicht nach nicht so bleiben. »Die Armut verfestigt sich«, sagt der Sozialforscher und Pädagoge

Roland Mertens von der Universität Jena. »Kinder werden regelrecht einsozialisiert in diese Milieus und die hier brauchbaren Verhaltensweisen. Sie lernen kaum noch etwas anderes kennen und entwickeln über die Jahre eine hohe Kompetenz, das meiste aus den sozialen Sicherheitssystemen herauszuholen. Erwerbsarbeit ist für sie überhaupt kein Vorbild mehr, weil sie diese in der eigenen Familie immer weniger beziehungsweise gar nicht mehr erleben.« Jascha vertritt in seinem Familienkreis bereits die dritte Generation, die in ihrem täglichen Überlebenskampf auf staatliche Unterstützung angewiesen ist. Seinen zwei älteren Geschwistern geht es nicht anders.

Für ein so hochentwickeltes und reiches Industrieland wie Deutschland, das bis zum Beginn der Ära Gerhard Schröder eine Bestandsaufnahme der Lebenslagen in Deutschland mit dem Hinweis ablehnte, es gäbe kein relevantes Armutsproblem hierzulande, ist das Phänomen der Vererbung eines Sozialstatus eine Katastrophe – gesellschaftlich und auch individuell. Denn Armut, die von den Eltern an Kinder weitergegeben wird und sich damit über Generationen verfestigt, bedeutet wiederum nichts anderes als Chancenlosigkeit. Und das in einer demokratischen Gesellschaft, deren Zusammenhalt darauf angewiesen ist, dass ein jeder die Möglichkeit hat, aus seinen Fähigkeiten das Beste zu machen. Als der Bundestag Anfang 2000 die Regierung mit einer Bestandsaufnahme der Lebenslagen in Deutschland beauftragte und damit einen ersten Armuts- und Reichtumsbericht initiierte, zeigte sich denn auch sehr deutlich: Das reiche Deutschland hat ein Armutsproblem. Ein wachsendes. Mehr noch: Das reiche Deutschland hat genau dies jahrelang nicht wahrhaben wollen und nichts dagegen unternommen.

Damit stellen sich drei Fragen: Die erste ist die nach den

Fakten. Die zweite ist die Frage danach, was Armut in einem so hochentwickelten und reichen Industrieland wie Deutschland bedeutet. Und die dritte Frage zielt auf das Neue an den Formen der Armut, über die wir heute so viel diskutieren.

Bleiben wir zunächst bei den Fakten. Die Armut in Deutschland ist inzwischen zu einem sichtbaren Phänomen geworden. Man braucht sich nicht unbedingt in den einschlägigen Vierteln der Großstädte zu tummeln, um zu sehen, dass es relativ viele relativ arme Menschen gibt. Man muss nicht zur »Tafel« in Hamburg, Berlin, Frankfurt oder München fahren, um zu erkennen, dass für Hunderttausende Menschen – seien es Familien mit Kindern, Alleinstehende, Alte oder Junge – am Monatsende nicht mehr viel übrig ist. Es reicht schon ein Blick in den dritten Armuts- und Reichtumsbericht der Bundesregierung und auf die jüngsten Zahlen des Sozio-oekonomischen Panels, auf den sich der Bericht stützt. Das Sozio-oekonomische Panel (SOEP) ist eine jährliche Befragung einer Zufallsstichprobe der gesamten Bevölkerung und seit Jahren die wichtigste Grundlage für alle Aussagen über die Entwicklung von Armut und Reichtum in Deutschland. Die jüngsten Zahlen zeigen: Die Schere zwischen Arm und Reich hat sich vor allem in den letzten Jahren weiter geöffnet. Paradoxerweise wird die Gesellschaft reicher und hat doch mehr Arme und von durch Armut gefährdete Menschen.

Die Zahlen bestätigen, was Öffentlichkeit und Politik schon im ersten Armuts- und Reichtumsbericht der Bundesregierung schockiert hat: Armut ist ein fester Teil deutscher Realität. Die Zahlen bestätigen auch: Die Armut nimmt zu. Mehr noch, wer einmal absteigt, kommt nicht mehr so schnell wieder hoch. Der Sozialforscher Jürgen

Schupp, der mit seinen Kollegen beim Deutschen Institut für Wirtschaftsforschung (DIW) seit Jahren die aussagestarke Befragung durchführt, sagt dazu: »Wenn wir auf die vergangenen Jahre seit 2000 zurückblicken, können wir zweifelsfrei eine Polarisierung in der Gesellschaft feststellen.« Im oberen Segment wachsen die Einkommen überproportional, in den unteren Schichten sieht es dagegen ganz anders aus. Dort sind die verfügbaren Einkommen gesunken. »Zwar gibt es nach wie vor ein gewisses Maß an Auf- und Abstiegen, aber mittlerweile ist es so, dass mehr Menschen ab- als aufsteigen. Auch das lässt sich mit den Zahlen belegen«, sagt er. »Die Chance für untere Schichten, nach oben zu kommen, nimmt ab. Das ist der Trend, den wir feststellen.« Das heißt nichts anderes, als dass die soziale Durchlässigkeit sinkt, die Gesellschaft an Dynamik verliert, vor allem die Menschen in eher benachteiligten Milieus kaum noch in höhere Einkommensklassen gelangen. »Der Trend zur Verfestigung von Armut und auch zur Vererbbarkeit von sozialen Lagen in Deutschland ist mittlerweile sehr besorgniserregend«, lautet sein Urteil.

Was bedeutet Armut in einem reichen Land wie unserem? Armut in Deutschland ist relativ. Verglichen mit dem Hunger vielerorts in Afrika oder dem Elend in den Slums von Manila oder Mexiko geht es selbst den vergleichsweise armen Menschen hierzulande gut – einmal abgesehen von jenen, die wohnungs- und mittellos in absoluter Verelendung leben, weil sie von den Sozialsystemen nicht mehr erreicht werden. Zu Recht wird Armut hierzulande deshalb im Vergleich mit gesellschaftlichen Standards definiert. Als arm oder armutsgefährdet gilt in Deutschland, wer weniger als 60 Prozent des mittleren Einkommens der Bevölkerung zur Verfügung hat. Genau auf dieser Linie liegt die sogenannte Armutsrisikogrenze. Das mittlere

Einkommen, auch Medianeinkommen genannt, ist nicht das Durchschnittseinkommen, sondern das, was auf der Einkommensskala die einkommensstarke von der einkommensschwachen Hälfte der Bevölkerung trennt. Es betrug nach jüngsten Zahlen im Jahr 2006 16 200 Euro für eine Person, für eine vierköpfige Familie waren es 34 000 Euro. Das ist deutlich weniger als noch 2003, weil die Einkommen in den letzten Jahren gesunken sind.

Wer nur leicht über der 60-Prozent-Grenze liegt, gilt immer noch als Risikokandidat, der am Rande des Abgrunds balanciert. Es gibt hinreichend Menschen, die mal unter, mal über dieser Linie liegen, häufig in einer »On-and-off«-Beziehung zum Arbeitsmarkt. Dabei entspricht die Armutsgrenze von just 60 Prozent einer europäischen Konvention. Sie ist politisch so festgelegt. Denn Armut ist – nach den Definitionsgepflogenheiten entwickelter Industrienationen – ein relativer, kein absoluter Begriff. Je nach Definition variieren die Zahlen über den in Armut lebenden Teil der Bevölkerung erheblich: Die einen nehmen die Sozialhilfeabhängigkeit als Indikator, andere rechnen mit 50 statt mit 60 Prozent des Medianeinkommens als relative Armutsgrenze, wieder andere addieren noch eine Dunkelziffer von Bedürftigen hinzu. Armut ist also auch ein Spiel mit den Zahlen. Richtet man sich nach der Armutsdefinition des indischen Ökonomen und Nobelpreisträgers Amartya Sen, dann ist Armut »der Mangel an elementaren Verwirklichungschancen oder Entfaltungsmöglichkeiten«. Für Deutschland könnte man es treffender nicht formulieren, denn die Entfaltungsmöglichkeiten wiederum hängen hier stark von den materiellen Verhältnissen ab.

Werfen wir einen Blick auf weitere konkrete Zahlen des neuen Armutsberichts der Bundesregierung: 18 Prozent oder fast 15 Millionen Menschen mussten in Deutschland 2005 mit 60 Prozent oder weniger des mittleren Einkommens auskommen. Sie fallen damit unter die sogenannte Armutsrisikoquote. Ohne soziale Transferleistungen wären es 25 Prozent der Bevölkerung und damit jeder Vierte. Die Armutsrisikoquote ist binnen fünf Jahren – von 2000 bis 2005 – von 13 auf 18 Prozent gestiegen. Kinder sind dem Armutsrisiko mit einer Quote von 25 Prozent überproportional ausgesetzt. Eine allein lebende Person gilt als arm, wenn sie weniger als 781 Euro im Monat zur Verfügung hat. Eine Familie mit zwei Kindern ist unterhalb eines verfügbaren Einkommens von 1640 Euro von Armut bedroht. Eine vierköpfige Familie, die mit weniger als 1640 Euro im Monat auskommen muss, wäre im Sinne des Nobelpreisträgers sicherlich nicht nur von Armut bedroht, sondern regelrecht betroffen. Anhand der jüngsten Zahlen des Sozio-oekonomischen Panels hat das Deutsche Institut für Wirtschaftsforschung eine Armutsrisikogruppe von fast 21 Millionen Menschen in Deutschland ausgemacht. Das sind all jene, die in der Nähe der Armutsrisikogrenze oder darunter leben und weniger als 70 Prozent des mittleren Einkommens im Jahr zur Verfügung haben. Wichtiger als die Frage, ob die wirkliche Armut schon bei 70, erst bei 60 oder gar 50 Prozent des mittleren Einkommens anzutreffen ist, erscheint jedoch die Tatsache, dass ein Ende des stetigen Anwachsens dieses Bevölkerungsanteils nicht erkennbar ist.

Vor allem die Risikolagen von Kindern steigen. Im Bildungsbericht 2008 der Kultusministerkonferenz stehen bedrückende Zahlen. Bei mehr als 3,4 Millionen Kindern oder 23 Prozent lag das Einkommen der Familie 2006 unter der Armutsgefährdungsgrenze. Jedes zehnte Kind unter 18 Jahren wächst in einer Familie auf, in der kein

Elternteil arbeitet, 13 Prozent in Familien, in denen keiner einen Sekundarstufe-II-Abschluss hat, also eine Hochschul- oder Fachhochschulzugangsberechtigung oder eine abgeschlossene Berufsausbildung. »Von mindestens einer dieser Risikolagen waren 4,2 Millionen oder 28 Prozent der Kinder betroffen«, lautete das Resümee der Forscher.

Es ist wissenschaftlich längst erwiesen, dass es vor allem unter den Geringverdienern eine große Zahl von Menschen gibt, die ihre Ansprüche aufgrund von Bedürftigkeit überhaupt nicht wahrnehmen und damit als »Arme« in den Statistiken nicht auftauchen. Die Ökonomin Irene Becker, Mitarbeiterin des Sozio-oekonomischen Panels, die sich seit Jahren mit dem Problem der verdeckten Armut in Deutschland befasst, sagt: »Die amtlichen Daten und Zahlen spiegeln Armut in Deutschland nur teilweise wider. Vor Einführung des Arbeitslosengeldes II kamen auf drei Empfänger von Hilfe zum Lebensunterhalt noch einmal etwa zwei bis drei Personen, die ihre Ansprüche nicht wahrgenommen haben, die aber trotzdem arm sind.« Auch Becker hat ermittelt, dass in Deutschland 3,4 Millionen und damit mehr als ein Fünftel aller Kinder bedürftig sind.

Hinter diesen hohen Zahlen verbirgt sich noch eine weitere Tatsache: Vor allem Kinder machen arm. »In den Jahren seit 2000 sind überwiegend Familien mit Kindern in die Armutsrisikogruppe abgerutscht«, sagt der Sozialforscher Schupp. Dabei ist das Armutsrisiko von Alleinerziehenden besonders hoch. Der Umfang der Erwerbsbeteiligung und die Familienkonstellation sind die entscheidenden Faktoren, die die Bedürftigkeit – oder nennen wir es Armut – von Menschen bestimmen. Beides, Erwerbsbeteiligung und Familienkonstellation, sind ihrerseits häufig voneinander abhängig. Dass Kinder von Armut überdurchschnittlich betroffen sind, geht auf die prekären finanziellen Verhältnisse von kinderreichen Paarfamilien und von Haushalten Alleinerziehender zurück. Hier liegt nach einer Untersuchung des Deutschen Instituts für Wirtschaftsforschung die Bedürftigkeitsquote bei 50 Prozent. Das hohe Risiko der kinderreichen und alleinerziehenden Elternteile, längerfristig am Rande des Abgrunds zu leben und immer wieder unter die Armutsgrenze zu fallen, ist für die Kinder mit Blick auf ihre Entfaltungsmöglichkeiten von großem Nachteil. So sind Kinder die Leidtragenden der Tatsache, dass sie das Armutsrisiko einer Familie in Deutschland grundsätzlich erhöhen.

Seit jeher wird gewarnt, dass Staat und Gesellschaft in Deutschland, einem der noch reichsten Länder der Erde, angesichts der vielen Kinder in Armut ihre Zukunft selbst gefährdeten. Aber zum Besseren hat sich trotz eindringlicher Appelle und erschütternder Zahlen wenig geändert, im Gegenteil: Die Zahl der Kinder, die in armen Familien leben, steigt unaufhörlich. Das Urteil der Sachverständigenkommission unter der Leitung des Wissenschaftlers Hans Bertram, die den 7. Familienbericht in Deutschland verfasst hat, fiel schon 2006 vernichtend aus. »Bei der Bekämpfung von Kinderarmut war die Bundesrepublik im internationalen Vergleich wenig erfolgreich.« Doch kommt Armut, wie wir im Verlauf von Jaschas Lebensgeschichte noch sehen werden, selten allein. »Fehlende Möglichkeiten gesellschaftlicher Teilhabe sind eben nicht nur auf mangelnde ökonomische Ressourcen der Familien zurückzuführen, sondern auf die Häufung unterschiedlicher Faktoren, für die Armut nur ein ungefährer Hinweis ist«, sagt der Mikrosoziologe. Was die Bildungsarmut von Familien in bestimmten Milieus angeht und die sich daraus ergebenden geringen Chancen für den Nachwuchs, sieht es in Deutschland nach Meinung des renommierten Forschers richtig düster aus.

Noch eine letzte Zahl zur Armut: Nach Angaben des Kinderschutzbundes müssen 5 Millionen Kinder von 250 Euro im Monat leben. Und auch die Kinder- und Jugendärzte haben längst Alarm geschlagen angesichts der gesundheitlichen Folgen. Jugendlichen (14 bis 18 Jahre) etwa, die in Hartz-IV-Familien lebten, stünde nur ein Budget von täglich 3,42 Euro für ihre Ernährung zur Verfügung. Um sich allerdings einigermaßen gesund und ausgewogen zu ernähren, seien hierzulande mindestens 4,68 Euro notwendig. Kinder, die noch nicht das vierzehnte Lebensjahr erreicht haben, müssen mit 2,60 Euro am Tag auskommen. Und das wird ziemlich schnell sehr knapp.

Armut bedeutet Verzicht – permanent. Vor allem im Alltag. Eine defekte Waschmaschine wird für eine Familie zum Problem. Ein gestohlenes Fahrrad ist kaum zu ersetzen. Dringende Renovierungen der Wohnräume werden über die Jahre hinausgeschoben. Das Geld dafür ist nicht da. Noch nicht einmal eine Woche Urlaub anderswo als in den eigenen vier Wänden ist drin. Die Gesundheitsversorgung wird zum Problem. So ist der soziale Status vielen Menschen buchstäblich ins Gesicht geschrieben. Wenn sie trotzdem lachen, dann entblößen sie eine Reihe vergleichsweise schlechter Zähne.

Wenn Jascha mal lacht, scheinen seine Zähne auf den ersten Blick intakt. »Früher gingen wir mit der Schule zum Zahnarzt. Zur Kontrolle. Aber das ist schon lange her.« Offenbar hat er Glück: »Meine Mutter meinte immer, ich hätte gute Zähne.« Doch es bleibt nicht bei den Zähnen. Wer arm ist, stirbt früher. Auch das ist ein Faktum. Fehlernährung, mangelnde Gesundheitsvorsorge und -versorgung und wahrscheinlich auch allerlei psychische Belastungen mögen das Ihre dazu beitragen. Der Sozialstatus beeinflusst die Sterblichkeit. Ein niedriger Sozialstatus bedeutet im Durchschnitt eine niedrigere Lebenserwartung. Mehr noch: Der Zusammenhang nimmt schon mit der Kindheit seinen Lauf. Männer aus dem untersten Fünftel der Einkommensskala leben fast elf Jahre kürzer als Vielverdiener aus dem reichsten Fünftel, bei Frauen beträgt der Unterschied den Auswertungen des Robert-Koch-Instituts zufolge acht Jahre. In Berlin zum Beispiel variiert die Sterblichkeit von Bezirk zu Bezirk. Schon vor Jahren hat der Senat festgestellt, dass die Menschen in Bezirken mit vergleichsweise guter sozialer Lage länger leben. Viel geändert hat sich an diesem Zusammenhang bisher nicht. Oder andersherum: Steigt in einem Viertel die Säuglingssterblichkeit stark an, kann man mit ziemlicher Sicherheit davon ausgehen, dass sich dort bereits ein neuer sozialer Brennpunkt entwickelt hat. Das alles und noch viel mehr bedeutet relative Armut.

Armut in Deutschland hat es immer gegeben. Aber was ist anders als früher? Warum wird es Zeit, sich endlich darüber aufzuregen? Die Antwort ist einfach – und brutal: Armut bedeutet heute mehr denn je Chancenlosigkeit. Denn die Aussicht, sich erfolgreich vor Armut zu schützen, hängt zunehmend von den individuellen materiellen Verhältnissen ab. Wer in einer wohlhabenden Familie aufwächst, wird mit ziemlicher Sicherheit mehr Erfolg im Leben haben als jemand, der aus einer sozial schwachen Schicht stammt. Armut bezieht sich damit nicht mehr nur auf die materielle Ausgangsposition, sondern vor allem auf die Chancen. Deutlich gesprochen: Wer in Deutschland in arme Verhältnisse geboren wird, hat nur geringe Chancen, aus seinen Talenten etwas zu machen. Die vielgepriesene Chancengleichheit gibt es nicht mehr. Armut ist damit zu einem Systemfehler geworden, der sich über Jahre festgesetzt hat und der – fernab von jeder Gerechtigkeitsdebatte – Deutschland noch teuer zu stehen kommen wird. Gerade die Systemimmanenz dieses Fehlers gibt der Armut ihre Brisanz.

Die Bevölkerung weiß das längst. Sie spürt und erfährt es tagtäglich. 82 Prozent der Deutschen halten die Einkommens- und Vermögensverteilung für ungerecht. Weniger als ein Drittel glaubt nach Aussagen einer Forschergruppe der Berliner Humboldt-Universität hierzulande überhaupt noch an die Chancengleichheit. Fast zwei Drittel sind davon überzeugt, dass Kinder und Jugendliche von heute weniger Chancen haben als noch ihre Eltern und Großeltern. Seit Anfang der neunziger Jahre erforscht die Universität das Gerechtigkeitsempfinden der Deutschen. Das Ergebnis zeigt einen eindeutigen Trend. Es geht bergab. Wer nicht mehr daran glaubt, dass er in einer Gesellschaft Chancen hat, wird ihr langfristig den Rücken kehren. Er wird das System ablehnen, in das er hineingeboren ist. Er wird gar nicht erst versuchen, etwas an seiner Situation zu ändern.

Bereits 2006 hatten Umfragen im Auftrag der Friedrich-Ebert-Stiftung ähnliche Einschätzungen zutage gefördert. Sie brachten allerdings auch gleich deren Bestätigung hervor. In Deutschland, so hieß es dort, existiere unter den verschiedenen »politischen Milieus« eine Schicht, deren Mitglieder von gesellschaftlichen Aufstiegschancen so gut wie ausgeschlossen seien. Dabei handelt es sich um das inzwischen vielzitierte »abgehängte Prekariat«, Bürger, die in größter finanzieller Unsicherheit leben. Nach Beschreibung der Autoren der Studie sind das Menschen mit einfacher bis mittlerer Schulbildung, die arbeitslos sind oder in »entsicherten«, schlechtbezahlten Arbeitsverhältnissen stehen. Viele von ihnen haben einen gesellschaftlichen Abstieg hinter sich. Es sind die Arbeiter und Facharbeiter, die einfachen Angestellten, von denen hier die Rede ist. Die Mehrheit der Vertreter dieser Schicht sieht kaum Möglichkeiten, ihrer Situation zu entkommen. Sie empfindet die Gesellschaft als extrem undurchlässig.

»Abgehängtes Prekariat« – dieser Neologismus ist heute die vermeintlich politisch korrekte Bezeichnung für das Phänomen einer »neuen Unterschicht«. Als die Studie publiziert und der seltsam sterile Begriff des »abgehängten Prekariats« mit »neuer Unterschicht« gleichgesetzt wurde, ließen erste Aufschreie und erhitzte Debatten nicht lange auf sich warten. Politiker, Wissenschaftler, Intellektuelle und auch die breite Öffentlichkeit – sie alle hatten dazu etwas zu sagen. Jeder hatte sie schon einmal gesehen, die Menschen aus der Unterschicht, die man natürlich nicht so nennen sollte, weil man sie damit diskriminierte, denen man aber in bestimmten Quartieren deutscher Großstädte oder auch auf dem Land immer häufiger zu begegnen schien. Ganz nach der Devise »Es kann nicht so schlimm sein, weil es nicht so schlimm sein darf« erschöpfte sich der Diskurs zumindest auf politischer Ebene allerdings binnen kürzester Zeit in der Frage, ob man eine Gruppe von Menschen am Rande der Gesellschaft als »Unterschicht« bezeichnen und sie damit a priori von ihrer Mitte ausschließen dürfe. Die Politiker diskutierten nicht die Gründe dafür, dass sich viele Millionen Menschen in der Republik ganz offensichtlich auf dem Abstellgleis befinden. Sie machten gar nicht erst den Versuch, angesichts der Milliarden, die seit Jahrzehnten in die Sozialsysteme gepumpt werden, über ein mögliches Politikversagen zu streiten. Sie einigten sich vielmehr alsbald stillschweigend darauf, die Diskussion nicht weiter zu befeuern. Sie lenkten den Blick lieber auf die zum Teil verheerende Verelendung von Stadtvierteln mit einem hohen Anteil an Migranten, als wäre das Problem der Armut, der Unterschicht und des Ausschlusses von gesellschaftlichen Chancen kein originär deutsches, sondern ein importiertes.

Das Problem ist natürlich nicht importiert. Es trifft Deutsche und auch die Kreise der Zuwanderer. Und es ist keineswegs neu. Es wurde von Politik und Öffentlichkeit in Deutschland nur lange genug ausgeblendet. Neu ist lediglich, dass es seit einiger Zeit öffentlich diskutiert wird. Außerhalb Deutschlands in Europa und in den Vereinigten Staaten beschäftigen sich die Gesellschaftsforscher seit mindestens zwei Jahrzehnten mit dem Phänomen des Entstehens einer neuen sozialen Klasse, die in der in den achtziger Jahren einsetzenden Massenarbeitslosigkeit wurzelt. Schon Ende der achtziger Jahre warnte der Soziologe Lord Ralf Dahrendorf vor einer neuen *underclass*, einer Klasse von Ausgegrenzten, die durch die hohe Arbeitslosigkeit zu entstehen schien. Er bezeichnete dieses Phänomen als eines der dringlichsten und gesellschaftlich brisantesten Probleme der westeuropäischen Industriegesellschaften. Zwar würden dadurch keine organisierten Konflikte hervorgebracht wie seinerzeit zwischen der Bourgeoisie und der Arbeiterklasse, doch: »Eine Gesellschaft, die allem Anschein nach bereit ist, die fortdauernde Existenz einer Gruppe zu akzeptieren, die keinen wirklichen Einsatz in ihr hat, stellt sich selbst in Frage.« Die breite Öffentlichkeit in Deutschland und auch die Politiker haben ihm und vielen seiner Kollegen nicht zugehört. Sie haben stattdessen genau das getan, was Dahrendorf der »Mehrheitsklasse« Anfang der neunziger Jahre attestierte: Sie haben die Entstehung einer neuen Unterklasse ausgeblendet.

Während in anderen Ländern wie Frankreich oder den

Vereinigten Staaten über die »neue Armut« längst diskutiert wurde, hing die Öffentlichkeit in Deutschland der Illusion einer klassenlosen Gesellschaft nach, die ihr Schichtenproblem mit der großzügigen Verteilung von Sozialleistungen im Griff zu haben schien. Zudem hielten viele lange an der Hoffnung fest, kräftiges Wirtschaftswachstum werde das Problem der anschwellenden Arbeitslosigkeit von allein lösen – eine zunächst verständliche Sicht der Dinge, denn die ersten düsteren Wolken der entstehenden Massenarbeitslosigkeit erschienen lediglich als Folgen einer längeren Wachstumsschwäche aufgrund der Ölkrisen in den siebziger Jahren. Doch Dahrendorf und seine Kollegen aus der Wissenschaft sollten recht behalten. Mit der offenen und verdeckten Massenarbeitslosigkeit ist in den vergangenen drei Dekaden eine Gruppe von Menschen entstanden, die niemand zu brauchen scheint. Der Wandel von der Industrie- zur Dienstleistungsgesellschaft hat die einfache Arbeit in Deutschland massiv entwertet und auch verschwinden lassen. Und genau das ist das eigentlich Neue.

Armut und Arbeitslosigkeit haben bestimmte Schichten seit Beginn des sich entfaltenden Industriekapitalismus immer wieder bedroht und auch tatsächlich heimgesucht, vor allem die an- und ungelernten Industriearbeiter. Es gab die Menschen aus der »Unterstadt«, die armen, die sozial schwachen, die schlechtbezahlten mit ihren einfachen Industriearbeitsplätzen. Es gab sogar das »Lumpenproletariat«, die Überzähligen, die Arbeitslosen. Dennoch waren die einfachen Arbeiter für die industrielle Produktion in Deutschland unverzichtbar. Und das auch noch fast dreißig Jahre nach dem Zweiten Weltkrieg. Sie bildeten ihr Fundament und hatten mit ihrer Unentbehrlichkeit auch Macht. Sie hatten die Möglichkeit, organisiert für ihre

Rechte zu kämpfen, für die Absicherung gegen die großen Risiken des Lebens, für bessere Arbeitsbedingungen und vieles mehr. Viele von ihnen, denen der erhoffte soziale Aufstieg verwehrt blieb, setzten ihre ganze Hoffnung in die eigenen Kinder. Sie hatten den Wunsch und auch die Perspektive, dass diese es einmal besser haben sollten und würden. Den »Schmuddelkindern« von damals standen vor allem deshalb viele Chancen offen. Sozialer Aufstieg war für ihre Eltern und sie selbst ein Ziel, für das es sich zu kämpfen lohnte.

Prominentestes Beispiel ist wohl der frühere Bundeskanzler Gerhard Schröder, der als Sohn einer Putzfrau in ärmsten Verhältnissen aufwuchs, es auf dem zweiten Bildungsweg bis zum Rechtsanwalt brachte und dann in der Politik Karriere machte. Auf die Frage, was ihn angetrieben habe, erklärte er im Herbst 2006, als die Debatte über die neue Unterschicht hochemotional geführt wurde: »Es war Hunger nach gesellschaftlichem Aufstieg. Allerdings wussten wir sehr schnell: Das geht nur über Bildung. Das ist ja sozusagen die Erfahrung der alten Arbeiterbewegung: Wissen ist Macht.« In Anspielung auf die heutigen Verhältnisse setzte er hinzu: »Wo wird in unserer Gesellschaft Kindern noch vorgelesen? Bei mir zu Hause schon ... Der Hunger fehlt bei uns ein wenig.« Zumindest in einem hat er recht: Vielen Menschen des abgehängten Prekariats, also der neuen Unterschicht, scheint es genau daran zu mangeln: Es fehlt ihnen der Aufstiegswille. Doch kann man ihnen zum Vorwurf machen, dass sie in Bezug auf ihre Chancen realistisch sind? Woher sollen sie die Macht zum Kampf nehmen, wenn sie überhaupt niemand braucht? Wer dürfte ihnen übelnehmen, dass ihre eigenen Möglichkeiten den Umgang mit den Möglichkeiten prägen?

Ende der achtziger Jahre wurde klar: Die Massenarbeitslosigkeit würde nicht verschwinden. Sie hatte sich von den Aufschwüngen der Konjunktur längst abgekoppelt. In Zeiten des Abschwungs indes verbreiterte sich ihr Sockel jedes Mal aufs Neue. Und auch der jüngste Aufschwung darf nicht darüber hinwegtäuschen, dass rund fünf Millionen Menschen in Deutschland keine Arbeit haben. Dabei handelt es sich um jene 3 Millionen, die in der offiziellen Arbeitslosenstatistik auftauchen, sowie weitere 2 Millionen aus der »stillen Reserve«. Das sind die, die in Maßnahmen beschäftigt sind oder sich trotz ihrer Arbeitssuche aus verschiedenen Gründen nicht arbeitslos gemeldet haben. Im nächsten Abschwung werden diese Zahlen wieder nach oben schnellen. In Fachkreisen diskutierte man in den neunziger Jahren bereits als eine der Folgen der massenhaften Dauerarbeitslosigkeit die soziale Ausgrenzung, während die breite Öffentlichkeit noch an Chancengleichheit und die Einheit der Gesellschaft glaubte.

So stellte der Armutsforscher Martin Kronauer als einer der ersten deutschen Wissenschaftler bereits Anfang der neunziger Jahre zwei entscheidende Fragen. Erstens: Bildet sich durch die Massenarbeitslosigkeit in Deutschland eine neue Schicht heraus? Und zweitens: Hat die Tatsache, dass so viele Menschen dauerhaft vom Arbeitsmarkt ausgeschlossen sind, soziokulturelle Folgen? Die Antworten, die er damals gab, sind heute zutreffender denn je. Die Spaltung der Gesellschaft vertieft sich, eine neue Schicht entsteht. Es ist eine Schicht jener, deren fehlende Partizipationsmöglichkeiten an der Gesellschaft zur permanenten, objektiv wie subjektiv lebensbestimmenden Realität werden. Kronauer ging damals allerdings noch weiter. Er sagte voraus, dass diese Schicht sich nicht nur durch ihre objektiv prekäre Lage auszeichne, sondern durch die Bewusstseinsformen und Verhaltensweisen, die dazu beitragen, die Lage schließlich zu perpetuieren. Der Soziologe wurde nicht müde, zu warnen. »Je größer die Gruppe derer wird, die auf die Alimentierung durch die Erwerbstätigen angewiesen sind, desto mehr wächst auch die Gefahr, dass unter den Bedingungen knapper werdender Ressourcen die wohlfahrtsstaatliche Solidarität aufgekündigt wird.«

Was vor einem Jahrzehnt schon absehbar war, was wir aber nicht wahrhaben wollten, wird Deutschland spätestens im nächsten Jahrzehnt einholen. Das Geld der Sozialkassen wird knapper. Das Sedieren eines Teils der Bevölkerung, das wir jahrzehntelang betrieben haben, wird auf Dauer nicht mehr funktionieren. Es wird unruhiger werden auf den Straßen.

Ob einzig die Massenarbeitslosigkeit dazu geführt hat, dass wir uns in Deutschland heute einer Schicht von Menschen gegenübersehen, die nichts mehr zu dieser Gesellschaft beiträgt, sondern sie sehr viel kostet, mag dahingestellt sein. Ob die Massenarbeitslosigkeit und damit die Entstehung einer Schicht der Chancenlosen, »Überflüssigen« oder Ausgeschlossenen allein dem rauen Wind der Globalisierung zuzuschreiben ist, der die einfachen Arbeitsplätze für die einfachen Leute in den vergangenen Jahren aus Deutschland fortgeblasen hat, werden noch viele Wissenschaftler untersuchen. Sicher aber sind sich die Forscher, dass die Entstehung der Massenarbeitslosigkeit und die immer wiederkehrenden Beschäftigungskrisen einen gravierenden Anteil daran haben, dass wir heute vor dem Problem einer neuen Unterschicht stehen.

Dabei ist die Unterschicht mehr als nur die Gruppe der Langzeitarbeitslosen. Es kommen auch die dazu, die sich auf dem schmalen Grat zwischen Arbeit, Nichtarbeit und Schwarzarbeit bewegen, irgendwo in den Nischen des Marktes entsicherter Erwerbsarbeit. Darüber hinaus natürlich die Kinderreichen, weil Kinder in Deutschland allen Transfers zum Trotz eines der größten Armutsrisiken überhaupt sind. In der neuen Unterschicht paaren sich schlechte materielle Lebensbedingungen, Bildungsferne und Perspektivlosigkeit mit einem geradezu selbstverständlich vorgetragenen Anspruch auf staatliche Transfers. In ihr findet sich ein Umgang mit der eigenen Lebenssituation, der genau diese Situation zementiert. Dabei gibt es viele Stereotype der Chancenlosen: Die alleinerziehende Mutter etwa, wie bei Jascha, die beim Discounter kassiert und ihre Kinder trotzdem nicht ohne staatliche Hilfe durchbringen kann. Der Langzeitarbeitslose mittleren Alters, der nach Hunderten von Bewerbungen einfach aufgibt. Der Ausbildungslose, den niemand will, weil er in der Schule schon Probleme hatte. Oder auch der Rentner, der von einer Art Grundsicherung leben muss, die vorn und hinten nicht reicht. Selbst die Grenzen zur neuen Klasse des abgehängten Prekariats sind nicht klar zu ziehen. Nicht zuletzt deswegen, weil der Umgang mit Lebenssituationen und Chancen auch an der eigenen Wahrnehmung hängt. Der freie Autor, der von seinen Einkünften nicht wirklich leben kann, aber kein Geld vom Staat haben will, sieht sich zum Beispiel nicht als ein Vertreter der Unterschicht.

Der Begriff der neuen Unterschicht ist also alles andere als klar umrissen. Es gibt indes hinreichend soziologische Debatten beredter Forscher darüber, wie schwierig und zum Teil diskriminierend es ist, von einer solchen überhaupt zu sprechen. Denn auch in der Unterschicht gibt es noch soziale Dynamik.

Einigen wir uns also darauf, dass es drei typische

Merkmale gibt, die die Unterschicht ausmachen: die vergleichsweise prekäre materielle Situation, die Bildungsferne und Verhaltensweisen, die es verhindern, an der eigenen Situation etwas zu ändern. Menschen, auf die all dies zutrifft, stehen in dem Risiko, langfristig von gesellschaftlicher Teilhabe ausgeschlossen zu sein. Sie sind, wie man sagt, sozial benachteiligt. Mehr noch: Sie sind schon lange in Milieus mit bestimmten Lebensweisen und Verhaltensformen sozialisiert, durch die sich ihre Situation verfestigt. Auf sie trifft zu, was seit neuestem auch als »Exklusion« bezeichnet wird. An den Rand der Gesellschaft gedrängt, können sie sich vieles nicht leisten und haben kaum Chancen, das zu ändern. Auf unseren Protagonisten, der zufällig aus Berlin kommt, den man allerdings in den Problemvierteln einer jeden deutschen Stadt verorten könnte, trifft die weitgefasste Definition sehr genau zu. Die für Jascha bereitgestellten staatlichen Mittel haben seit jeher ausgereicht, um sein Überleben zu sichern. Sie haben ihm sogar eine gewisse Teilhabe an den konsumtiven Trends der Gesellschaft ermöglicht. Natürlich ist er mit Handy, Playstation, Fernseher und Computer aufgewachsen. Diese Dinge waren seine Verbindung zur Mitte der Gesellschaft, seine Form des Anschlusses, die mediale Suggestion von gesellschaftlicher Teilhabe. Und trotzdem ist er, wie zu viele andere auch, sein junges Leben lang an unsichtbaren Mauern entlanggelaufen und ausgeschlossen worden: und zwar von den Chancen des sozialen Aufstiegs, um irgendwann ein Leben in Eigenverantwortung führen zu können und der Unterschicht, seinem Milieu, zu entkommen. Man kann unseren Protagonisten nicht immer in Schutz nehmen. Doch wenn man seine Geschichte hört, befällt einen ein bedrückendes Gefühl: Das Problem Jascha ist auch gesellschaftlich gemacht. Für sein Scheitern trägt die Gesellschaft eine Mitverantwortung.

»Es gibt keine Industriegesellschaft ohne ein Residuum von Arbeitsunfähigen, Arbeitsunwilligen und Herumtreibern«, schrieb Dahrendorf vor fast zwanzig Jahren. »Doch sind die Clochards von Paris und ihr Londoner Gegenstück keine Unterklasse. Damit eine Unterklasse entsteht, muss es systematische Prozesse ihrer Rekrutierung, ihrer Abgrenzung und der Prägung ihres Verhaltens geben.« Wir hätten die Augen viel früher öffnen müssen, noch bevor sich die Systematik der Ausgrenzung in unserer Gesellschaft festgefressen hat. Mit welcher Systematik sich dieser Prozess vollzieht, werden die verschiedenen Stationen in Jaschas Leben noch zeigen. Die individuelle Katastrophe, die sich millionenfach vollzieht und zu einem der brisantesten gesellschaftlichen Probleme unseres Landes erwachsen ist, beginnt nicht erst in der Schule oder Ausbildung von jungen Menschen. Die Katastrophe nimmt bereits in der Wiege ihren Lauf, jeden Tag aufs Neue mit der Geburt von Kindern in den sozial benachteiligten Milieus. Am Anfang dieser Katastrophe steht das Erziehungsversagen der Eltern, das in bestimmten Schichten unserer Gesellschaft besonders häufig vorkommt.

2. Kapitel
Auf der Straße

»Aus dem wird mal was«, sagt Jascha und zeigt auf sich selbst. Sein Vater habe das einmal vor vielen Jahren über ihn gesagt, erzählt er weiter. Er sei noch ein Kleinkind gewesen und habe es natürlich nicht mitbekommen. Aber seine Mutter hat ihm immer wieder beschrieben, wie sich der Vater eines Tages voller Hoffnung über seinen Sohn im Kinderwagen gebeugt und ihn mit genau diesen Worten gemustert hat. »Sie hat es mir so oft erzählt. Ich glaube, sie wollte die schlechten Seiten von mir wegreden.« Jascha lacht kurz, schüttelt den Kopf und legt ihn in den Nacken. Er schaut an die Decke des Internetcafés: »So ganz habe ich mich ja noch nicht aufgegeben«, sagt er, und es klingt, als glaube er es wirklich.

»Ich kann nicht sagen, dass mein Leben bisher besonders glücklich war«, meint er lakonisch. »Aber unglücklich würde ich es auch nicht nennen. Einfach normal. 90 Prozent der Kinder oder Jugendlichen wachsen heute nicht anders auf als ich.« Jascha zuckt mit den Schultern und blickt ins Leere. »Und bei vielen von ihnen passiert genau das Gleiche wie bei mir«, setzt er hinzu. »Irgendwann geht es bergab, einfach nur noch bergab.« Wenn Jascha von *den* Kindern redet, dann meint er die aus seinem Viertel. Andere hat er ja nie erlebt. Er meint die Kinder von der Straße.

»Ein Gefühl für meine Kindheit habe ich eigentlich

nicht«, sagt er. Nur dass er sich nicht allzu gern erinnert. »Lohnt es sich wirklich, über das nachzudenken, was längst vorbei ist?«, fragt er unwillig. Jascha fragt selten, eigentlich immer nur dann, wenn er eine Frage nicht beantworten will. Aber dann sagt er doch: »Meine Mutter war oft nicht da.« Seine Geschwister und er sind nach der Schule allein zu Hause, aber nie besonders lange. Schon am frühen Nachmittag gehen sie alle ihrer Wege, ziehen los, um sich mit anderen Kindern auf der Straße zu treffen und sich dort in immer wieder gleichen Runden durchs Viertel zu schlagen. Nicht selten führen die Streifzüge ans Wasser. »Valentino, Pascal, Mike – das waren meine Freunde«, sagt er.

Jascha beschreibt sich selbst als ziemlich ruhiges Kind und beruft sich – wie so oft – auf seine Mutter. Er kommt mit vier Jahren in den Kindergarten, mit sieben in die Schule. In der Klasse ist er recht beliebt und gut integriert. So jedenfalls habe es zunächst in seinen Zeugnissen gestanden. Die Noten sind mittelmäßig. Schlecht jedenfalls nicht, behauptet er. Für das Gymnasium wird es allerdings nicht reichen. Mittags nach der Schule geht Jascha nach Hause, allein. Und das seit der ersten Klasse. »Ein paarmal hat mich meine Mutter hingebracht. Abgeholt hat sie mich nie«, erzählt er. Seit der ersten Klasse baumelt ein Schlüssel um seinen Hals, für den Fall, dass niemand da ist. »Irgendeiner aber war meistens da; wenn nicht meine Mutter, dann eins meiner großen Geschwister.« Wann der kleine blasse Junge nach Hause kommt, interessiert niemanden in der Familie. Immer öfter nimmt er Umwege, mal mutterseelenallein, dann wieder mit irgendwelchen Freunden. Die Mutter hat für alle Regeln aufgestellt: Schule, Mittagessen, Hausaufgaben, Putzdienst. »Einer musste immer sauber machen. Anders ging es bei fünf Kindern überhaupt nicht.« Am Abend vor der Schule soll alles gepackt sein. Morgens um sieben wird zusammen gefrühstückt. Kann er sich an ein gemeinsames Frühstück erinnern? »Ich weiß es nicht mehr. Als mein Vater noch da war – sicher; da war es wohl so«, Jascha nickt.

Seine älteren Geschwister haben ein eigenes Zimmer, er teilt sich zunächst eins mit seinen kleinen Schwestern. Bei den Großen steht jeweils ein Fernseher. Er und seine Schwestern bekommen erst mal kein eigenes Gerät. Aber es gibt den Apparat im Wohnzimmer. Eine Stunde Hausaufgaben, maximal zwei Stunden Fernsehen – das ist die Vorgabe der Mutter. Nur kontrolliert sie nicht, ob ihre Kinder sich auch daran halten, und vor allem nicht, was so alles über den Bildschirm flimmert. Sie ist eben nicht da. »Bei fünf Kindern kann sie das auch gar nicht«, sagt Jascha ernst. »Jeder von uns hat so gelebt, wie er wollte.« Seine Mutter wird er noch häufig in Schutz nehmen. Für die Misere der Familie, den vielen Streit und die Schwierigkeiten aller Kinder, sich an Spielregeln zu halten, sich in der Schule zu engagieren, die Hausaufgaben zu erledigen, macht er andere verantwortlich, niemals aber trifft seine Mutter die Schuld. Diesen Gedanken könnte er nicht ertragen. »Sie hat viel geweint. Unheimlich viel. Sie hat immer wieder davon gesprochen, dass sie als Mutter versagt hat.« Schon als kleiner Junge versucht Jascha, sie zu trösten. Erfolglos. »Ich habe oft versucht, sie zu beruhigen, und ihr gesagt, sie hat alles für uns gegeben.« Aber sie hört nicht hin, wendet sich ab und verschwindet in ihrem Zimmer. »Dann hat sie die Tür abgeschlossen«, setzt Jascha fort. »Ich habe davorgesessen und gewartet.« Stundenlang hofft er, dass seine Mutter wieder erscheint – vergeblich. Nachts kann er dann meistens nicht gut schlafen.

Einmal in der Woche ist »Familienabend«, meist Mittwoch. Dann müssen alle da sein, sonst drohen zwei Tage Hausarrest. »Wir haben über die Woche gesprochen, über die Pflichten, die wir zu Hause hatten, einfach über alles das, was anstand.« Aber davon erzählt, was sie die Nachmittage über oder auch vormittags in der Schule erlebt haben, hat nie einer. »Bei fünf Kindern?«, fragt Jascha wieder einmal. »Wie soll das gehen? Meine Mutter konnte sich nicht immer all unsere Geschichten anhören. Sie hatte ihr eigenes Leben. Das war für sie ganz wichtig.« Jaschas Vater spielt darin kaum eine Rolle. »Meine Mutter und er verstanden sich nicht immer gut. Dabei wusste mein Vater genau: Wenn man meine Mutter gut behandelt, kann sie sehr nett sein. Wenn man sie schlecht behandelt, flippt sie ziemlich aus.«

Und das ist immer häufiger der Fall. Seine Eltern leben nur ein paar Jahre zusammen. Als er in die zweite Klasse kommt, ist auch der zweite Mann aus dem Leben seiner Mutter weitgehend verschwunden, sein Vater. Er bezieht eine Wohnung unweit der seiner Kinder und lebt dort schon bald mit einer neuen Frau. Alle zwei Wochen verbringen sie einen Tag mit ihm, über Nacht sind sie nie dort. »Seine neue Frau konnten wir überhaupt nicht leiden. Sie hat uns immer das Gefühl gegeben, dass sie sich für etwas Besseres hält.« Der Vater aber scheint seinen Kindern auch nach der Trennung immerhin den Eindruck zu vermitteln, dass er sich kümmert. Er zahlt Unterhalt – wenn auch nicht viel. Er streitet nicht mehr mit Jaschas Mutter über Geld, Termine und Unternehmungen, die er mit den Kindern plant. Und: Er nimmt sich auch weiterhin der beiden großen Geschwister an, die gar nicht seine Kinder sind. Trotzdem: »Wenn ich jetzt darüber nachdenke, wäre ich gerne mehr bei ihm gewesen«, stellt Jascha fest. »Aber das ging nicht. Da war seine Neue und schon bald ein neues Kind. Und für die Neue waren wir der Abschaum.«

Fernsehen spielt für Jascha im Grundschulalter kaum eine Rolle. Spätestens um zwei Uhr nachmittags zieht er los auf die Straße. Schon mit 7 Jahren ist er stundenlang in seinem Viertel unterwegs, mit seinen Freunden. »Geh raus zum Spielen!« – Jascha ist nicht das einzige Kind seines Viertels, dem die Mutter das so oft sagt, bis es ihn die Nachmittage ganz von allein auf die Straße treibt. Die Straße – das ist zunächst einmal Abenteuer. Irgendwer ist immer draußen, oft sind es auch die älteren Jungen. Immer wieder geht Jascha mit seinem großen Bruder los, den er bewundert, wenn der wieder einmal eine Prügelei mit wildfremden Kindern vom Zaun bricht und dann besonders hart zuschlägt. »Mein Bruder hat auf seine eigene Weise geprügelt«, erinnert er sich. »Die Rechte hat er sich vor den Mund gehalten und dabei fest in den Handrücken gebissen. Mit der Linken hat er zugeschlagen. Heute hat er auf seiner rechten Hand lauter Narben.« Bei seinem Bruder aber ist er nur geduldet. Nicht selten muss er ihn dafür »bezahlen«, dass er ihm hinterherrennen darf.

Meistens ist Jascha mit seinen »Freunden« am Wasser. Angeln, Steine werfen, andere ärgern und Schlägereien – das alles gehört zum Nachmittagsprogramm. Wenn es dunkel wird, ziehen die Kinder zurück nach Hause, im Winter früher, im Sommer spät, oft nach 20 Uhr. Es gibt keine Zeit, zu der er daheim sein muss. Irgendwann abends halt, außer mittwochs zum Familientreffen um 19 Uhr. Aber das findet nur einmal die Woche statt und ist damit eine vertretbare Regelung, an die Jascha sich halten kann. Mit seinen Freunden auf der Straße gibt es dagegen keine Vorschriften. »Du musst stark und mutig sein, darfst keine Angst vor Prügeleien haben. Das war unheimlich wichtig«, sagt er. Der kleine, schmächtige Junge muss sich immer wieder zusammenreißen, seine Ängste unterdrücken, durchhalten, sich aufplustern, angeben mit Geschichten, die er gehört, aber nicht selbst erlebt hat. »Irgendwann, wenn du lange genug dabei bist, ist die Angst plötzlich wie weggeblasen.«

Über die Jahre stumpft er regelrecht ab. Heulen darf er auch nicht. Das wäre das Letzte. Schon gar nicht, wenn es ihn mal übel erwischt. Das ist Teil der erbarmungslosen Mutproben, denen sich alle unterwerfen müssen. Zwar kämpft er als Achtjähriger noch heftig mit den Tränen, als ihm eines frühen Abends im Sommer der angeleinte Pitbull eines älteren Jungen ganz plötzlich ins Gesicht springt und ihm die Nase blutig beißt. Aber er schreit nicht, sondern hält sich die Hand vors Gesicht und schlägt sich allein vom Wasser bis nach Hause durch. »Gott sei Dank war meine Mutter an dem Tag zu Hause«, sagt er. Sie fährt mit ihm ins Krankenhaus. Tags darauf steht er mit genähter, verpflasterter Nase wieder vor seinen Freunden – und ist der Held. »Das war besser als eine Mutprobe.« Zum ersten Mal ist Jascha stolz. Die Regeln der Straße sind unerbittlich. Es überlebt nur der, der stark ist und alles daransetzt, nicht selbst zum Opfer zu werden.

Als Jascha 8 oder 9 Jahre alt ist, darf er mit seinen Freunden das erste Mal über Nacht draußen am Wasser zelten. Ganz allein, Erwachsene sind nicht dabei. Es ist ein Samstagabend. Sein großer Bruder ist mit von der Partie und einige andere Kinder aus dem Viertel. Machte sich seine Mutter keine Sorgen? »Ach«, Jascha winkt ab. »Sie kannte die anderen Eltern alle. Sie wusste, dass Janko und ich nicht allein waren. Sie machte sich überhaupt keine Sorgen.« Es passiert natürlich nichts. Nichts jedenfalls, was Jaschas Mutter auf den Gedanken gebracht hätte, dass ihre

Kinder für derlei Aktionen in einer Großstadt noch ein wenig zu jung sein könnten. Alles geht gut. Die Kinder tun kaum ein Auge zu, sondern beschäftigen sich nachts damit, einen hungrigen Fuchs mit ihrem Proviant zu füttern, um ihn alsbald, wenn er sich nähert, mit kleinen Steinen zu beschießen. Sie amüsieren sich trefflich, wie das ausgehungerte Tier sich wieder und wieder vergeblich daran versucht, an die ausgelegten Bissen heranzukommen, und sich dabei seine Blessuren holt.

Immer häufiger verbringen die Kinder dann am Wochenende eine Nacht draußen. Die größeren, wie sein Bruder und seine Freunde, haben Bier dabei und natürlich Zigaretten. Wo sich ihre beiden Kinder aufhalten, weiß Jaschas Mutter nie so genau; es gibt schließlich mehrere geeignete Stellen, an denen sie ihre Zelte aufschlagen. Vorbeigekommen ist sie nie. »Ich glaube, sie war froh, dass sie am Wochenende einfach mal ihre Ruhe hatte. Fünf Kinder – da brauchte sie das.« Auf seine Mutter lässt Jascha nichts kommen, nicht vor anderen.

Jascha und seine Freunde, diese umherstreifende Gang wird im Viertel bekannt als eine, der man besser aus dem Weg geht. Die Kinder gelten als verhaltensauffällig. Das Jugendamt weiß längst Bescheid. Schon die Jüngsten unter ihnen schlagen drauflos, fast jeden Tag findet sich irgendein Opfer. »Wenn jemand kam, dessen Gesicht uns nicht gefiel, dann haben wir ihn zusammengeschlagen.« Einfach so? Wieder einmal zieht Jascha die Schultern hoch, schaut kurz auf und erklärt dann noch einmal die Regeln der Straße. Die Prügeleien stellen eine Art Mutprobe dar: Wer von den Kleinen traut sich, den ersten Schlag zu setzen? »Oft war ich es. Die anderen haben mich dazu provoziert. Das musste ich machen, sonst hätte ich nicht dabei sein dürfen. Und davor hatte ich viel mehr Angst, als dass ich bei einer der Schlägereien selbst etwas abbekomme.« Er wusste ja, wie es geht. Seinen Bruder hatte er bei Schlägereien oft beobachtet. Wie er nimmt Jascha, bevor es losgeht, ein Feuerzeug fest in die Faust. Unwillkürlich kramt er in seiner Hosentasche und legt die Stirn in Falten. Dann streckt er den Arm aus und hält die offene Handfläche nach oben. Langsam schließt er die Finger fest um das gelbe Feuerzeug, bis das Blut aus der Haut über den Gelenken weicht. »Beim Schlagen musst du etwas in der Hand halten. Das stabilisiert die Finger, und die Schläge werden härter.«

Als Jascha 8 Jahre alt ist, greift das Jugendamt erstmals in die Erziehungshoheit der Mutter ein, um ihn aus der Familie herauszuholen. Das dritte Kind, reichlich verhaltensauffällig, täte gut daran, ein paar Monate andernorts zu verbringen, heißt es. Offenbar hat auch die Schule mit dem Jugendamt Kontakt aufgenommen. Jascha ist im Klassenraum kaum zu bändigen – auch wenn er sich selbst als ruhiges Kind beschreibt. Es ist seine Art der Selbstwahrnehmung. Er gilt als hochgradig aggressiv. Immer wieder gibt es Elterngespräche, von denen seine Mutter ihm dann vorwurfsvoll berichtet. »Sie haben damals davon gesprochen, dass ich sehr lebhaft bin«, meint Jascha. »Lebhaft! Ich wusste natürlich nicht, dass das ein Code-Wort für ›sozial gestört‹ war.«

Raus aus der Familie, raus aus der Klasse, weg von den alten Freunden – das also soll helfen. Jaschas Mutter folgt den Vorschlägen des Jugendamtes. Sie ist kooperativ, für die Mitarbeiter damit ein vergleichsweise einfacher Fall, denn ansonsten sind derlei Maßnahmen nur mit richterlichem Beschluss gegen den Willen der Eltern durchzusetzen. »Meine Mutter hatte wahrscheinlich begriffen, dass sie es mit fünf Kindern nicht alleine schaffen kann.

Sie wollte unbedingt, dass alles besser wird. Das hat sie mir immer gesagt.« So zieht Jascha für einige Monate in eine Sonderschule außerhalb Berlins mit angeschlossenem Heim, wo sich vor allem Kinder mit psychosozialen Störungen wiederfinden. »Ich habe das Kinderknast genannt, weil man nicht einfach rausgehen durfte«, erzählt er. »Damals habe ich überhaupt nicht verstanden, was ich dort sollte.« Wie auch? Weder seine Mutter noch die Mitarbeiter des Jugendamtes hatten ihm gesagt, dass alle Versuche seiner Lehrer, Ordnungs- und Erziehungsmaßnahmen durchzusetzen, bei ihm fehlgeschlagen waren. Im Grunde hat das Amt Jascha in Therapie geschickt – ohne dass er verstand, was das eigentlich war.

Mit 8 Jahren, noch in der Grundschule, muss Jascha also seine Familie das erste Mal für ein paar Monate verlassen. »Ich weiß noch, wie ich zu Hause abgeholt wurde. Meine Mutter hatte mir eine Tasche gepackt und mit mir allein in der Küche gesessen. Sie hat gesagt, dass ich ganz bald wieder da sein werde, und dann angefangen zu weinen. Die anderen sind in ihren Zimmern gewesen oder gar nicht zu Hause.« Jascha verabschiedet sich von seiner Mutter. In den Arm nimmt sie ihn nicht. »Das war bei uns einfach nicht üblich.« Unten auf der Straße blickt er noch einmal nach oben, in der Hoffnung, seine Mutter am Fenster zu sehen. Doch da ist niemand. Jascha schluckt. »Ich weiß noch, dass ich einen unheimlichen Kloß im Hals hatte. Dann bin ich eingestiegen. Geheult habe ich jedenfalls nicht.«

Drei Monate bleibt Jascha in der Sonderschule mit angeschlossener psychiatrischer Klinik. Daran, ob er Heimweh hatte, kann er sich nicht mehr erinnern. Überhaupt scheint er die Zeit im »Kinderknast« wie vieles andere aus seinem Gedächtnis gestrichen zu haben. »Ich glaube, ich habe dort vor allem unheimlich viel geschlafen«, sagt er. Als er zurückkommt in seine Familie und in seine alte Klasse, organisiert ihm das Jugendamt einen Platz in einer Tagesgruppe einer kirchlichen Einrichtung, eine Nachmittagsbetreuung also, damit er nach der Schule nicht wieder mit seinen Freunden durch die Straßen des Viertels zieht. Wenn man Jascha Glauben schenkt, ist er recht regelmäßig dort erschienen. Aber das muss nicht der Wahrheit entsprechen. Wahrscheinlich weiß er es gar nicht mehr so genau. Gegen 17 Uhr darf er die Tagesgruppe verlassen, allein nach Hause gehen. Natürlich nimmt er nicht den direkten Weg, sondern schaut an den Orten vorbei, wo er seine Freunde weiß. Fünf Uhr am Nachmittag – für Kinder seines Schlages ist das keine Zeit. Die Abende im Sommer sind lang. »Irgendwann war auch das vorbei. Ich war dann zu alt, um noch in die Tagesgruppe zu gehen.« Zu alt – er hatte damals, als sie ihn wieder ganz der Straße überließen, gerade das zehnte Lebensjahr vollendet.

Es gibt fast nichts, das Jascha – von seinen vermeintlichen Freunden einmal abgesehen – wirklich wichtig ist. Nur der Sonntag bei einem Großonkel ist ihm heilig. »Es war das, auf das ich mich in meiner Kindheit am meisten gefreut habe. Meine Mutter hatte nicht viel Kontakt zu ihren Eltern. Aber zu einem ihrer Onkel. Mit ihm hat sie sich gut verstanden. Sie sagt, schon als Kind. Da ist sie viel gewesen, später dann auch mit uns.« Die Sonntage verbringen er und seine kleinen Schwestern oft bei dem Onkel und seiner Frau im Berliner Norden. Seine älteren Geschwister bleiben allein zu Hause. Auf das Programm bei den Alten haben die wenig Lust. Schon gar nicht auf den obligaten Mittagsschlaf nach dem Mittagessen. »Ich habe nie verstanden, warum sie so selten mitgekommen sind«, erzählt Jascha. »Ich bin unheimlich gerne dort gewesen.

Denn Sonntag war der einzige Tag in der Woche, der völlig stressfrei ablief.« Wieso stressfrei? Jascha schaut ins Leere, schüttelt schließlich den Kopf und zuckt die Achseln. »Es gab da immer etwas Gutes zu essen und dann den Mittagsschlaf. Für mich genau das Richtige. Denn ich habe gerne geschlafen, um alles andere zu vergessen. Das ist übrigens heute auch noch so.«

Beim Onkel jedenfalls gibt es keine Mutproben, keine Freunde, die einen zu Prügeleien provozieren, und keine Ängste. »Eigentlich habe ich sie gehasst, diese Mutproben«, bricht es aus ihm heraus. Dann schweigt er eine Weile und wippt auf seinem Stuhl. »Aber irgendwann lernt man, dass sie dazugehören. Ohne Mutproben keine Freunde, so einfach ist das.« Beim Onkel braucht er sich nicht dauernd zusammenzureißen, um seine Angst zu unterdrücken, wenn wieder einer der größeren Jungen mit einem Pitbull oder einem Totenschläger vor ihm steht. Er muss sich und den anderen nicht beweisen, dass er weder Angst noch Schmerzen fühlt. Er kann nach dem Mittagsschlaf in Ruhe mit seinen kleinen Schwestern zum großen Spielplatz auf der anderen Straßenseite hinüberlaufen, um dort zu schaukeln und zu klettern. »Manchmal habe ich mit ihnen im Sand gespielt«, sagt er und schüttelt voller Verachtung für sich selbst den Kopf. »Wie ein Kleinkind.«

Wenn schlechtes Wetter ist, bleiben sie in der Wohnung und vertreiben sich den Nachmittag mit der Playstation, die sein Großonkel eigens für die Kinder besorgt hat. »Wenn ich noch einmal darüber nachdenke, dann war meine Kindheit eigentlich fast immer Stress. Man hätte einfach mehr auf mich aufpassen müssen«, resümiert Jascha kühl. »Das hätte ich wirklich gebraucht. Aber es war niemand da. Ich war ja auch nicht der Einzige, der jeden Nachmittag auf der Straße abhing. So bin ich den Weg gegangen, den auch die meisten meiner Freunde von damals gegangen sind. Immer weiter bergab.«

Jascha hat die Diagnose selbst gestellt: Man hätte einfach mehr auf ihn aufpassen müssen. Und natürlich hat er recht. Aber warum hat auf Jascha niemand aufgepasst? Wo ist seine Mutter all die Jahre gewesen, in denen er die Nachmittage auf der Straße verbrachte? Warum hat sie ihre Kinder nie in den Griff bekommen? Jaschas Mutter war mit den Kindern und ihrer Lebenssituation sicherlich überfordert. So wie viele Eltern heute überfordert sind und ihrer Erziehungsverantwortung kaum gewachsen scheinen. Jascha könnte man ohne weiteres als das lebende Beispiel für die jüngst ausgerufene deutsche Erziehungskatastrophe bezeichnen, als wandelnden Beweis für den seit einigen Jahren heftig diskutierten Werteverfall hierzulande.

Bevor wir uns Jascha im Einzelnen zuwenden, sind jedoch ein paar Gedanken zur weithin beklagten deutschen Erziehungskrise angebracht. Zunächst einmal gilt richtigzustellen: Mitnichten ist über uns die »pädagogische Apokalypse«, wie der Erziehungswissenschaftler Roland Mertens es ausgedrückt hat, hereingebrochen. Die Behauptung, in Deutschland zeichne sich eine Erziehungskatastrophe ab, ist schlichtweg übertrieben. Auch der vielerorts beklagte Werteverfall ist nicht pauschal festzustellen. Im Großen und Ganzen gibt es viele Millionen engagierter Eltern, die ihre Erziehungsverantwortung sehr ernst nehmen. Die vielzitierten Werte und Erziehungsziele haben sich über die Jahrzehnte nach dem Zweiten Weltkrieg zwar in ihren Gewichtungen ein wenig verschoben, sind aber alles andere als vom Verfall bedroht. Das zeigen langfristige Untersuchungen. Allzu viel hat sich in den Ergebnissen über die

Jahrzehnte nicht getan, wobei – das muss man dazusagen – in vielen Untersuchungen nicht nach dem tatsächlichen Erziehungsverhalten, sondern eben nur nach den Zielen gefragt wird. Der Jenaer Erziehungswissenschaftler Roland Merten stellt dazu fest: »Pflichtwerte wie Ordnungsliebe und Fleiß liegen seither konstant auf gleichem Niveau. Dagegen ist es bei den beiden Wertepaaren ›Selbständigkeit und freier Wille‹ sowie ›Gehorsam und Unterordnung‹ zu einer Scherenentwicklung gekommen.«

Selbständigkeit und freier Wille sind im Laufe der Dekaden zu wichtigeren Erziehungszielen mutiert als Gehorsam oder gar Unterordnung. Doch sollte das den wortreich beklagten Werteverfall markieren? Die Werte sind gerade nicht verfallen, sondern haben sich schlicht verschoben: »Weg vom Untertanengeist, hin zu freier Entfaltung der Persönlichkeit – ein guter und wichtiger Weg«, meint der Pädagoge. Wer würde für sich heute das Recht auf freie Entfaltung seiner Persönlichkeit in Anspruch nehmen und gleichzeitig für seine Kinder Unterordnung und Gehorsam zur obersten Erziehungsmaxime erheben? Dass an dieser deutlichen Verschiebung in der Einstellung der Befragten das Jahr 1968 mit der von ihm ausgehenden Bewegung ihren Anteil hat, ist unbestritten. Und natürlich ebenso die Tatsache, dass manche es seinerzeit mit der »freien Entfaltung der Persönlichkeit« allzu wörtlich nahmen und weit über das Ziel hinausschossen. Dennoch haben die Achtundsechziger einen Paradigmenwechsel in der Erziehung befördert, der im Nachhinein betrachtet höchst überfällig und dringend notwendig war.

Der »Monitor Familienforschung« des Bundesministeriums für Familie, Senioren, Frauen und Jugend fördert noch andere Umfrageergebnisse zutage, die gehörige Zweifel am Krisengezeter aufkommen lassen. »Seit Mitte der neunziger Jahre gewinnen traditionelle Werte der Höflichkeit, der Arbeitsethik und der Sparsamkeit für die Deutschen wieder an Bedeutung«, heißt es dort. In den zitierten Ergebnissen von repräsentativen Befragungen stehen derlei Werte ganz oben auf der Rangliste verschiedener Erziehungsziele. Ehrlichkeit, Selbständigkeit, Hilfsbereitschaft und Toleranz gegenüber Andersdenkenden sind aus dem Wertekanon der Befragten ebenfalls nicht wegzudenken. Im Grunde vereinigen sich hier Werte, aus denen ein selbständiger, verantwortungsbewusster und frei denkender Mensch hervorgeht.

Diese Wertorientierung spiegelt sich in der Einstellung der Jugendlichen durchaus wider. Das zeigt die jüngste Shell-Jugendstudie deutlich. Seit 53 Jahren beauftragt der Konzern unabhängige Wissenschaftler, ein Bild über die Stimmungslage, die Wertorientierungen und auch die Erwartungen der Jugendlichen in Deutschland zu erstellen. Was die Forscherteams in ihrer repräsentativen Befragung von gut 2500 Jugendlichen aus Ost- und Westdeutschland im Jahr 2006 herausfanden, passt überhaupt nicht zu den Versuchen, die Erziehung in Deutschland in die Krise zu reden. 90 Prozent der befragten Jugendlichen bekunden, gut mit ihren Eltern auszukommen. 71 Prozent fühlen sich darüber hinaus immerhin so gut erzogen, dass sie ihre eigenen Kinder genauso oder zumindest ähnlich erziehen würden.

Auch das Wertesystem der Jugendlichen zeigt sich stabil. Familie, Freundschaft, Partnerschaft und Eigenverantwortung sind noch immer nicht überholt. Die alten Tugenden wie Fleiß und Ehrgeiz werden den Jugendlichen sogar wichtiger. Dazu gesellt sich das Streben nach eigener Unabhängigkeit. Zwar sind die Jugendlichen von heute wenig politisch interessiert, stellen die Grundregeln der Demokratie wie Meinungs- und Wahlfreiheit aber nicht in Frage. Das Engagement für andere besitzt einen vergleichsweise hohen Stellenwert. »Einsatz für die Gesellschaft und für andere Menschen gehört ganz selbstverständlich zum persönlichen Lebensstil dazu«, heißt es in der Studie. Dabei gilt: Je höher das Bildungsniveau und die soziale Schicht, desto stärker das Bewusstsein in die Notwendigkeit gesellschaftlichen Engagements.

Im Großen und Ganzen können wir also feststellen, dass sich die Werte über Jahrzehnte nicht allzu sehr verändert haben. Von dieser Seite her kann der vermeintliche Erziehungsnotstand oder auch die Elternkatastrophe also nicht kommen. Stark, geradezu dramatisch verschoben hat sich allerdings das Verhältnis der Generationen zueinander. Und das gilt es erst einmal zu verstehen. Denn das veränderte Verhältnis der Generationen zueinander hat einen Paradigmenwechsel in der Erziehung mit sich gebracht, der Erziehung heute wesentlich komplexer, schwieriger und für Eltern und professionelle Pädagogen nervenaufreibender macht. Wahrscheinlich hat dieser Paradigmenwechsel nicht die Erziehung, sondern so manchen Erzieher in eine Krise gestürzt.

War es bis in die sechziger Jahre hinein noch pädagogischer Mainstream, die Kinder zu Respekt gegenüber den Erwachsenen, zu Gehorsam und Unterordnung zu erziehen, hat sich dies offensichtlich ins Gegenteil verkehrt. Nun sollen Eltern Respekt vor ihren Kindern haben. Wurde den Kindern früher Wohlverhalten auf dem Befehlswege verordnet und im Notfall mit physischer Gewalt erzwungen, müssen Eltern und Erzieher heute versuchen, dies auf dem Weg der Einsicht in die Notwendigkeiten des Lebens zu erreichen. War die Prügelstrafe in der Schule und in den Familien noch bis in die siebziger Jahre hinein weit verbreitet und akzeptiert, ist sie in Schulen seit 1973 gesetzlich verboten. Seit dem Jahr 2000 verstoßen auch Eltern, die ihr Kind körperlich züchtigen, gegen das Gesetz. Gleiches gilt für die Anwendung psychischer Gewalt.

Überhaupt haben Kinder plötzlich allerlei Rechte: ein Recht auf eine gewaltfreie Erziehung, ein Recht auf Schutz vor Ausbeutung, ein Recht auf Bildung, Entfaltung der Persönlichkeit, auf staatliche Unterstützung bei Erziehungsproblemen, ein Recht auf Beteiligung bei Entscheidungen, die sie betreffen, ein Recht auf Fürsorge, auf Ernährung, auf Schutz vor körperlicher, seelischer oder sexueller Gewalt, auf freie Meinungsäußerung, ein Recht auf Gesellschaft und Freunde jeglicher Art, auf Schule, Ausbildung und Selbständigkeit und nicht zuletzt ein Recht auf Eigentum. Und mehr denn je ist heute von den Pflichten der Eltern die Rede.

Für Eltern und Pädagogen bedeutet das Diktat einer in jeder Hinsicht gewaltfreien Erziehung in erster Linie einen Verlust an Möglichkeiten, sich auf einfachstem Weg Autorität zu verschaffen. Mit der einstmals so unangefochtenen Autorität, die sich mehr auf den Rohrstock denn auf pädagogische Kompetenz gründete, ist es dahin. Kein Wunder also, dass da manch ein rückwärtsgewandter, von der eigenen Autoritätskrise erschütterter Pädagoge einfacheren Zeiten nachweint und ein Hohelied auf eiserne Disziplin anstimmt. Doch die Erschütterung geht noch weiter: Die Bundesregierung wirbt in Kampagnen für »Respekt vor Kindern«, ohne genau zu sagen, was diesen Respekt eigentlich ausmacht. Waren die Kinder früher vergleichsweise rechtlos und dazu gezwungen, den Erwachsenen Respekt entgegenzubringen, ist es heute nahezu umgekehrt. Die Herausforderung ist eine doppelte: Eltern und Pädagogen müssen die Veränderungen im Generationenverhältnis zunächst überhaupt erst einmal verstehen. Und sie müssen den Rechten und Bedürfnissen der Kinder auch noch gerecht werden.

Verkompliziert wird die Erziehungsaufgabe dadurch, dass sich der materielle Mangel der Nachkriegsjahre in Überfluss verkehrte. Es gibt inzwischen viel mehr, als man sich leisten kann. Kinder werden zu Konsumenten, Eltern und Erzieher hingegen zu denjenigen, die ihnen immer wieder Sinn und Logik des Verzichts vermitteln müssen. Und das in einer Zeit, in der verhandelt und nicht befohlen wird. Konsumverzicht will heute dem Nachwuchs erörtert und nicht aufgezwungen werden. Das alles und noch vieles mehr macht Erziehung heute ungemein mühsam, lässt sie zu einem Kraftakt werden, zur nervenzehrenden Schwerstarbeit. Dabei haben die Eltern reichlich Konkurrenz. Die Medien sind zu Miterziehern geworden, die Kindern unaufhörlich bestimmte Verhaltensweisen wenn nicht nahelegen, so doch als vermeintliche Alternative zur Auswahl stellen. Der Zürcher Erziehungswissenschaftler Jürgen Oelkers bringt es auf den Punkt: »Erziehung ist diffuser, wechselseitiger und aufwendiger geworden, zugleich unabsehbarer und unsicherer im Ertrag.« Aber es gibt deshalb noch längst keinen Grund, die Erziehung buchstäblich in die Krise zu reden. Diese Thesen vom Erziehungsnotstand spielen sehr erfolgreich mit der Urangst jedes Erziehenden, dass Kinder außer Rand und Band geraten. Fassen wir also zusammen: Die vermeintliche Erziehungskrise in Deutschland ist mit einer starken medialen Inszenierung verbunden und entbehrt verlässlicher Daten.

Was aber ist mit den zahlreichen Phänomenen, die wir um uns herum wahrnehmen? Die scheinbar ausufernde Gewalt an Schulen, der steigende Fernsehkonsum, die

Killerspiele, die Fehlernährung, der Bewegungsmangel, Flatrate-Saufen, die psychische und physische Verwahrlosung von Kindern, die alleingelassen in der elterlichen Wohnung zwischen Müll und Matratzen ihr Dasein fristen? Spricht das nicht eher für einen Erziehungsnotstand als dagegen und widerlegt damit die Ergebnisse der Umfragen nach den Erziehungswerten? Könnte es etwa sein, dass sowohl Erwachsene als auch Jugendliche in den immer wieder erhobenen Studien von hehren Zielen und gesellschaftlichen Werten reden, aber viel zu schwach sind, diese längerfristig zu verfolgen, um sie am Ende auch zu erreichen? Was ist mit Kindern wie Jascha?

Kinder wie Jascha sind das Ergebnis eines Erziehungsversagens, das überwiegend an den Rändern unserer Gesellschaft oder in den unteren sozialen Schichten zu beobachten ist. Erziehungsnotstand ist – das zeigen gesicherte Erkenntnisse aus der Jugend-, Familien- und Bildungsforschung – ein Phänomen, das vor allem Kinder und Jugendliche der neuen Unterschicht betrifft. Zwar gibt es Forscher, die schätzen, dass rund ein Drittel aller Väter und Mütter in Deutschland mit der Erziehung überfordert sind. Und jeder, der Kinder hat, wird sich nun insgeheim fragen, ob er nicht mitunter seinem eigenen Nachwuchs gegenüber auch reichlich hilflos dasteht. Doch muss Überforderung nicht in jedem Fall in eine Erziehungskatastrophe münden, so wie sie Jascha erlebt hat. In mittleren und gehobenen Schichten, in denen Eltern die Erziehungsprobleme über den Kopf wachsen, gibt es reichlich Mittel und Wege, dagegen anzugehen. Vor allem aber gibt es ein Problembewusstsein dafür, dass irgendetwas aus dem Ruder läuft. Zu krisenhaften Zuspitzungen und Verhaltensauffälligkeiten der Kinder kommt es eher selten. Anders dagegen sieht es in den unteren gesellschaftlichen Schichten aus. Massive Erziehungsschwierigkeiten sind vor allem in bestimmten Gruppen anzutreffen. Der »Monitor Familienforschung« nennt hier alleinerziehende Eltern, Eltern mit Migrationshintergrund, Eltern in relativer Armut und Eltern mit einem geringen Bildungsgrad. Der Erziehungsnotstand ist ganz offenbar vor allem ein Problem bestimmter Lebensumstände.

Dieser Zusammenhang ist nicht neu, sondern seit Jahrhunderten bekannt. »Die Realität von Kindern war von lokalen Milieus geprägt, die bis weit ins 19. Jahrhundert oft armselig und auch gewalttätig waren«, schreibt der Pädagoge Jürgen Oelkers. Schon im 19. Jahrhundert waren Kinderarmut, Kinderarbeit und Elternlosigkeit die großen Themen derer, die sich mit Erziehungsfragen beschäftigten. Mitte des Jahrhunderts trat das Fürsorgeziel in den Vordergrund. Kinder, die nicht versorgt waren, sollten vor der Verwahrlosung bewahrt und deshalb zwangsweise erzogen werden, damit aus ihnen am Ende doch noch gute Bürger würden. Mädchen galt es seinerzeit vor allem vor der Sittenlosigkeit zu schützen, Jungen vor der Kriminalität. Dabei waren die Fürsorgebemühungen nicht nur gesellschaftlichen Notwendigkeiten geschuldet, sondern gründeten sich durchaus auch auf ein Gefühl der Solidarität mit jenen, die auf der Schattenseite des Lebens aufwuchsen. Anfang der zwanziger Jahre wurde das erste deutschlandweit gültige Gesetz zur Jugendwohlfahrt verabschiedet. Daraufhin entstanden die Jugendämter als Beginn gesellschaftlich organisierter Jugendhilfe. Das alles zeigt: Verwahrlosung von Kindern und Jugendlichen als Symptom von Erziehungsnotständen sind ein altes Thema, das jeweils mit bestimmten sozialen Milieus verbunden war.

Nicht anders ist es heute: »In Armutsschichten, in deklassierten Gruppen unserer Gesellschaft, nehmen die Erziehungskatastrophen ihren Lauf«, sagt der Pädagoge Reinhart Wolff. »Viele deklassierte Eltern, die sich in prekären und damit unsicheren und isolierten Lebenslagen befinden, sind nicht in der Lage, ihre Kinder zu erziehen. Sie sind schon gar nicht in der Lage, das neue Generationenverhältnis zu verstehen.« Dabei beobachtet der Wissenschaftler zwei unterschiedliche Elternreaktionen. Entweder werden die Kinder vernachlässigt oder aber in hohem Maße autoritär erzogen – mit ähnlich verheerenden Folgen. Häufig wechselt sich auch beides ab.

»Unter schwierigen sozialen Verhältnissen ist es faktisch so, dass Eltern isoliert sind. Ihnen fehlt die gesellschaftliche Vernetzung, die für Erziehung heute so wichtig ist«, meint Wolff. Diese Eltern schwankten zwischen Erziehungsversuchen und totaler Gleichgültigkeit ihren Kindern gegenüber, zwischen übertriebener Autorität und einem für Kinder unerträglichen Maß an Desinteresse. Sie verhielten sich gegenüber ihren Kindern häufig inkonsequent. Die emotionale Botschaft an die Kinder sei überdeutlich: Ihr seid nichts wert; ihr seid mir zu viel; ihr seid eine einzige Enttäuschung. »Es gibt Lebenslagen, in denen Erziehung faktisch unmöglich wird.« Wolff spricht von einer »Katastrophe der Benachteiligung«. Die Lebenslagen sind von Armut geprägt. Armut breitet sich aus. Vor allem Eltern und Kinder sind davon betroffen.

Ein jeder weiß, dass Erziehung deutlich mehr umfasst als das Einüben gesellschaftsüblicher Umgangsformen. Das Nicht-Erzogenwerden verursacht dementsprechend auch sehr viel mehr Nachteile, als dass ein Kind lediglich schlechte Manieren hat: Die nicht erzogenen Kinder dieser Milieus sind in der Regel weniger gebildet, weniger gesund, sie sind weniger anerkannt, wohnen in schlechten Verhältnissen und sind vom gesellschaftlichen Mainstream isoliert. In der Unterschicht, für die das Erziehungsversagen der Eltern oftmals typisch ist, kommt es gerade durch das Erziehungsversagen für die Kinder zu einer Kumulation von Benachteiligungen, und das selbst dann, wenn die Höhe der Sozialleistungen für die Familie einschließlich kinderbezogener Transfers über der Armutsgrenze liegt. Für die Eltern aus den sozial benachteiligten Milieus ist es kaum möglich, Kindern das notwendige Selbstvertrauen zu vermitteln, das in den mittleren oder gar »bürgerlichen« Schichten die Regel ist.

Denn die unbestreitbaren Stärken des bürgerlichen Familienmodells, in dem ein oder sogar beide Elternteile das Geld verdienen und damit autonom für sich selbst und ihre Kinder sorgen können, liegen vor allem in dessen Vorbildfunktion. Kinder in solchen Familien haben es viel leichter, ihre Eltern und deren Entscheidungen zu akzeptieren. Sie sind sogar stolz auf sie. Das erleichtert die Erziehung erheblich. Und darüber hinaus wird den Kindern über die Jahre der Zusammenhang zwischen eigener Leistung und Entscheidungsfreiheit vermittelt. Kinder internalisieren vom ersten Tag ihres Lebens an, dass es einen hohen Wert hat, ein Leben in Eigenregie zu führen. Auch das ist Teil der und Chance für Erziehung, eine Voraussetzung, die in den deklassierten oder deprivierten Teilen der Gesellschaft fehlt. Erziehungsvermögen ist zudem nicht nur von den materiellen Voraussetzungen abhängig, sondern auch von der eigenen Lebensperspektive. Wer nicht mehr an die Möglichkeit gesellschaftlicher Teilhabe oder gar an die Chancen eines sozialen Aufstiegs glaubt, wird seinen Kindern auch nichts anderes vermitteln. Er wird sie aufgeben, wie er sich selbst aufgegeben hat; er wird sie sich selbst überlassen oder den medialen Miterziehern.

Die Folgen sind fatal: Die »schlecht erzogenen« Kinder dieser Milieus sind darauf angewiesen, ganz eigene Überlebensstrategien zu entwickeln in einem Alltag brutaler psychischer und physischer Zwänge und Enttäuschungen. Sie setzen ihre Talente, Energien und auch ihre Disziplin dort ein, wo die Gesellschaft sie nicht gebrauchen kann. Wer würde bestreiten, dass Jascha und seine Freunde in ihren täglichen Anstrengungen, bei Mutproben ihre Ängste im Zaum zu halten, nicht ein Höchstmaß an Disziplin aufbringen? Wer wollte nicht einsehen, dass das Aufwachsen bei permanent überforderten Eltern Kindern ein Maß an Verantwortung aufbürdet, das zu tragen diese unendlich viel Energie kostet? Wer würde nicht nachvollziehen, dass die Suche nach Anerkennung unter den eigenen Freunden Kraft und Intelligenz erfordert? Der Erziehungswissenschaftler Wolff schätzt, dass mindestens 10 Prozent aller Kinder in Deutschland in hohem Maße von derlei Beeinträchtigungen ihrer Entwicklung bedroht sind.

Dabei wirken der den Kindern eigene Realismus und ihre feinen Sensoren für die familiäre Befindlichkeit als Verstärker der elterlichen Katastrophe. Die Kinder der Unterschicht wissen sehr schnell sehr genau um ihre gesellschaftlichen Perspektiven. Sie haben schon früh gelernt, dass aus ihnen nicht viel werden wird. Sie sehen es an ihren Eltern. Sie bemerken deren Ängste angesichts der Brüchigkeit sozialer Verhältnisse und der Machtlosigkeit, dagegen anzugehen. Sie sehen, wie die Familie von der Hand in den Mund lebt, wie Eltern vor ihren Lebensproblemen kapitulieren, wie Beziehungen scheitern, wie Familien zerbrechen. Vor allem sehen sie, wie beschränkt die Möglichkeiten ihrer Eltern sind, damit umzugehen. Sie beobachten natürlich auch, wie sich der eine oder andere bequem einrichtet im sozialen Netz. Sie haben keine

Chance, Achtung vor ihren Eltern zu entwickeln. So werden Kinder Teil eines Teufelskreises, der meist schon seit mehr als einer Generation besteht. Dabei wird man kaum umhinkommen, die umfassende Verelendung in manchen Schichten als dramatisch zu bezeichnen. Wachsen diese Schichten oder verfestigen sich gar, wird auch die »Verelendung« zunehmen, und immer mehr junge Menschen werden in den Abwärtsstrudel geraten, der Jascha schon in frühester Kindheit erfasst hat und der ihn um seine Zukunft bringt.

Um das zu verhindern, wird der Staat künftig sehr viel mehr tun müssen, als es heute der Fall ist. Erziehung ist längst nicht mehr eine reine Privatangelegenheit der Eltern. Sie ist es vor allem dort nicht, wo sie durchgängig nicht stattfindet. Natürlich bietet die Kinder- und Jugendhilfe in Krisenfällen schon eine ganze Menge Unterstützung. Jaschas Familie hat die Hilfe reichlich in Anspruch genommen, weil seine Mutter vor ihrer Erziehungsaufgabe kapituliert und sie – als nichts mehr ging – dem Staat überlassen hat. 20 Milliarden Euro im Jahr gibt die öffentliche Hand für Kinder- und Jugendhilfe aus. Doch das wird in den nächsten Jahren nicht mehr reichen. Zwar kann in der Kinder- und Jugendhilfe, wenn man den Zahlen das Statistischen Bundesamtes glaubt, von Kürzung keine Rede sein, allerdings sind die Anforderungen in den vergangenen Jahren bei unverändertem Budget extrem gestiegen. Immer häufiger rufen verzweifelte Eltern nach Hilfe und nehmen erzieherische Unterstützung in Anspruch. Seit Anfang der neunziger Jahre hat sich ihre Zahl um fast 80 Prozent erhöht. Gleichzeitig ist in dieser Zeit die Zahl junger Menschen in Deutschland sogar noch gesunken.

Die Hilfe greift, wenn überhaupt, allerdings erst im Krisenfall. Dabei wäre es so wichtig, die Entstehung krisenhafter Zuspitzungen von vornherein zu verhindern – zum Wohl der Kinder und am Ende zum Wohl der Gesellschaft. Genau dabei allerdings hält sich die öffentliche Hand mit ihrem Engagement zurück. Erziehung ist immer noch Sache der Eltern und nur der Eltern. Bei der Kinder- und Jugendarbeit der öffentlichen Hand etwa wurde in den vergangenen Jahren kräftig gekürzt. Im Zeitraum zwischen 2000 und 2004 sind die Ausgaben um fast ein Fünftel zurückgefahren worden. Entsprechend kamen auch rund ein Fünftel weniger Kinder in deren Genuss. Glückliche Kinder, die am Ende zu leistungsbereiten Erwachsenen werden, sind für eine Gesellschaft immer weniger zum Nulltarif zu haben. Wenn Eltern Kinder bekommen, ihrer Erziehungsverantwortung in bestimmten Schichten allerdings immer weniger gewachsen sind, bleibt der Gesellschaft nichts anderes übrig, als genau dort anzusetzen und viel mehr zu investieren – und zwar, bevor die individuellen Katastrophen ihren Lauf nehmen. An den Nachmittagen ziehen viel zu viele Kinder und Jugendliche durch die Straßen auf ihrer vergeblichen Suche nach Abwechslung, Anerkennung oder häufig genug auch nur nach einer warmen Mahlzeit.

Die neue Unterschicht in Deutschland »erzieht« sich ihre eigenen Unterschichtkinder. Auf sie trifft zu, was die Soziologen »kumulative Effekte sozialer Ausgrenzung« nennen. Sie leben in einer Parallelwelt zur bürgerlichen Gesellschaft oder zu der – wie auch immer definierten – gesellschaftlichen Mitte, deren Ideal durch ein Normalmaß an Eigeninitiative, Selbstverantwortung und einen gewissen Gemeinsinn geprägt ist. So differenziert und wenig stereotyp jene zu sehen sind, die man womöglich zur neuen Unterschicht zählen würde, so sehr haben sie eines gemein: Durch die ganz eigenen Überlebensstrategien haben sich in den letzten Jahren Lebenshaltungen, Verhaltensweisen und Erwartungen an das Leben entwickelt, entlang an ganz eigenen Vorbildern und Werten, die vor allem die betroffenen Kinder von den Chancen abspalten, die unsere Gesellschaft bietet. Kindheit ist niemals eine ganz heile Welt gewesen und wird es auch in Zukunft nicht sein. Aber jedes Kind hat ein Recht auf Erfahrungen, die – einschließlich negativer Erlebnisse – in ihrer Gesamtheit als glücklich bezeichnet werden können. Je genauer wir aber die Kindheit vor allem in den unteren Gesellschaftsschichten in den Blick nehmen, desto deutlicher stellen wir fest, wie vielen Kindern und Jugendlichen gerade dieses Recht auf eine glückliche Kindheit vorenthalten wird.

3. Kapitel

Im falschen Viertel

Als Jascha hört, was die größeren Jungen vorhaben, stockt ihm der Atem. Er spürt, dass das alles nicht richtig ist. Aber der Typ mit den »reichen« Eltern, der sie, die anderen, ob ihrer Kleidung immer verhöhnt hat, hat es kaum anders verdient. Seine Freunde, mit denen er die Nachmittage verbringt, wollen dem »Söhnchen« eine Lektion erteilen. Eine richtige, ein für alle Mal. Unerträglich ist für sie seine Prahlerei mit den Markenjeans, den Nike-Schuhen, mit seinem Handy. »Wir hatten das alles nicht.« Als die Größeren Jascha dann noch erzählen, wie das Söhnchen andere beauftrage und bezahle, Kinder im Kiez zu verprügeln, ist er überzeugt. »Der Typ braucht eine Abreibung. Das dachte ich damals dann auch.« Ob jede Geschichte, die über den wohlhabenden Sonderling unter den Kindern in Jaschas Viertel kursiert, auch wirklich der Wahrheit entspricht, ist seine Sorge nicht. Er nimmt alles, was sein großer Bruder und die vermeintlichen Freunde sagen, für bare Münze. Eine andere Chance hat er gar nicht.

»Wir kannten ihn natürlich schon länger. Er war keiner von uns«, erklärt Jascha, und es wirkt schon fast wie eine Entschuldigung für das, was er noch erzählen wird. »Seine Eltern hatten eine der neuen Wohnungen gekauft und waren dorthin gezogen. Auch damit hat er immer angegeben. Wir in den Sozialwohnungen, er, das Einzelkind, in der Eigentumswohnung«, sagt Jascha und schüttelt den Kopf.

»Er war anders angezogen, trug die Haare immer mit Seitenscheitel. Er wurde jeden Morgen von seinem Vater in die Schule gefahren. Nicht zu unserer Schule, sondern irgendwo andershin. Für uns war klar, dass er sich für was Besseres hält. Er war etwas älter als ich.« Wie die geplante Abreibung ablaufen soll, bekommt der zehnjährige Jascha sofort mit: Am Abend werden sie dem »Söhnchen« auf dem Weg nach Hause auflauern. Wenn er kommt, werden sie zuschlagen, ihn verprügeln, bis er am Boden liegt. Sie wollen ihm die Klamotten wegnehmen – das Handy, die Schuhe, die Hose, einfach alles. Diesmal geht es nicht nur darum, die Sachen für sich zu behalten. Sie wollen ihn vor allem demütigen, weil sie sich selbst so gedemütigt fühlen. Sie werden ihn auf der Straße liegenlassen und einfach in die Dunkelheit hinein verschwinden.

Alles kommt so, wie es sein Bruder vorhergesagt hat. Jascha ist beeindruckt. Es ist einer jener Samstagabende, an denen sie draußen übernachten dürfen. Von zu Hause haben sie sich verabschiedet, von ihren Plänen natürlich nichts erzählt. Sie treffen sich an der Stelle, wo sie sich immer treffen, wenn es zum Zelten geht. Nur stellen sie diesmal nicht hungrigen Füchsen nach oder springen, wie so oft, wenn es warm genug ist, nackt ins Wasser, sondern machen sich auf den Weg zum Haus ihres Opfers.

»Wir waren sechs oder sieben Jungen«, erzählt Jascha. »Wir haben gewartet, bis er kam. Als wir ihn sahen, war es schon dunkel.« Ihr Opfer ist keine hundert Meter mehr von ihnen entfernt, als Jaschas Bruder die Hand hebt und das verabredete Zeichen gibt. Plötzlich geht alles ganz schnell: Sie rennen auf ihn zu, greifen an, zerren den Jungen von der Straße um eine Ecke. Dann schlagen sie zu. Je fester, desto besser. Als er am Boden liegt, setzt es Tritte, immer wieder. Jascha – erst stummer Zuschauer des

Ganzen – ist schließlich mit dabei. Er tritt, mehrmals. »Erst habe ich getreten, um die anderen nicht zu enttäuschen. Aber dann hat mich ihre Wut auf den Typen mitgerissen. Ich bin richtig aggressiv geworden.« Er kommt sich stark vor, hat er doch seine eigenen Skrupel überwunden. Und seine Angst, erwischt zu werden. Ob der Junge um Hilfe gerufen hat, weiß Jascha nicht mehr genau. »Das Ganze war innerhalb von einer Minute vorbei.«

Als sich der Junge nicht mehr wehrt, ziehen sie ihn aus, reißen ihm buchstäblich die angeblich teuren Kleider vom Leib. Bald liegt er da, nur noch in Unterhose. »Die Boxershorts haben wir ihm gelassen.« Sie raffen seine Sachen zu einem kleinen Häufchen zusammen. Janko, der Älteste von ihnen, trägt sie zur nächsten Mülltonne und wirft sie hinein. Er lacht. Dann machen sie sich auf und davon. Ihr Opfer bleibt auf der Straße liegen, benommen, aber nicht bewusstlos. Ein leises Stöhnen ist das Letzte, was Jascha von ihm wahrnimmt. Oder war es ein Schluchzen? Als er sich beim Fortlaufen noch einmal umblickt, sieht er, dass der Junge ziemlich heftig aus der Nase und am Kopf blutet. »Wahrscheinlich ist er auf die Steine aufgeschlagen. Ich habe ihn jedenfalls nie wiedergesehen«, sagt Jascha, ohne sich eine hässliche Grimasse verkneifen zu können. »Für ihn war das sicherlich auch besser so.«

Nie mehr taucht der Junge im Viertel auf. Später erfährt Jascha von seinem Bruder, dass er mit seinen Eltern in einen anderen Stadtteil gezogen ist. Wohin, wissen sie nicht, und es interessiert sie auch nicht weiter. »Ich weiß noch, wie stolz Janko war, dass wir diese Familie vertrieben haben«, erinnert er sich. Die Sache hat sich für die Jungen damit erledigt.

Nur mit der Polizei bekommen sie es noch zu tun, denn natürlich erstatten die Eltern des Jungen Anzeige gegen

Jascha und jeden Einzelnen seiner Freunde. Doch bleibt all das folgenlos. Die Kinder sind nicht strafmündig. Nur Jaschas Bruder Janko ist schon vierzehn. Aber der hat die anderen auf seiner Seite. So steht die Aussage eines Jungen gegen sechs andere – dem Opfer fehlen Zeugen. Was er sich damals gedacht habe? Wieder einmal wagt Jascha einen direkten Blick, ganz kurz. Dann schaut er auf seinen schwarzen Kaffee, der längst kalt geworden ist. »Meine Mutter hat mich immer nach dem Grundsatz erzogen: Die Würde des Menschen ist unantastbar.« Es ist ihm ernst. »Hat der Typ, der mit seinen Sachen geprahlt und über uns gelacht hat, nicht unsere Würde verletzt?« So sind die Regeln der Straße.

Hatte ihr Opfer wirklich geprahlt, um die anderen Kinder zu demütigen, oder ist der Junge einfach nur anders aufgewachsen und hat deshalb die Aggression der »Schmuddelkinder« auf sich gezogen? Jascha überlegt eine Weile. »Ehrlich gesagt: Ich weiß es nicht mehr. Es ist alles schon zu lange her.« Er erinnert sich nur noch an seine Wut auf dieses verwöhnte Einzelkind, das so lebte, wie er, Jascha, und seine Freunde nie würden leben können. Dann lenkt er plötzlich ein: »Vielleicht war das auch der Grund, warum wir ihn loswerden wollten. Wir wollten einfach nicht mehr merken, was für Assis wir waren.«

Weil auch bei Jascha ein paar Tage nach dem Vorfall die Polizei geklingelt und um ein Gespräch mit der Mutter gebeten hat, weiß diese um den Vorfall. Sie schreit ihre beiden Söhne an, mit Tränen in den Augen. Dann verbietet sie ihnen den Umgang mit den Freunden, verhängt ein paar Tage Hausarrest, die Jascha aber nicht unbedingt in seinem Zimmer verbringt. Manchmal büxt er aus, klettert aus dem Fenster, obwohl seine Mutter sowieso nicht zu Hause ist. Trotzdem will er nicht, dass seine große Schwester und sein Bruder etwas mitbekommen. »Jeder lebte so, wie er wollte.« Aber die tun sich mit dem Hausarrest sowieso leichter als er ohne eigenen Fernseher im Zimmer. Jaschas Mutter ist machtlos, sie hat keine Handhabe, ihr Gebrüll prallt an Jascha ab; verständnislos schaut er sie an, wendet sich am Ende einfach ab. In all den Jahren immer wieder die gleiche Szene. Ihre Wut ist ihm egal, nur mit ihrer Verzweiflung über die missratenen Kinder kommt er nicht klar. »Das ist bis heute so. Wenn meine Mutter sagt, dass sie bei uns versagt hat, und dann anfängt zu weinen, kann ich das ganz schlecht ertragen«, sagt er.

Seine Freunde – zu Hause werden sie immer wieder zum Thema. »Such dir endlich andere!«, heißt es oft. »Wo sollte ich die denn hernehmen?«, fragt Jascha und denkt einen Moment darüber nach. »Es gab keine anderen. Achtzig oder neunzig Prozent der Kinder aus dem Viertel waren nicht anders als ich.« Die Versuche der Mutter, Jascha den Umgang mit seinen Freunden zu verbieten, scheitern jedes Mal. Es gibt keine Alternative. Daran kann auch die Mutter nichts ändern. Die Kinder kommen allesamt aus ähnlichen Verhältnissen. Die Väter sind verschwunden, neue Väter kommen und gehen. Das Geld ist knapp, die Perspektiven fehlen, der Antrieb auch, die Kinder bleiben sich selbst überlassen. »Manchmal habe ich meine Mutter angelogen und ihr gesagt, ich treffe meine Kumpels nicht mehr. Das habe ich nur gesagt, weil ich nicht wollte, dass sie weiter traurig ist.« Doch die neuen Freunde sind die alten. Wie schon bei den älteren Geschwistern gibt die Mutter auf. Irgendwann fragt sie nicht weiter nach.

Jascha lernt schnell. Mit dem Vorfall bekommt er zunehmend das Gefühl, zu einer verschworenen Gemeinschaft zu gehören, in der einer den anderen schützt. »Man verrät seine Freunde nicht«, sagt er. Auch dann nicht, wenn man weiß, dass sie Grenzen überschreiten? »Auch dann nicht. Wenn du das tust, dann hast du niemanden mehr, und es wird dir richtig dreckig gehen.« Er steht den anderen um nichts nach, prügelt genauso kräftig, wenn nicht stärker, und merkt nicht, dass seine Stärke in nichts anderem besteht als Skrupellosigkeit. Immer wieder ist er dabei, wenn seine »Kumpels« andere »abziehen«. »Das geht dann so: In den Weg stellen, zusammenschlagen, Sachen wegnehmen, liegenlassen.« Immer das gleiche Muster, eine brutale Demütigung derer, die mehr haben. In Wellen vollzieht sich so etwas. Wochenlang ist die Gang unterwegs, sucht sich ihre Opfer und raubt ihnen, was immer sie bei sich haben.

Jascha macht nach eigenen Angaben nicht eigenhändig mit. »Ich habe mich meistens nicht beteiligt«, meint er im Rückblick. »Aber ich habe auch nie etwas dagegen gesagt. Irgendwann hatte ich dann auch kein Mitleid mehr.«

Dann wieder gibt es Phasen, in denen das Klauen ganz groß geschrieben ist. Was die Jungen brauchen, um sich die Nachmittage zu vertreiben, stehlen sie in Kaufhäusern: Taschenmesser, Trikots, Decken. Auch die dafür notwendigen Techniken lernt Jascha schnell: Schmiere stehen, das Entwenden, das Sich-davon-Stehlen. Er schult seinen sechsten Sinn für Kaufhausdetektive, die durch die Gänge streunen. »Das ist die Schule der Straße«, sagt er und schaut kurz auf. Ob er am Ende stolz darauf ist, durch eine derart harte Schule gegangen zu sein, lässt sich kaum ausmachen. »Stolz? Nein, darauf nicht. Denn es ist ein Weg, der immer weiter nach unten führt. Das weiß ich doch. Stolz bin ich höchstens darauf, dass ich es geschafft habe, niemals zu den Opfern zu gehören.« Aber das darf eben auch nicht passieren, sonst kann man auf der Straße nicht überleben.

Für die Jungen aus dem Viertel ist es kein Problem, eine

Party zu organisieren, ohne einen einzigen Cent dafür auszugeben. Jascha lernt noch anderes. Schon mit 10 Jahren weiß er, wie man sich Geld beschafft, wenn das Taschengeld für Zigaretten nicht reicht. In den Supermärkten klaut er mit seinen Freunden Alkoholika: Campari, Martini und was sonst an Marken in den Restaurants gefragt ist. »Bei einem Italiener sind wir das Zeug losgeworden. Den halben Ladenpreis hat er uns dafür gezahlt, denn in seinem Restaurant konnte er das alles gut gebrauchen.« Jascha könnte auf der Stelle ein Dutzend derartiger Abnehmer nennen. Nie wird er erwischt, nicht bei derlei »illegalen Geschäften«, wie er es nennt. Hehlerei – das Wort kennt er nicht. Bei anderen Delikten schnappt ihn die Polizei allerdings immer wieder: beim Sprayen, beim Schwarzfahren, später bei Prügeleien in stark alkoholisiertem Zustand, vor allem in der Disco. An Alkohol ist Jascha seit seinem elften Lebensjahr gewöhnt – sagt er.

Das Geld braucht er zunächst für Zigaretten, die er überwiegend am Automaten oder über ältere »Kumpels« bezieht. Er selbst ist viel zu klein, um den Tabak in Supermärkten zu kaufen. »Ich habe mit zehn Jahren angefangen zu rauchen.« Noch in der Grundschule? »Noch in der Grundschule. An den Tag meiner ersten Zigarette erinnere ich mich noch genau.« Mit einem Freund geht er nachmittags ans Wasser zum Angeln. Sie treffen sich immer an derselben Stelle. Auch andere tummeln sich dort. »Irgendwann hat uns ein älterer Junge angesprochen. Er war freundlich, hat mit uns geangelt, uns ausgefragt, Dinge erzählt, von denen wir noch gar keine Ahnung hatten.« Vierzehn oder fünfzehn sei er gewesen. Sie plaudern oft mit ihm, weniger über die Schule als über das, was sie an den Nachmittagen erleben. »Er hat sich unser Vertrauen erworben«, erzählt Jascha. »Wir haben ihn bewundert.« Danach gefragt, was er von ihnen, den Kleinen, wollte, warum er sich mit ihnen traf, haben sie nicht. Keinen Gedanken verschwenden sie daran. »Marco hieß er«, erinnert sich Jascha, »wenn das sein richtiger Name war.«

Marco raucht regelmäßig, zieht an seinen selbstgedrehten Zigaretten, die er lässig zwischen Daumen und Zeigefinger hält. Der Qualm sammelt sich dabei zunächst in der hohlen Hand, zieht dann durch die anderen Finger nach oben. »Eines Tages fragte er uns: Wollt ihr auch mal?« Auf diesen Moment haben Jascha und seine »Kumpels« lange gewartet. Jascha ist der Erste, der an Marcos Zigarette zieht. Zunächst zaghaft, dann kräftiger. Irgendwie schafft er es, dem Hustenreiz nicht nachzugeben. Schlecht wird ihm natürlich, dem kleinen blassen Jungen, aber auch das hat er im Griff. »Mit der Raucherei hat sich damals für mich eine völlig neue Welt geöffnet«, sagt er heute. Davon, dass Rauchen schädlich sein kann, schnell abhängig macht, hat er natürlich schon gehört. Seine Mutter hat es den Kindern oft gesagt, wenn sie abends auf ihren Aschenbecher voller Kippen blickte. »Fangt das nicht an. Sonst ergeht es euch so wie mir: Ihr gebt euer Geld für den Tabak aus, ruiniert eure Gesundheit und kommt davon nicht mehr los« – Jascha hat ihre Worte noch genau im Ohr. Genützt haben sie wenig, weder bei ihm noch bei seinen Geschwistern. Alle fünf rauchen heute, drehen sich ihre Zigaretten weitgehend selbst und geben manchmal auch noch etwas dazu, allen voran sein großer Bruder, der über das Rauchen und Kiffen alsbald an harte Drogen gerät. »Marco war ziemlich nett. Er hing häufig mit uns ab, und wir dachten, wenn er uns Zigaretten anbietet, kann es so schlecht nicht sein.« Was er heute dächte, wenn ihm auf der Straße ein zehnjähriges Kind mit einer Zigarette in der Hand entgegenkäme?

»Was soll schon dabei sein? Es ist nicht ungewöhnlich«, fragt Jascha zurück.

Beim vergleichbar harmlosen Tabak wird es allerdings nicht lange bleiben. Noch bevor Jascha in der sechsten Klasse seine Grundschule verlässt und auf eine Gesamtschule wechselt, hat er gelernt, dass Tabak nicht gleich Tabak ist. Es gibt den harmlosen, den man raucht, um zu rauchen und sich die Zeit zu vertreiben. Es gibt aber auch den, mit dem man sich in ganz andere Sphären hineinkatapultieren kann, mit dem also die Welt ein wenig erträglicher wird. »Wer in dem Alter raucht, fängt bald auch mit dem Kiffen an. Das geht neunzig Prozent der Jugendlichen so.« Und wieder ist es einer der älteren Jungen, die sich nachmittags und abends mit ihnen auf der Straße und am Wasser treffen, der ihm den ersten Joint dreht. Er ist es, der Jascha und seinen Freunden erklärt, wo die »Ticker« stehen, also diejenigen, über die man die Drogen beziehen kann. Um sie zu treffen, muss man nicht weit fahren.

Zum ersten Mal kramt Jascha seinen Tabak aus der Hosentasche und beginnt, sich eine Zigarette zu drehen. Er legt einen Filter auf das Papier, aber nur, weil er das Kraut nicht an seinen Lippen kleben haben will. Das hat er früher nicht gemacht. Unvermittelt steht er auf. »Ich rauche jetzt eine.« Er tritt vor die Tür, dann einen Schritt zur Seite und blinzelt vor dem Internetcafé in die Sonne. Sie lässt ihn noch weißer aussehen. »Immer wieder die falschen Freunde«, analysiert Jascha sein Problem, »und das falsche Viertel, dieses miese Viertel, in dem die Assis wohnen.« Ob er glaubt, dass er in einem anderen sozialen Umfeld, einer anderen Wohngegend womöglich eine ganz andere Entwicklung hätte nehmen können? Jascha winkt ab. »Müssen wir das besprechen? Es stand nie zur Debatte.« Er schweigt wieder einmal und überlegt. Dann setzt er noch hinzu: »Manchmal denke ich, es macht schon einen Unterschied, wo man wohnt.«

Jascha kennt sie alle. Die Viertel und Quartiere, in denen sich die »schlechte« Berliner Gesellschaft versammelt, die Armen, Ungebildeten, die Abgehängten, die Chancenlosen, die Überflüssigen, die Frustrierten, die Kleinkriminellen, die Ticker und auch die echten Dealer. Sie haben ihre eigene Sprache und ihre Regeln; in den Migrantenmilieus herrschen andere Regeln als unter den Rechten. Doch er weiß auch um die Unterschiede zu besseren Stadtvierteln. »Wenn ich mal Kinder habe, werde ich darauf achten, wo sie zur Schule gehen. Und zwar garantiert nicht dort, wo ich aufgewachsen bin.« Jascha weiß, dass es auch in den vermeintlich besseren Vierteln Ecken und Plätze gibt, an denen sich nicht ohne Grund eine große Zahl von Streetworkern tummelt. Wer ihn hört, der könnte meinen, kaum jemand kenne die dunklen Ecken Berlins besser als er. Im Grunde ist er ein wandelnder Sozialatlas, der einem die Abstiegerquartiere und auch die einzelnen Straßen und Parks nennen kann, in denen »gute Bürger« nichts verloren haben. Es sind sehr viele. Plötzlich schaut er sich um, wirft den Rest seiner Zigarette auf den Boden und winkt ab. Er vergräbt die Hände in den ausgebeulten Hosentaschen – ein sicheres Zeichen, dass er im nächsten Moment gehen wird. »Hier in Berlin gibt es viele miese Viertel, da trifft man am Ende immer dieselben Typen. Ob Deutsche, ob Türken, ob Araber. Die führen zwar ihre Kriege gegeneinander, aber eigentlich sind sie alle gleich: Sie leben als Versager unter Versagern. So wie ich. Und du spürst von Anfang an: Du kommst da nicht raus.«

Sage mir, wo du wohnst, und ich sage dir, wer du bist. In Jaschas Fall kann man es sich leichtmachen. Er ist das Kind aus einem »miesen Kiez« und damit ein typischer Vertreter der Unterschicht. Den Satz kann man variieren. Sage mir, wo du wohnst, und ich sage dir, was du isst. Oder: Sage mir, wo du wohnst, und ich sage dir, was bei dir über den Bildschirm flimmert. Sage mir, wo du wohnst, und ich sage dir, was du spielst. Sage mir, wo du wohnst, und ich sage dir, was aus dir wird. Auch das ist auf unseren Protagonisten zu beziehen: Aus Jascha wird nichts. Aus vielen seiner Freunde ebenfalls nicht. Das jedenfalls ist Jaschas Berichten zu entnehmen, wenn man ihnen Glauben schenkt – was wiederum nicht schwerfällt, denn wir ahnen längst, dass die Stadtviertel und damit das Wohnumfeld die Menschen prägen.

Seit etlichen Jahren sind sich Politiker und Soziologen weitgehend darüber einig, dass die Polarisierung der Viertel in den Städten zunimmt. Die steigende soziale Ungleichheit hierzulande hat ihre Wirkung auch auf die deutschen Städte nicht verfehlt. Die einzelnen Stadtteile driften auseinander. Schon vor Jahren hat eine Entwicklung eingesetzt, durch die Wohnviertel entstanden sind, in denen sich Dauerarbeitslosigkeit, Armut und auch soziale Diskriminierung ganzer Bevölkerungsgruppen zu konzentrieren scheinen. Das allerdings ist nicht allein ein deutsches Phänomen. »Zuerst in den Vereinigten Staaten, dann auch in Westeuropa zeigt sich eine Tendenz zu einer neuen sozialen Polarisierung«, schreiben der Armutsforscher Martin Kronauer und der Stadtsoziologe Hartmut Häußermann in dem Buch »An den Rändern der Städte«. Polarisierung heißt für sie: »Die Zahl der Armen steigt, aber ebenso die Zahl der Bewohner mit sehr hohen Einkommen, während der Anteil der mittleren Einkommensschichten stagniert oder – wie in den USA – sogar schrumpft.« Nicht nur Deutschlands Metropolen, sondern auch kleinere Städte würden zu Orten voller Gegensätzlichkeiten, an denen sich wirtschaftliche Prosperität und Reichtum mit der Zunahme unsicheren Wohlstands, Armut und Abstieg paarten.

Entfernen wir uns für einen Augenblick von den Einschätzungen der Stadtsoziologen, die natürlich auf umfangreicher empirischer Forschung beruhen, und denken über die Städte nach, in denen wir leben oder gelebt haben. Wer kennt sie nicht, die schattigen Viertel, in denen all jene wohnen, die wenig haben? Wer ist nicht schon durch Straßen bestimmter Quartiere gelaufen und hat sich gefragt, wovon die in großen Teilen arbeitslose Bevölkerung ihr Dasein fristet? Und wer hat nicht in seiner Zeitung Debatten darüber verfolgt, wie diesem oder jenem »sozialen Brennpunkt« beizukommen wäre? Beinah könnte man meinen, der Zerfall der Städte in gute und schlechte, reiche und arme Viertel sei dermaßen mit Händen zu greifen, dass es der Empirie als Nachweis dieser bedrohlichen Entwicklung nicht bedürfte. Schon vor fast einer Dekade hat sogar die Bundesregierung den Sprengstoff in der sozialen Talfahrt ganzer Stadtviertel erkannt und das Programm »Stadtteile mit besonderem Entwicklungsbedarf – die Soziale Stadt« ins Leben gerufen, das der zunehmenden Spaltung oder dem Auseinanderfallen der Städte – mit angesichts der Problemlagen vergleichsweise bescheidenen Mitteln – entgegenwirken soll. Bis heute ist das Programm auf 450 betroffene Quartiere in fast 300 Städten und Gemeinden unserer Republik gewachsen.

Damit drängen sich drei Fragen auf. Erstens: Hat es eine soziale Polarisierung in Städten nicht schon immer gegeben? Zweitens: Was sind das für »neue« Zerfallserscheinungen, die Politik und Wissenschaft so sehr alarmieren?

Und drittens: Welche Rückwirkungen haben an den Rand gedrängte Viertel auf das Leben ihrer Bewohner?

Städte hatten immer Stadtteile und Viertel mit ganz unterschiedlichen sozialen und kulturellen Strukturen. Sie waren also nie wirklich homogen. Verschiedene Standes- oder Berufsgruppen lebten nicht »sozial durchmischt«, sondern wohlsortiert in verschiedenen Quartieren. Schon in Zeiten der Industrialisierung drifteten Stadtteile auseinander. In Großstädten entstanden Arbeiterviertel mit Wohnquartieren, die sich deutlich von denen anderer Klassen und Schichten unterschieden. Die Reichen wohnten unter ihresgleichen, das Proletariat ebenso.

Dabei kam es in den Vierteln, in denen vor allem die Fabrikarbeiter zu Hause waren, zu Verelendungen, die zu Beginn des 20. Jahrhunderts eine gezielte Städtebau- und Wohnungspolitik höchst dringlich erscheinen ließen. Denn den Stadtoberen war klar: Die Wohnungsfrage war Teil der aufkommenden »sozialen Frage«. Es galt, den Klassenkampf zu entschärfen und dem qualitativen Abstieg der Arbeiterviertel und ihrer dramatischen Verelendung entgegenzuwirken. Dabei wurde das bedrohende Potenzial des Aufeinanderprallens sozialer Gegensätze erkannt. Man fürchtete, dass ein Zuviel der Klassenunterschiede für das Zusammenleben verschiedener sozialer Gruppen in einer Großstadt gefährlich werden könnte. Im Grunde war dies die Geburtsstunde städtischer Wohnungspolitik. Anders als etwa in den Vereinigten Staaten wurden schon in der Weimarer Republik Stadtentwicklung und Wohnungsbau nicht mehr nur den Märkten überlassen. Es wurde eingegriffen. Ziel war, der zunehmenden »Segregation«, wie die Gesellschaftsforscher das Abdriften ganzer Stadtteile nennen, entgegenzuwirken. Als opportun galt es fortan, Stadtteile mit einer breiten Mischung unterschiedlicher sozialer Schichten und bezahlbaren Wohnungen von gutem Standard für das Gros der Bevölkerung zu schaffen. Die Probleme durch »soziale Entmischung« oder »Segregation« haben Bürger und Politiker also schon ein ganzes Jahrhundert umgetrieben.

Das alles vollzog sich allerdings in einer Zeit, in der die einfachen Arbeiter noch Arbeit hatten und damit dringend gebraucht wurden. Und zwar so dringend, dass Deutschland in den fünfziger und sechziger Jahren in einer Reihe von Ländern ausländische Arbeiter anwarb, um die Lücke zu schließen. Seither aber hat sich vieles verändert. Die einfachen Arbeiter werden nicht mehr gebraucht. Sie sind durch den Wegfall unzähliger Industriearbeitsplätze zum größten Teil entbehrlich geworden. Die deutsche Hauptstadt ist das beste Beispiel: War Berlin ehemals eine industrielle Metropole, von der aus große Unternehmen auszogen, um die Welt zu erobern, wurden mit der Abwanderung der Industriearbeitsplätze ins billigere Ausland aus den ehemaligen Arbeitervierteln Arbeitslosen- und damit Armutsviertel, bevölkert von einer neuen sozialen Schicht der »Überflüssigen«, die von staatlichen Transfers ihr Dasein fristen. »Nicht mehr die Ausbeutung ist das Drama der städtischen Unterklasse, sondern ihre Nichtausbeutung«, konstatiert Hartmut Häußermann in seinem Buch »An den Rändern der Städte«, »also die Tatsache, dass es nicht mehr genug Lohnarbeit für alle Stadtbewohner gibt. Ein Großteil der Stadtbewohner ist ökonomisch entbehrlich geworden. Sie haben gleichsam keinen Gegner mehr, der sie respektieren müsste, weil er auf sie auch angewiesen ist, und damit wird ihnen in einer Arbeitsgesellschaft auch die soziale Anerkennung verweigert.«

Nach dem Zweiten Weltkrieg war die Wohnungsnot groß. Millionenfach mussten Wohnungen bereitgestellt werden. Da privates Kapital fehlte, dominierte der öffentliche Wohnungsbau. Galt es zunächst vor allem, die Kriegsbrachen zu schließen und genügend Wohnraum zu schaffen, blieb die Grundidee des öffentlichen Wohnungsbaus doch die gleiche: Gute Wohnungen sollten in guten Lagen für die breite Mittelschicht zu bezahlbaren Preisen geschaffen werden. Ziel blieb auch die Dekonzentration sozial schwacher Teile der Bevölkerung. Arme sollten sich nicht in eigenen Quartieren konzentrieren. Doch seit Mitte der achtziger Jahre ist Schluss mit dieser Vision. Der Staat begann, sich aus dem Wohnungsbau und damit vom Wohnungsmarkt zurückzuziehen. Überlässt man die Entwicklung der Stadt wieder stärker den Marktkräften, was nicht a priori zu verurteilen ist, so ergibt sich automatisch eine stärkere Differenzierung zwischen den einzelnen Vierteln nach Vorlieben, Zahlungsbereitschaft und vor allem Zahlungskraft ihrer Bewohner. Dabei ist es heute nicht selten der sich andeutende Abstieg eines Quartiers, der seine bessergestellten Bewohner in andere Wohngegenden treibt.

Die soziale Entmischung von Wohnvierteln, die schon in der Weimarer Republik als Bedrohung des sozialen Friedens empfunden wurde, ist allerdings nicht in jedem Fall negativ zu beurteilen. Kaum jemand würde es als Problem ansehen, dass es hoch exklusive Quartiere gibt, in denen sich die wohlhabenden Bürger einer Stadt versammeln. Diese Variante der Segregation erscheint dabei nicht nur wenig problematisch, sondern mitunter auch wünschenswert, kann doch ein exklusives Viertel die Attraktivität einer Stadt für nicht minder exklusive Zuwanderer deutlich erhöhen. Gleiches gilt im Übrigen für die Entstehung ganzer Stadtviertel, in denen sich Zuwanderer bestimmter Nationalitäten und Kulturkreise versammeln. Wenn die Touristenströme in New York oder London durch die China Towns oder Little Italy strömen, würde wohl kaum einer auf die Idee kommen, hier entstünde mit der Konzentration einer Gruppe erheblicher sozialer Sprengstoff. Und das trotz der Tatsache, dass in derartigen Stadtvierteln durchaus von Parallelgesellschaften die Rede sein könnte, die den Anschluss und die Integration in das Gros der Gesellschaft überhaupt nicht im Auge haben. Wenn es in diesen Vierteln aber weder zu einer Abwärtsspirale der Lebensqualität oder sozialem Abstieg kommt noch zu Aufruhr und Gewalt, dann wird ganz offensichtlich: Die Vorteile dieser »ethnischen« Segregation überwiegen.

Doch es gibt – nicht nur in Deutschland – auch ganz andere Entwicklungen, die nach Meinung der Stadtforscher in den achtziger und neunziger Jahren ihren Anfang nahmen: In bestimmten Vierteln schien sich eine eigene soziale Schicht herauszubilden, gekennzeichnet von Armut, schlechten Lebensbedingungen und Chancenlosigkeit. In Amerika war alsbald von der *new urban underclass* die Rede, auf die Wissenschaft und Politik zunächst ihr Augenmerk richteten. Und auch hierzulande begann mit der einhellig festgestellten zunehmenden Segregation die rege Suche nach den Gründen und schließlich nach neuen Lösungen, um dem Abstieg ganzer Viertel entgegenzuwirken.

Die Gründe für das Auseinanderdriften verschiedener Stadtteile, das sich inzwischen in fast jeder größeren deutschen Stadt beobachten lässt, sind vielfältig. Von Augsburg bis Bielefeld, von München über Frankfurt bis Hamburg und Bremen, von Berlin ganz zu schweigen – überall sind neue Strukturen sozialer Ungleichheit entstanden. Hartmut Häußermann, eine Koryphäe unter den Stadtforschern, führt gleich mehrere Veränderungen als Gründe dafür ins Feld, dass Bevölkerungsgruppen an den Rand der Gesellschaft gedrängt werden und sich in bestimmten Stadtteilen Probleme und Konflikte verschärfen. »Auf dem Arbeitsmarkt gehen in den Städten die Erwerbsmöglichkeiten für unqualifizierte Arbeiter verloren, weil Industriearbeitsplätze in großer Zahl abgebaut wurden; der Dienstleistungsbereich nimmt nicht genug beziehungsweise nicht die auf, die infolge der Deindustrialisierung bereits arbeitslos geworden sind.«

Das heißt, der Abstieg eines Viertels entsteht durch Arbeitslosigkeit, vor allem durch die, die von Dauer ist. Aber das ist nicht alles. Die Verlierer des ökonomischen Wandels sind nicht nur die Dauerarbeitslosen, sondern auch diejenigen, deren Fähigkeiten aufgrund der globalen Arbeitsteilung entwertet werden und die deshalb erhebliche Einkommenseinbußen erfahren haben. Es ist das vielzitierte Dienstleistungsproletariat, das sich mit seiner Arbeit millionenfach Löhne verdient, die für den Lebensunterhalt nicht reichen. Auch das begründet prekäre Lebenslagen, die sich in bestimmten Stadtteilen häufen. Kurz: Die wachsende soziale Ungleichheit der Bevölkerung führt dazu, dass Problemviertel entstehen.

Hinzu kommt der schon vor Jahren einsetzende Rückzug des Staates aus dem Wohnungsbau bei gleichzeitig steigenden Wohnungswahlmöglichkeiten für Bürger mit stabilen Einkommen. In der Tat ist der Rückzug der Gebietskörperschaften aus dem »klassischen« sozialen Wohnungsbau dramatisch. Im Jahr 1987 wurden noch 3,9 Millionen Sozialwohnungen in Deutschland gezählt. Ende 2001 waren es nach der letzten Volks- und Gebäudezählung nur noch 1,8 Millionen. Die Tendenz ist weiter abnehmend, da jedes Jahr etwa 100 000 Wohnungen ihren Status als Sozialwohnungen verlieren. So hat der Staat gerade zu einer Zeit, als sich mit der steigenden Massenarbeitslosigkeit zunehmend deklassierte Gesellschaftsschichten aufbauten, ein klassisches Instrument der Sozialpolitik aus der Hand gegeben.

Die Folge: Haushalte, die eigentlich auf Sozialwohnungen angewiesen wären, finden sich in den Vierteln mit billigem Wohnraum wieder. Sie haben keine andere Wahl. Und in diesen Vierteln wiederum konzentrieren sich zunehmend Haushalte in sozialen Problemlagen. Dazu muss man allerdings sagen, dass die Entstehung derartiger Viertel nicht selten auch das Resultat einer falschen Bau- und Belegungspolitik von Sozialwohnungen war, die dazu führte, dass sich in bestimmten Stadtteilen jene Bürger konzentrierten, die sich bereits in prekären Lebenslagen befanden.

Über die Jahre haben sich ehemals sozial gemischte Viertel immer mehr aufgelöst. Die Bevölkerung sortierte sich selbst nach Einkommen, Lebensstil und nicht selten auch nach ethnischer Zugehörigkeit. Grund dafür war und ist auch das steigende Bedürfnis der breiten Mittelschicht, sich gesellschaftlich nach unten hin abzugrenzen. »Quartiere, in die die Verlierer des sozioökonomischen Wandels abgedrängt werden, können so zu Orten sozialer Exklusion werden«, lautet Häußermanns Fazit.

Die klar festzustellende größere Spreizung der Einkommen, so wie sie sich in den jüngsten Erhebungen des Sozio-oekonomischen Panels deutlich zeigt, verfehlte und verfehlt ihre Wirkung auf den Wohnungsmarkt nicht. In den begehrten Lagen steigen die Mieten. Einkommen oder Vermögen werden damit zu einem hochwirksamen Distanzmittel, das sich auch die Mittelklasse zunehmend zunutze macht. Sie zieht in bessere Wohngegenden. Das allerdings gilt nicht nur für deutsche, sondern auch für ausländische Haushalte, die den gesellschaftlichen Abstieg fürchten oder einen Aufstieg anstreben. In den »schlechten« Wohngegenden lässt sich dagegen ein Mietstillstand oder gar Mietverfall beobachten. Und das niedrigere Mietniveau zieht damit genau diejenigen an, die sich am Rande der Armutsschwelle befinden und sich Wohnungen in den Quartieren der »besseren Gesellschaft« nicht leisten können. Die zunehmende soziale Ungleichheit, mit der die Reichen reicher und die Armen ärmer werden, spiegelt sich ganz natürlich in den Städten wider. Sie findet in dem Auseinanderdriften der Viertel ihre räumliche Übersetzung. Ein gut funktionierender Wohnungsmarkt sortiert eben auch gut.

Was folgt, ist der klassische Verfall eines Viertels, das der sinkenden Kaufkraft seiner Bewohner Tribut zollen muss. Geschäfte schließen. Die Vielfalt nimmt ab. Das Angebot des verbleibenden Einzelhandels passt sich der sinkenden Kaufkraft an. Es fehlt zunehmend an attraktiven Einkaufsmöglichkeiten. Auch kulturelle Angebote gehen zurück. Es wird eintönig, weniger bunt und weniger belebt. Die Fluktuation der Bewohner nimmt zu. Der Anteil der Sozialhilfebezieher erhöht sich. Die Zahl der Verbraucherinsolvenzen steigt, der allgemeine Gesundheitszustand der Bewohner sinkt auf ein niedriges Niveau, die Lebenserwartung ebenfalls, die Säuglingssterblichkeit nimmt zu. Das alles vollzieht sich schleichend, für die Bewohner aber deutlich spürbar. Selbst wenn ganz ansehnliche Fassaden dem oberflächlichen Betrachter eine gewisse Bürgerlichkeit vorgaukeln – die Erosion der Nachbarschaft und der Abstieg des Viertels ist längst im Gange.

Die zunehmende räumliche Isolation der *new urban underclass*, wie es sie jetzt auch in deutschen Großstädten gibt, ist durchaus brisant. In den betreffenden Quartieren kann sich eine hochexplosive Mischung aus den deklassierten Bürgern entwickeln, die sich ihrer Frustration über die allgemeine Perspektivlosigkeit irgendwann Luft machen. Noch ist Deutschland nicht ganz so weit. Doch die Gewalt und Zerstörung, die sich Ende 2006 im Kreuzberger Wrangelkiez mitten in Berlin entluden, sind möglicherweise erste Vorboten einer kommenden Entwicklung. Als daraufhin der Berliner Innensenator die Aufsässigen als »Mob« bezeichnete und sich damit eines Schlagworts aus Zeiten des Klassenkampfes im 19. Jahrhundert bediente, wurde klar: Die soziale Spaltung der Städte ist ein Problem, das man zunächst einem anderen, nämlich dem 19., und nicht dem 21. Jahrhundert zuschreiben würde.

Noch halten sich in deutschen Städten die Eskalationen in Grenzen. Doch das muss nicht so bleiben. Es kann durchaus seine Berechtigung haben, wenn auch in Deutschland vor französischen Verhältnissen gewarnt wird. Zwar liegen in Frankreich die Probleme der zunehmenden Spaltung der Städte strukturell anders als in Deutschland. Die Historie von Benachteiligungen ist eine andere. Vor den Folgen der Vernachlässigung der Banlieues, also der Vorstädte um die französischen Großstädte, haben Frankreichs Soziologen schon lange gewarnt. Die Gewaltausbrüche, mit denen die Jugendlichen Ende 2005 drei Wochen lang ganz Frankreich in Atem hielten, waren Ausdruck aufgestauter Wut über herrschende Armut, Diskriminierung, Rassismus, fehlende Chancengleichheit, Perspektivlosigkeit und politische Ignoranz. Trotz aller Unterschiede zu Frankreich ist es wahrscheinlich nicht übermäßig kühn, zu behaupten, in Deutschland könnte es ähnlich kommen.

Nicht nur die materielle Armut ist das Problem, die existenzielle Not, die es hierzulande natürlich auch gibt.

Schwerer wiegt das Gefühl, nicht gebraucht zu werden in einer Gesellschaft, deren Mitglieder sich vor allem über ihre Arbeit definieren. Die Kinder und Jugendlichen, die in problematischen Vierteln aufwachsen, bekommen diese Stimmung natürlich mit. Und irgendwann werden sie sich wehren. Das allerdings wird sich nach Meinung der Sozialforscher eher in den Innenstädten vollziehen, denn schlecht angebundene und derart stark vernachlässigte Banlieues wie in Frankreich gibt es in Deutschland nicht in gleichem Ausmaß.

An dieser Stelle erscheinen einige Worte zu der häufig diskutierten Problematik in Vierteln mit einem hohen Ausländeranteil angebracht. Immer wieder finden sich in der öffentlichen Diskussion jene Wohnviertel als Beispiel für städtischen Verfall, die einen hohen Anteil an Bewohnern nicht deutscher Herkunft aufweisen. Ebenso häufig entsteht dadurch der Eindruck, das Auseinanderdriften der einzelnen Stadtteile sei vor allem die Folge eines zu hohen Ausländeranteils. Dass dieser Eindruck entsteht, ist in mehrfacher Hinsicht fatal. Ausländerfeindlichkeit und Fremdenhass werden dadurch nicht nur in den Schichten geschürt, die so oder so nicht zu den Privilegierten dieser Gesellschaft gehören. Es werden also auch fremdenfeindliche Tendenzen in gehobeneren Milieus befördert. Außerdem wird der Trugschluss gezogen, das Problem des Abstiegs ganzer Quartiere sei vor allem ein ethnisches und damit keines, das gleichermaßen, wenn nicht zuförderst, Deutsche betrifft.

Doch das ist falsch. Die Polarisierung innerhalb der Großstadt ist nicht in erster Linie der Präsenz oder dem Zuzug von Menschen nicht deutscher Herkunft zuzuschreiben. Zwar kann deren Konzentration in deklassierten Quartieren das Problem städtischer Segregation erheblich verschärfen, aber es ist nicht die Ursache. Vor allem deshalb nicht, weil die Minderheiten hierzulande nicht so abgespalten oder konzentriert leben wie zum Beispiel in den Vereinigten Staaten. Selten übersteigt die Minderheit in einem Stadtteil einen Anteil von 30 Prozent, noch nicht einmal im Berliner Bezirk Kreuzberg, der nach bundesweiter Wahrnehmung angeblich von Türken dominiert wird. Auch nicht in Neukölln, das nach der Kapitulation der Lehrer an der Rütli-Schule ins Visier der Öffentlichkeit geriet. Die Türken in Kreuzberg machen in bestimmten Teilen gerade einmal 25 Prozent aus.

Das Deutsche Institut für Urbanistik stellt dazu fest: »Segregation ist ... vorrangig kein Ausländer-, sondern ein Armutsproblem. Die Konzentration von Einwanderern in von Armut und Arbeitslosigkeit geprägten Stadtteilen ist vor allem eine Folge der Segregation nach sozialer Lage. Zuwanderer sind in besonders hohem Maße von Arbeitslosigkeit und Armut betroffen, und sie leben häufig in Quartieren, die aufgrund fehlender Ressourcen auch als benachteiligende Quartiere bezeichnet werden.« So sind die Zuwanderer – so sie sich denn in einer prekären Lage befinden – schon aufgrund der Wohnkosten gezwungen, in bestimmte Stadtviertel zu ziehen, ganz abgesehen von der gesellschaftstypischen Diskriminierung. Als Beweis für die Richtigkeit dieser Feststellung mag die Tatsache herhalten, dass in Deutschland lebende Ausländer, die sich selbst der Mittelschicht zugehörig fühlen und über ein stabiles Einkommen verfügen, ihrerseits Quartieren den Rücken kehren, in denen sich sozialer Abstieg bemerkbar macht, und sich damit unabhängig von ihrer ethnischen Zugehörigkeit von unteren sozialen Schichten deutlich distanzieren.

Ebenso ist es vor allem auf die soziale Lage und die

mangelnde gesellschaftliche Integration der Zuwanderer zurückzuführen, dass sich unter ihnen die Probleme häufen. 17 Prozent der Jugendlichen mit Migrationshintergrund verlassen die Schule ohne Abschluss. Das zeigt der Unicef-Bericht zur Lage von Kindern in Deutschland mit dem Titel »Mittelmaß für Kinder«. In Berlin sind es 25 Prozent, in Baden-Württemberg sogar 30 Prozent der Jugendlichen nicht deutscher Herkunft, die in der Schule scheitern. Diese Kinder und Jugendlichen seien in den Haupt- und Sonderschulen deutlich in der Überzahl. Die Schülerschaft aus Familien mit Migrationshintergrund konzentriere sich dabei auf wenige Schulen. In 12 Prozent aller Schulen fänden sich mehr als die Hälfte aller Schüler nicht deutscher Herkunft wieder. »Der Konzentration von schwächeren Schülern an bestimmten Schulen entspricht häufig die gleichzeitige Abwanderung bildungsbewusster Familien«, heißt es in dem Bericht. Das wiederum befördert die sozialräumliche Segregation.

Es verwundert daher nicht, dass Jugendliche mit Migrationshintergrund unter den Risikoschülern, den Ausbildungs- und Arbeitslosen oder sogar den Straffälliggewordenen überrepräsentiert sind. Diese Tatsache darf allerdings nicht zu der Schlussfolgerung verleiten, dass die Chancenlosigkeit dieser Kinder und Jugendlichen in erster Linie ethnisch begründet sei. Sie ist vielmehr auf ihre schwache soziale Lage zurückzuführen. Diese Kinder und Jugendlichen entwickeln sich nicht schlechter als ihre deutschen Altersgenossen aus den gesellschaftlich benachteiligten Milieus. Die Tatsache, dass bei gleichem schulischen Erfolg und bei gleichen Fachleistungen die Chance für Jugendliche aus Zuwandererfamilien auf einen Ausbildungsplatz um ein Mehrfaches geringer ist als bei deutschen Schulabgängern, zeigt die offenbar bestehenden gesellschaftlichen Vorbehalte. Diese werden durch eine falsche, rein herkunftsbezogene Argumentation in der öffentlichen Diskussion dramatisch verstärkt.

Halten wir vorerst fest: Die Segregation in den Städten nimmt zu. Es gibt immer mehr Viertel, in denen sich die Problemlagen häufen. Es gibt inzwischen auch in deutschen Städten Gegenden, Straßen oder Parks, die man besser nicht betreten sollte. Stadtteile driften auseinander, Städte spalten sich. Das hat wiederum fatale Rückwirkungen auf ihre Bewohner. »Schlechte« Viertel verstärken die soziale Ausgrenzung – und zwar massiv. Häußermann, der sich seit vielen Jahren mit diesem Thema beschäftigt, stellt zu der Entwicklung dieser Viertel fest: »Dort bildet sich dann möglicherweise ein Milieu, das aus dem Ort der Benachteiligten einen benachteiligenden Ort macht.« Ein Teufelskreis. Häußermann geht sogar noch weiter: »Die Segregation von marginalisierten und diskriminierten Bewohnergruppen hat Milieueffekte, die insbesondere die Zukunftschancen von Kindern und Jugendlichen negativ beeinflussen.« Mit anderen Worten: Die armen Viertel tragen das Ihre dazu bei, dass Kinder aus sozial schwachen Familien chancenlos bleiben. Arme Stadtteile machen ihre Bewohner ärmer – und das gleich in mehrfacher Hinsicht.

Warum aber beeinflusst ein von Armut und Verelendung geprägtes Wohnumfeld die Chancen seiner Bewohner, vor allem seiner Kinder und Jugendlichen, der Armut irgendwann zu entkommen?

Ärmer werden die Bewohner zunächst an der Vielfältigkeit ihrer sozialen Kontakte. Sie treffen also immer wieder nur auf ihresgleichen. Dabei können unterschiedliche soziale Kontakte zum Beispiel für die Arbeitssuche von Bedeutung sein. Irgendwann werden die Verhältnisse als selbstverständlich begriffen, die Bewohner gewöhnen sich daran; sie verlassen ihre Quartiere nicht mehr. Der Kontakt zu jenen, die so leben, wie man selbst nicht mehr leben kann, bricht ab – gewollt oder ungewollt. Die Wirkung ist verheerend. Denn längst weiß man, dass heterogene, wenn auch lose geknüpfte Kontakte um ein Vielfaches hilfreicher sind als sozial homogene Netzwerke. Auch wenn sich Nachbarn in problembeladenen Vierteln gegenseitig unterstützen können – aus der Lebenslage heraushelfen können sie sich nicht. Dafür bräuchten sie andere Kontakte und die Kinder und Jugendlichen andere Vorbilder. Jaschas Wirklichkeit ist die des Viertels. Seine Perspektiven sind es auch.

Ärmer werden die Bewohner absteigender Stadtviertel zudem in Bezug auf ihr soziales Verhalten. Und das gilt besonders für Kinder und Jugendliche. Sie sehen abgebrochene Erwerbsbiographien, zerrüttete Familienverhältnisse. Sie kommen immer wieder in Haushalte, in denen Perspektivlosigkeit dominiert und der Glaube an die eigenen Möglichkeiten verlorengegangen ist. Sie lernen, dass all das die gesellschaftliche Normalität ausmacht. Andere Welten, andere Lebensentwürfe und -verläufe kennen sie nicht. Ihre Erfahrungswelt verengt sich. Sie treffen nur noch wenige Menschen, die aufgrund ihrer Integration in unsere Arbeitsgesellschaft ihren Lebensunterhalt selbst verdienen und damit in der Lage sind, ein – wenn auch bescheidenes – Leben in Eigenregie zu führen.

Das Leben in marginalisierten, deklassierten oder auch absteigenden Vierteln hat somit verheerende Auswirkungen vor allem auf den Nachwuchs, der ausgerechnet dort besonders zahlreich ist. Kinder und Jugendliche erlernen Normen und Verhaltensweisen, die ihre gesellschaftliche Integration erheblich erschweren. Aufgrund fehlender oder falscher Vorbilder verinnerlichen sie zudem Überlebensstrategien, die in der Soziologie als »abweichendes Verhalten« bezeichnet werden. Schulschwänzen, Aggressivität, Kleinkriminalität – alle diese destruktiven Handlungsmuster werden wie das Leben von der Hand in den Mund als Normalität verstanden, obwohl sie sie gerade in dem Teil der Gesellschaft, der ihnen Teilhabe und Perspektiven bieten könnte, um ihre Chancen bringen. Jaschas wiederholt geäußerte Überzeugung, dass 90 Prozent der Kinder so aufwachsen wie er, ist das Ergebnis einer Sozialisation ein einem »miesen Kiez«. Er weiß, dass andere anders aufwachsen, doch er ist fest davon überzeugt, dass sie die Ausnahme sind und nicht er und seine Freunde. So macht das Leben in einem marginalisierten Viertel die Jugendlichen um die Möglichkeit ärmer, Verhaltensweisen und Normen zu erlernen, die die Voraussetzung dafür sind, am gesellschaftlichen Mainstream teilzuhaben.

Ärmer werden die Bewohner absteigender, sozial problematischer Viertel am Ende auch durch die schlechtere Ausstattung des Quartiers. Es ist schmutziger in Straßen und Parks, die Verkehrsanbindung ist schlechter, die Zahl der Vereinigungen und Vereine geringer wie überhaupt das gesellschaftliche Engagement. Und wenn es doch soziale Einrichtungen gibt, ein SOS-Kinderdorf etwa oder die Drogenstation direkt gegenüber einer Grundschule, dann vermitteln auch sie dem Nachwuchs eine Normalität, die keine sein dürfte: Die Einnahme von Drogen und die damit verbundene Drogenkriminalität sind nichts Alltägliches.

Wir alle wissen, dass ein Problemviertel seine Bewohner geradezu stigmatisiert und dadurch diskriminiert. Ihre Adresse bringt sie um Chancen und schränkt ihre Handlungsmöglichkeiten ein. Fragen wir uns ehrlicherweise selbst: Wenn uns jemand begegnet und uns seinen Wohnort nennt, der nicht gerade zu den gutbürgerlichen unserer Stadt zu zählen ist, sind wir da nicht versucht, unser Gegenüber umgehend in eine bestimmte Schublade zu sortieren? Sage mir, wo du wohnst, und ich sage dir, wer du bist.

Zurück zu den Kindern der Unterschicht: Im marginalisierten Viertel oder – um bei Jaschas Jargon zu bleiben – im »miesen Kiez« bündelt sich der gesamte soziale Mangel, durch den die Kinder und Jugendlichen zu Vertretern der neuen Unterschicht werden. Es fehlt an Vorbildern für den gesellschaftlichen Aufstieg. Die hohe Arbeitslosigkeit, zerrüttete Familienverhältnisse, fehlende Väter, das Leben von staatlichen Transfers, die harte Sozialisation auf der Straße – das alles erscheint als normal. Es fehlt an sozialer Vielfalt, an der Mannigfaltigkeit von Kindheitsentwürfen und -verläufen, die wiederum in den Kindern und Jugendlichen aus unteren sozialen Schichten Begehrlichkeiten nach mehr und anderem wecken als nur nach gesellschaftlicher Teilhabe durch Konsum, die ihnen zeigen, was alles möglich ist. Es fehlen die Menschen, die im Nachwuchs den Glauben an ihre Talente und Möglichkeiten stärken und nicht die bittere Einsicht, dass das Leben im Ghetto mit seinen unsichtbaren Mauern seinen Lauf nimmt und nicht zu ändern ist.

Die unsichtbaren Mauern werden unwillkürlich von der breiten Mittelschicht hochgezogen, von ihrem steigenden Bedürfnis nach räumlicher Distanz und Abgrenzung. Mit anderen Worten: Die Mitte flieht die Unterschicht. In ihrer eigenen Angst vor dem Abstieg will sie mit den sozial schwachen Milieus nichts zu tun haben. Sie kehrt ihren angestammten Wohnvierteln den Rücken und zieht fort. Dorthin, wo die »besseren« Schulen stehen, dorthin, wo weniger Sozialhilfeempfänger wohnen, dorthin, wo vor allem ihresgleichen leben und die Gefahr des gesellschaftlichen Abstiegs aus dem Blick und oberflächlich wenigstens aus dem Sinn gerät. »In der Mehrheitsklasse wünschen viele, die Unterklasse möge einfach von der Bildfläche verschwinden; täte sie das, dann fiele ihr Fehlen kaum jemandem auf«, schrieb Lord Dahrendorf vor fast zwei Jahrzehnten und ist damit heute aktueller denn je. Der Mehrheitsklasse, sagt er weiter, sei die Neigung eigen, »Menschen aus ihrem sozialen Umfeld herauszudefinieren oder sie zumindest an den Rand zu drängen.«

Dabei geht es nicht nur um die Verteidigung verschiedener Privilegien, sondern auch um eigene Ängste. Denn eines spüren die noch gesellschaftlich Integrierten ganz genau: Problemviertel, »schlechte« Quartiere, das falsche soziale Umfeld – all das bedroht nicht nur, es zieht nach unten. Wennschon nicht einen selbst, so doch die eigenen Kinder. Der soziale Instinkt, die unsichtbaren Sensoren der Mittelschicht sind untrüglich. Sie nehmen Veränderungen wahr, die noch gar nicht sichtbar sind. Gestatten wir uns also einen thematischen Exkurs und befassen uns einen Moment lang mit der Mitte der Gesellschaft, mit ihren Hoffnungen und ihrer Angst vor dem Abstieg. Denn von ihrem Verhalten wird abhängen, ob Deutschland des Problems einer sich weiter verfestigenden Unterschicht Herr wird oder nicht.

Exkurs

Die Mitte in Angst

Es gibt Tage, an denen Jascha »richtig gut drauf« ist. Zum Beispiel, wenn er bei seinem Fallmanager im Jobcenter vorbeigeschaut hat. Pünktlich natürlich, wie immer. Denn das sollte man schon sein, wenn man ein Leben auf Staatskosten führt. An solchen Tagen erscheint er vergleichsweise gepflegt. »Beim Jobcenter kann ich natürlich nicht im Jogginghosen-Look auftauchen«, erklärt er seine ordentliche Erscheinung. Jascha weiß, auf welche Momente es ankommt. »Wenn man beim Fallmanager nicht erscheint, dann kürzen die einem sofort das Geld. Zunächst zwar nicht alles, aber auch das geht dann ziemlich schnell.« Was er nicht weiß, ist, dass manch ein Mitarbeiter des Jobcenters, der sich Jugendlichen gegenüber relativ hart gibt, ganz so gnadenlos nicht ist; in der Regel wird sehr genau überlegt, wen ihrer saumseligen »Kunden« die Betreuer und Fallmanager in die Obdachlosigkeit entlassen und damit höchstwahrscheinlich in die Kriminalität treiben. Immerhin bekommt Jascha dort das Gefühl, dass sich jemand um ihn kümmert, mit ihm seine Zukunft bespricht, eine – wenn auch bescheidene – Auswahl an Möglichkeiten vor ihm ausbreitet, die ihm helfen sollen, sein entleertes Leben sinnvoll zu füllen. An solchen Tagen spürt Jascha, dass er nicht ins Bodenlose fallen kann. Noch nicht. Das sind die Tage, an denen seine Verdrängungsmechanismen und seine Phantasie auf Hochtouren laufen. Was er alles noch werden könnte, wenn er nur wollte! Dass es aber am dauerhaften Wollen hapert, dass er diese Energieleistung wahrscheinlich niemals wird aufbringen können – das alles ist an Tagen wie diesen nicht präsent.

»Wenn ich auf der Straße oder in der S-Bahn junge Typen in meinem Alter sehe«, hebt Jascha überraschend gesprächig an, »solche, denen man also sofort ansieht, dass sie keine Assis sind, dann frage ich mich manchmal, wie die das eigentlich geschafft haben.« Er schüttelt den Kopf. »Im Grunde kenne ich so jemanden überhaupt nicht.« Er überlegt eine Weile, dann bestellt er Limonade mit Cola. »Der Einzige, an den ich mich erinnern kann, war das ›Söhnchen‹ aus unserem Kiez, das wir erfolgreich vertrieben haben.« Nie hat er mit dem Jungen auch nur ein einziges ernsthaftes Wort gewechselt. »Manchmal habe ich noch an ihn gedacht. Eines weiß ich sicher: Er hat garantiert keinen Fallmanager, sondern macht längst irgendwo eine Ausbildung.« Dass so ein Junge, der etwas älter ist als er, womöglich schon sein Abitur absolviert und sich an irgendeiner Universität eingeschrieben haben könnte, kommt Jascha gar nicht erst in den Sinn. Das ist zu fern seiner eigenen Lebenswelt. Schule und Ausbildung – das ist das Äußerste, was er sich vorstellen kann.

»Eigentlich würde mich schon mal interessieren, wie so jemand groß wird«, sagt er unvermittelt. Jascha weiß genau, dass es unten und oben gibt in der Gesellschaft, dass bestimmte Kinder Chancen haben und andere nicht. Er kennt den sozialen Unterschied, aber er hat keine Ahnung von der Lebenswelt der anderen. Genauso wenig, wie sich seine Altersgenossen aus der Mittel- und Oberschicht vorstellen können, unter welchen Umständen Jascha aufgewachsen ist. Plötzlich wird er richtig wissbegierig. Wie lebt so jemand? Was hatte das Söhnchen, das er nicht hatte? Was läuft bei denen anders, die sich in den Schulen und später auf dem Ausbildungs- und Arbeitsmarkt nicht auf der Verliererseite wiederfinden? Jascha erwartet Antworten, was selten der Fall ist in Gesprächen mit ihm, die eigentlich keine sind, sondern ein einseitiges Abfragen seiner Unterschicht-Biographie und in guten Momenten seinerseits ein wenig Reflexion darüber, warum alles so kommen musste.

Vieles läuft anders bei den Kindern aus den bürgerlichen Milieus, die ihr Leben in Distanz zu den sozial benachteiligten Schichten organisieren. Distanz ist das Erste, was hergestellt wird. Die Eltern des Jungen, der unter den Faustschlägen und Tritten seiner Altersgenossen zu Boden ging, haben als Erstes Distanz geschaffen. Sie sind fortgezogen aus einem Stadtteil, dessen Abstieg bereits in seiner Entstehung programmiert schien. Sie haben den sozialen Brennpunkt fluchtartig verlassen, das Viertel, von dem die Bewohner seinerzeit sagten, der Kiez sei wie ein stehendes Gewässer umgekippt. Der Junge, der so oder so nicht die Schule der »Schmuddelkinder« besuchte, ist in ein besseres Viertel gezogen.

Jascha richtet sich auf, als würde er einer spontanen Eingebung folgen. »Wilmersdorf«, sagt er, »er ist nach Wilmersdorf gezogen.« Von seinem Bruder habe er das einmal gehört. »Jetzt, wo ich über den Typen und seine Eltern nachdenke, fällt es mir wieder ein.« Jascha überlegt einen Moment. Während er etwas verlegen nach dem Tabak in seiner Hosentasche kramt, setzt er betont lapidar hinzu: »Würde mich ja doch mal interessieren, was aus dem wohl geworden ist.« Kurz schweigt er. »Alexander hieß er, das weiß ich auch noch. Aber wir haben den immer nur ›Söhnchen‹ genannt.« Jascha grinst. »Das passte besser.«

Alexander ist natürlich nicht auffindbar. Jascha erinnert

sich ja noch nicht einmal an seinen Nachnamen, sollte er ihn überhaupt jemals gehört haben. »Hm«, sagt er und zieht die Mundwinkel nach unten. »Ich meine – rein theoretisch: Was wird aus so jemandem?« Jascha meint das hypothetisch. Ob er wirklich eine typische Mittelschicht-Biographie hören möchte? »Warum nicht?«, fragt er zurück.

Die Demütigung ihres Sohnes, die die Eltern des Jungen zum Verlassen des Viertels bewogen hat, war womöglich nur der bis dahin fehlende Auslöser. Mit wachsender Sorge mögen sie das Abdriften des Quartiers über ein paar Jahre beobachtet und zunächst immer wieder verdrängt haben – wie so viele der Mittelschicht, die bestimmten Wohngegenden den Rücken kehren, in denen sich die Sozialstruktur zum Negativen verändert. Der brutale Überfall auf ihren Sohn aber hat ihnen wahrscheinlich klargemacht, dass man als berufstätiger Erwachsener zwar bestimmte Entwicklungen in seiner unmittelbaren Umgebung ausblenden kann, dass Kinder dem aber nicht entkommen können. Sie haben nicht die Möglichkeit, ihr Viertel den ganzen Tag lang zu verlassen, nach getaner Arbeit das Auto in der Tiefgarage abzustellen, mit dem Aufzug in die eigenen vier Wände zurückzukehren und die Tür hinter sich zu schließen. Kinder werden – spätestens vom Schulalter an – mit ihren Altersgenossen in ihrer Wohngegend konfrontiert. Sie spielen mit ihnen oder werden von ihnen gemobbt. Sie vergleichen sich mit ihnen, sie tun sich zusammentun oder bekämpfen sich. Was die Eltern vielleicht über die Jahre nicht hatten sehen wollen, begriffen sie spätestens in dem Moment, da ihr Sohn zum Opfer wurde. Nicht nur vor weiteren Übergriffen wollten sie ihn bewahren, sondern auch vor dem Umgang mit »falschen« Freunden, vor der »miesen« Gesellschaft, die ihn womöglich nachteilig beeinflussen, nach unten ziehen oder sonstwie vereinnahmen würde. Für ihr einziges Kind hatten und haben die Eltern wahrscheinlich andere Pläne. Aus ihm soll etwas werden. Dass der Sohn ein Hochschulstudium absolvieren wird – daran besteht überhaupt kein Zweifel.

»Echt? Das wissen die schon?«, fragt Jascha dazwischen. Dass sich Eltern normalerweise über die Zukunft ihrer Kinder Gedanken machen, kann er sich offenbar nicht vorstellen. »Hätte man bei mir auch mal machen sollen«, sagt er dann und hebt seine Hand zu einer abwertenden Bewegung. Ob er wirklich so eine typische Geschichte hören will? »Ja, hab ja Zeit heute.«

Nehmen wir einfach an, der Vater habe Agrarwissenschaften studiert, sei dann allerdings bei einer kleineren Computerfirma gelandet. Die Mutter ist Grundschullehrerin, unterrichtet aber nur ein paar Stunden in der Woche. Beide kommen aus einfacheren Verhältnissen, aber nicht von ganz unten, haben sich etwas hinaufgearbeitet. So könnte es typischerweise sein im Fall von Alexander und den vielen, die aus ähnlichen sozialen Verhältnissen stammen und peinlich genau darauf bedacht sind, nur ja nicht mit der Unterschicht in Berührung zu kommen. Inzwischen wohnt Alexander mit seinen Eltern in Wilmersdorf, einem der Stadtteile Berlins mit recht homogener Sozialstruktur. Die Kinder entstammen ähnlichen Verhältnissen, ihre Eltern haben die gleichen Ambitionen und Ziele. Man versteht sich – in vielerlei Hinsicht ohne Worte. Die Unterschicht mit ihren »Schmuddelkindern« ist keine Bedrohung mehr. Für die um Alexander so besorgten Eltern ist sie einfach aus dem Blickfeld verschwunden.

Jascha lehnt sich nach vorn. Leise sagt er: »Das Söhnchen war ein absoluter Opfertyp. Auf den musste man einfach einschlagen. In seinem neuen Kiez wird es ihm auch nicht besser ergangen sein.« Dass in anderen Gesellschaftsschichten vielleicht nicht ganz so häufig mit Fäusten, Messern und Totenschlägern agiert wird wie in seinem Umfeld, befindet sich jenseits seiner Vorstellungskraft. Er weiß offenbar nicht, dass die Kinder der Mittelschicht behüteter aufwachsen, immer beaufsichtigt, durchgeplant, organisiert. Sie müssen die Stunden an den langen Nachmittagen nicht totschlagen, sie haben ihre Hobbys und die Hausaufgaben. Es bleibt ihnen überhaupt nicht die Zeit, sich in Gruppen zusammenzurotten und ganze Straßenzüge in Angst und Schrecken zu versetzen. Jascha schaut ungläubig. »Wie?«, fragt er. »Gar keine Freiheit?«

Es ist keine Frage, dass so einer wie das »Söhnchen«, wie Jascha ihn immer noch nennt, ein ordentlicher Schüler wird. Dafür sorgt in solchen Familien die Mutter, die ihm schon früh beigebracht haben wird, dass Erfolg meistens das Ergebnis eigener Anstrengung ist und kein Produkt des Zufalls. Sie wird seine Hausaufgaben schon in der Grundschule kontrolliert und natürlich mit ihm gelernt haben. Während Jascha die Nachmittage mit seinen Kumpeln am Wasser abhing oder in Kaufhäusern herumlungerte, saß Alexander wahrscheinlich neben seiner Mutter über den Büchern. Solche Eltern versuchen, ihre Kinder zu wappnen – für eine anständige Karriere oder zumindest gegen die Gefahr des Abstiegs. Denn sie wissen: Die Welt ist nicht mehr die von früher, sie ist härter, unberechenbarer, unsicherer geworden.

Alexander wird die Grundschule glatt durchlaufen haben und aufs Gymnasium gegangen sein. Jascha wird hellhörig: »Gymnasium?«, fragt er. »Gesamtschule hätte es doch auch getan.« Eine mit gutem Ruf vielleicht. Aber in Alexanders Fall nehmen wir an, dass den Eltern am Gymnasium gelegen war, vor allem des richtigen Umgangs wegen. »Klar«, Jascha nickt, »aufs Gymnasium gehen keine Assis.« Nebenher spielt Alexander wahrscheinlich eher Hockey als Fußball, ficht oder turnt. Womöglich lernt er auch noch ein Instrument – mehr schlecht als recht, weil es für seine Eltern einfach dazugehört.

In den großen Ferien könnten sie ihn zum Beispiel regelmäßig nach England zum Sprachaustausch geschickt haben. Womöglich haben sie eine nette Familie gefunden. Wochenlang bleibt er dort und lernt Englisch, obwohl Sprachen vielleicht nicht wirklich seine Sache sind. Jascha hebt den Kopf. Er hatte ihn eine Weile lang in seine rechte Hand gelegt, deren Gelenk ihn jetzt schmerzt. »Moment mal«, sagt er. »Wie alt war der denn da?« Er wäre womöglich 13, 14 oder 15 Jahre alt gewesen; in dem Alter fliegen Kinder wie er in den großen Ferien regelmäßig über den Ärmelkanal, in Sprachschulen oder – wenn sie nicht ganz so viel Geld haben – in Gastfamilien. Jascha schüttelt den Kopf. »Die Jahre, das war meine mieseste Zeit«, resümiert er kurz. Eine Zeit, in der er abhing, gar nichts tat, die Hälfte der Tage verschlief und sich die Nachmittage mit Kleindelikten vertrieb. »Ferien – ich habe sie gehasst. Schlimmer als Schule. Du weißt nicht, was du machen sollst. Fernsehen, Computer spielen, Kumpels treffen, abhängen, kiffen – solche Sachen. Nach England wäre ich auch gern mal gefahren.« Zum Lernen? »Hm«, Jascha ist plötzlich verunsichert, dann grinst er. »Kann ich mir nicht vorstellen.«

Nehmen wir weiter an, Alexanders Eltern verdienen nicht übermäßig, haben es aber durch ihre Berufstätigkeit über die Jahre zu ansehnlichen Ersparnissen gebracht, die sie auch in die Lage versetzen, ihren Sohn in der elften Klasse für ein ganzes Jahr ins Ausland zu schicken. So etwas gehört dann allerdings schon in die Gruppe der wirklich ambitionierten Mittelschichteltern. In jeder Hinsicht soll ihr Sohn auf seine Zukunft vorbereitet sein. Gemeinsam mit ihm suchen sie nach Internaten in England und den Vereinigten Staaten. Der Vater hätte es womöglich gern gesehen, wenn der Sohn in Amerika eine der klassischen Prep Schools besucht hätte, eine dieser teuren Privatschulen, doch die kann er sich nicht leisten. So entscheiden sie sich wiederum für einen Schüleraustausch und das ihrer Meinung nach bewährte Modell der Gastfamilie. Rund 12000 Euro können sie aufbringen. Einmal – das geht. Die Mutter wird unter der Abwesenheit ihres einzigen Kindes gelitten haben, doch weiß sie, dass er seine Karrierechancen damit erheblich vergrößert. Je besser die Ausbildung, desto geringer das Risiko eines Karriereknicks. Und Englisch sollte man heutzutage fließend können – eine Selbstverständlichkeit für jeden, der es zu etwas bringen will. Insgeheim treibt solche Eltern die Sorge um, all das, was sie sich erarbeitet haben, könnte vielleicht doch nicht von Dauer sein. Erfolgsgarantien gibt es nicht mehr. Und wenn das so ist, bleibt ihnen nichts anderes übrig, als das Risiko des Scheiterns der Kinder zu minimieren. Während also Jascha das erste Mal mehrere Tage in der Jugendstrafanstalt verbringt, weggesperrt, sitzt Alexander, der Sohn aus besserer Gesellschaft, in England und büffelt oder heult vor Heimweh Rotz und Wasser.

Jascha wird unruhig und beginnt wieder, wie so häufig, mit dem Oberschenkel zu wippen. Wahrscheinlich will er draußen vor der Tür eine seiner selbstgedrehten Zigaretten rauchen. Doch anstatt, wie gewohnt, in der Hosentasche nach seinem Tabak zu kramen, sagt er: »Solche Typen sind echt auf der sicheren Seite. Bei denen wird es nie bergab gehen, so wie bei mir.«

So sicher ist das auch wieder nicht. Millionenfach

machen sich selbst mittlere und höhere Angestellte Sorgen um ihren Arbeitsplatz. Könnte gut sein, dass auch Alexanders Vater schon um seinen Job gezittert hat. Als Angestellter einer kleineren Computerfirma wird auch er unter der Angst vor Entlassungen gelitten haben. Denn spätestens seit dem jähen Ende des Booms um die Jahrtausendwende weiß jeder, dass die Arbeitslosigkeit im Grunde jeden treffen kann – unabhängig von seiner Qualifikation und Leistung. Die Einschläge jedenfalls kommen näher. Und wen es trifft, der ist im Falle einer längeren Arbeitslosigkeit binnen zwölf Monaten bei Hartz IV und damit unten.

»Und das Söhnchen?«, fragt Jascha. – Der müsste inzwischen sein Abitur in der Tasche haben. Eventuell hat er seinen Zivil- oder Wehrdienst absolviert – sofern er nicht ausgemustert worden ist. Vielleicht studiert er oder macht eine Ausbildung. Während sich Jascha also von Zeit zu Zeit bei seinem Fallmanager blicken lässt, paukt der etwas ältere Alexander womöglich schon an der Universität für seine ersten Klausuren. Vielleicht ist er ja richtig ehrgeizig und will es weiter bringen als seine Eltern. Womöglich hat er Freunde, deren Väter in den Vorständen von Unternehmen sitzen, Wirtschaftsanwälte sind oder Unternehmensberater, die – immer unterwegs – ein Heidengeld verdienen, die in den wirklich exklusiven Vierteln wohnen, in eigenen Häusern und Villen, nicht in einer Etagenwohnung, mit der sich ein ängstlicher Ingenieur und eine Lehrerin begnügen. Wenn Alexander viel arbeitet und sein Studium mit guten Noten beendet, wird er auf dem Arbeitsmarkt die Wahl haben und sich für irgendetwas entscheiden können, das ihm Spaß macht. So weit zu Alexander.

Jascha ist still geworden. Er hat die Ellenbogen wieder

auf den Bistrotisch vor sich gestützt, seinen Kopf in die Hände gelegt und länger geschwiegen. Seine gute Laune hat sich verflüchtigt. »Muss ich das kommentieren?«, fragt er bloß. Langsam steht er auf, wortlos, wirft einen Blick auf die Tür, überlegt offenbar einen Moment, ob er sich auf eine seiner selbstgedrehten Zigaretten nach draußen begeben soll, setzt sich dann aber doch vor einen der vielen Bildschirme, um irgendwo tief in seiner virtuellen Welt zu verschwinden, für die er an diesem Tag noch gar keine Zeit hatte. Schließlich ist er vormittags bei seinem Fallmanager gewesen.

Deutschland spaltet sich. Jascha und Alexander – zwei Namen einer Generation, jeder aus einer Welt, die zu der anderen keinerlei Verbindung hat und auch nicht haben will. Die Spaltung manifestiert sich nirgends deutlicher als zwischen den Kindern und Jugendlichen unserer Gesellschaft. Es hat sich eine tiefe Schlucht aufgetan, unüberwindbar vor allem für die, die auf der Schattenseite stehen. Es sind die Ziellosen, Aggressiven, die ohne Perspektive, die geborenen Verlierer, deren Herkunft schon alles über ihre Zukunft sagt. Sie sind und bleiben Unterschicht. Die anderen stehen auf der Gewinnerseite des Lebens; es sind die Kinder aus den mittleren und oberen Schichten der Gesellschaft, deren Eltern mehr denn je um Abgrenzung bemüht sind. Es geht dabei um Abgrenzung nach unten, um ein Bedürfnis nach Distanz zum »Mob«, zu den Verlierern – nicht selten aus Angst vor dem eigenen Abstieg, vor dem es wenigstens die Kinder zu bewahren gilt. Aus den Kindern werden Erwachsene, die nichts mehr eint in Deutschland, die sich aufgrund ihrer so unterschiedlichen Lebenserfahrungen nichts mehr zu sagen haben und nicht wissen werden, wie sie miteinander umgehen sollen. Mit jedem Jahr ihres Aufwachsens schiebt sich die klaffende Spalte unaufhaltsam weiter in die Gesellschaft hinein.

Unterschiedliche Milieus hat es immer gegeben. Doch wurden die Unterschiede lange nicht thematisiert. Heutzutage scheint das Klassenbewusstsein hierzulande aber eine Renaissance zu erleben – nicht nur an den Rändern, sondern vor allem in der Mitte der Gesellschaft. Die Menschen machen sich wieder Gedanken, wo sie hingehören. »Wir sind die Unterschicht« – mit einer derartigen Selbsteinschätzung sortieren sich die weniger Wohlhabenden, diejenigen, die sich abgehängt und ohne Chancen wähnen, in die unterste Klasse der Gesellschaft ein. Gern auch im öffentlichen Selbstbekenntnis, als schlichte Feststellung, fatalistisch, ohne Erwartung, dass sich daran etwas ändern könnte. Am anderen Ende der sozialen Skala befindet sich die echte *upper class*. Das sind die von Haus aus Vermögenden und die Erfolgreichen. Sie pflegen in ihren Lebensformen und Netzwerken inzwischen ein Höchstmaß an Exklusivität. Sie heben sich deutlich von der Mitte ab und sehen ihren Bezugspunkt eher in einer international verquickten Elite als in Deutschland selbst. Die Mitte liegt dazwischen – weitgehend stumm und irgendwie verunsichert. Warum?

Der Grund dafür liegt in der neuen Angst der Mitte vor dem gesellschaftlichen Abstieg. Noch Anfang der neunziger Jahre trennte eine deutliche Barriere jene, die das Risiko der Arbeitslosigkeit zu tragen hatten, von denen, die sich auf der sicheren Seite befanden. Doch diese bis dahin relativ rigide Trennungslinie ist durchlässig geworden. Die Arbeitslosigkeit schlägt nicht mehr – wie gewohnt – nur in den unteren Schichten der Gesellschaft zu, die schon in der Vergangenheit von ihr betroffen waren.

Sie reißt – so hat es der jüngste Abschwung gezeigt, und so wird es der nächste wieder tun – zunehmend Löcher in die Erwerbsbiographien der Mittelschicht. Mehr noch: Je jünger die Kohorte, desto größer bereits die Erfahrungen mit der Arbeitslosigkeit. In der Mitte ist man also nicht mehr ganz so sicher.

Die Angst der Mitte und das neue Bewusstsein für unterschiedliche soziale Schichten sind typische Indikatoren dafür, dass in unserer Gesellschaft vieles im Umbruch ist. In solchen Phasen entwickeln die Menschen feinste Sensoren für soziale Unterschiede. Und genau das passiert derzeit. Bereits im Jahr 2006 befragt, meinten 71 Prozent der Deutschen, dass die Gesellschaft immer weiter auseinanderdrifte. Dort, wo einst die Mitte war, so ihre Wahrnehmung, klafft inzwischen eine tiefe Spalte. Mehr als 60 Prozent stimmen in der Befragung der Aussage zu, dass es keine gesellschaftliche Mitte mehr gibt, sondern nur noch ein Oben und ein Unten. Und wiederum 14 Prozent fühlen sich ins Abseits geschoben. Diese Zahlen – von Soziologen im Auftrag der Friedrich-Ebert-Stiftung ermittelt – verdeutlichen die Befindlichkeiten großer Teile der deutschen Bevölkerung. Sie zeigen, wie der ökonomisch-soziale Wandel der vergangenen Jahrzehnte wahrgenommen wird. Die Welt scheint rauer geworden, weniger gemütlich, bedrohlicher oder einfach weniger sicher.

Dass es in Deutschland – entgegen dem Eindruck der Befragten – nicht nur oben und unten, sondern noch immer eine breite Mitte gibt, steht außer Frage. Doch diese Mittelschicht fühlt sich bedroht und nimmt die Extreme dadurch stärker wahr. Die Wahrnehmung der Menschen überzeichnet die tatsächlichen Verhältnisse. Trotzdem trifft sie den Kern einer Entwicklung, die viele kritisch sehen. Deutschlands Gesellschaft spaltet sich. Sowohl am oberen als auch am unteren Rand der Gesellschaft gibt es inzwischen wachsende Zonen gewisser Exklusivität oder Exklusion. Es gibt oben wie unten gesellschaftliche Gruppen, die dabei sind, sich abzukoppeln.

Lange wurde die Mittelschicht kaum beachtet – selbst dann noch nicht, als sich das Bewusstsein für soziale Ungleichheit längt zu schärfen begonnen hatte. Die Mitte, so schien es, war immer da. Stabil, selbstbewusst, engagiert – als Verbindung zwischen oben und unten, als tragende Säule der Gesellschaft des Landes. Und das in jeder Hinsicht: Auf ihren Schultern trug sie den Großteil der Steuerlast, sie stemmte die Sozialversicherungen und sorgte mit Engagement für den gesellschaftlichen Zusammenhalt. Die Mitte redet nicht, sie macht sich nicht sichtbar, sie ist einfach da. Sie war es schon immer. Die Mitte – das war über Jahrzehnte die große Selbstverständlichkeit in Deutschland. So interessierte sie die Forscher, Politiker und die Öffentlichkeit lange Zeit weniger als die Veränderungen an den Rändern der Gesellschaft. Doch auch das hat sich geändert. Die verunsicherte Mitte ist plötzlich zu einem Thema geworden. Überall ist von einer durch Strukturwandel und Globalisierung bedrohten Mitte die Rede. Ganze Forschungsprojekte werden ihr gewidmet. Und immer häufiger werden die Sorgen laut, die Mitte könnte der Gesellschaft verlorengehen und damit Zusammenhalt und Stabilität.

Schon vor einer Dekade beschwor der damalige Kanzlerkandidat der Sozialdemokraten, Gerhard Schröder, die »neue Mitte« – ganz seinem seinerzeit politisch erfolgreichen englischen Vorbild Tony Blair entsprechend. Zwar war damals von einer breiten Verunsicherung der Mittelschicht noch nicht die Rede, doch seine Wortwahl der »neuen Mitte« zielte bereits auf Veränderungen ab, die offenbar im Gange waren. Nichts anderes tut die derzeitige Kanzlerin Angela Merkel. »Hier in der Mitte sind wir – und nur wir«, redete sie den Delegierten ihrer Partei ein, wobei die Reklamation einer wie auch immer zu definierenden Mitte für sich womöglich nur der Annahme geschuldet ist, es handele sich dabei um die gesellschaftliche Mehrheit. Nur mit der Mitte, so die Vermutung, lässt sich Staat machen.

Von wem aber ist eigentlich die Rede, wenn wir von der »Mitte« der Gesellschaft sprechen? Wer ist gemeint, wer gehört dazu und wer nicht (mehr)? Vor allem: Wer zählt sich selbst dazu? Die Antwort auf diese Frage ist nicht mehr so einfach, nachdem mit dem Ende der Wirtschaftswunderzeit die Lebensformen vielfältiger, die Menschen individualistischer, die üblichen gesellschaftlichen Vernetzungen brüchiger geworden sind. Der über Jahrzehnte stetig angestiegene Wohlstand der Bevölkerung und dessen Absicherung über einen zunehmend aufgeblähten Sozialstaat haben ihre zersetzende Wirkung auf Zusammenhalt und Solidarität in den unterschiedlichen Sozialmilieus nicht verfehlt. Alles scheint im Fluss, Mitte also kann vieles sein, und wäre an vielem festzumachen: sei es am Beruf, am Einkommen, am Bildungsgrad oder am eigenen Selbstverständnis.

Eine allgemeingültige Definition der gesellschaftlichen Mitte gibt es nicht. Aber es gibt Definitionsmerkmale, mit denen man sich ihr nähern kann. So hat der Historiker Paul Nolte einen Katalog von insgesamt sechs Merkmalen zusammengestellt, anhand dessen die gesellschaftliche Mitte Konturen bekommt. Zur Mitte gehöre, wer ein mittleres bis gehobenes Einkommen beziehe. Ebenso dazu gehört nach Meinung des Wissenschaftlers, wer über eine höhere Bildungsqualifikation verfügt, irgendeine Art von

Hochschulzugangsberechtigung, wenn auch nicht unbedingt ein abgeschlossenes Studium. Als drittes Merkmal gilt die Beschäftigung in einem Dienstleistungsberuf. Die moderne Mittelschicht ist, so lautet das Argument dafür, überwiegend eine Dienstleistungsmittelschicht. Dazu gehören IT-Spezialisten ebenso wie Verwaltungsangestellte, Lehrer oder Ingenieure. Ein weiteres Kriterium ist das soziale Kapital, über das die Mitte in der Regel verfügt. Das sind stabile gesellschaftliche Beziehungen, ein soziales Netzwerk also, das sich in Notfällen mobilisieren lässt. Dazu kommt als ein weiteres Kriterium die Fähigkeit, sein Leben nicht nur in Eigenregie führen, sondern es auch über die eigene Generation hinaus langfristig planen zu können. Und schließlich zeichnet die Mitte nach Meinung Noltes ein gewisser »Wertehorizont« aus, der sich »im weitesten Sinne aus dem Erbe der Bürgerlichkeit ableitet«. Ob es sich dabei um liberale, konservative, progressive oder traditionelle Werte handelt, ist eher nebensächlich. Nur ein Wertebewusstsein sollte es schon sein. Zwar gewinnt mit diesen Merkmalen die Mitte in Deutschland an Konturen, doch ist immer noch nicht klar, um wie viele Menschen es sich tatsächlich handelt.

Fragt man die Menschen selbst, dann zählten sich im Jahr 2004 rund 54 Prozent der befragten Westdeutschen zur Mittelschicht und damit schon deutlich weniger als noch in den Jahren 1990 und 2000. Im Osten sieht es anders aus. Dort zählen sich mehr als die Hälfte der Menschen zur Arbeiterschicht, was nicht unbedingt westdeutschem Verständnis entsprechen muss, sondern womöglich dem über Jahrzehnte propagierten »Arbeiter- und Bauernstaat« geschuldet ist. Doch sagt auch die Selbsteinschätzung noch nichts Genaues darüber aus, wie groß die Mitte oder Mittelschicht in Deutschland wirklich ist. Niemand weiß, wie viele Möchtegerns oder auch Tiefstapler dabei sind. Wieder also muss man dafür die Gesellschaftswissenschaftler zurate ziehen. Der Soziologe Stefan Hradil versteht unter »Mittelschicht« zum einen den »alten Mittelstand«, also Handwerker, Händler und andere Gewerbetreibende, zum anderen den »neuen Mittelstand«, zu dem Angestellte und Beamte zählen, die qualifizierte Dienstleistungstätigkeiten ausüben. »Aufgrund des steigenden Bedarfs an Büro- und Verwaltungstätigkeiten in der Industrie und im öffentlichen Dienst umfasst der neue Mittelstand als Hauptteil der anwachsenden Mittelschichten bereits zu Beginn der 1960er Jahre rund ein Viertel aller Erwerbspersonen«, meint der Wissenschaftler. Die Tendenz blieb über die darauffolgenden Jahrzehnte steigend.

Nicht zu verwechseln seien Mittelschicht und Bürgertum, warnt er. Das Bürgertum, vor allem das Bildungsbürgertum, zeichne sich durch bestimmte »bürgerliche« Mentalitäten aus, eine innere Haltung also, nicht durch eine besondere Schichtzugehörigkeit. Höchstens ein Fünftel der deutschen Bevölkerung sei dem Bürgertum zuzuordnen, meint Hradil, die Mittelschicht als Ganzes mache dagegen die Hälfte der Bevölkerung aus.

Die Mitte fühlte sich lange Zeit wohl in Deutschland. Und Deutschland schien stabil mit seiner breiten Mittelschicht. Immer mehr Menschen wähnten sich der Mitte zugehörig. Mit dem Aufstieg Deutschlands zur Wirtschaftsmacht, mit Wirtschaftswunder und Wohlstand für die breiten Schichten die Bevölkerung schien das Arbeitermilieu, das klassische Proletariat, für immer zu verschwinden. Auch Arbeiter begannen irgendwie aufzusteigen, der Mitte der Gesellschaft zuzustreben, nicht nur bezüglich ihrer Einkommen und damit ihrer Wohlstandsposition, sondern auch hinsichtlich ihrer Konsumgewohnheiten und Möglichkeiten. Die Arbeiter legten das »typisch Proletarische« ab, organisierten sich in Gewerkschaften, trafen sich in Vereinen und Gemeinden und sorgten für die Erfolge ihrer Kinder. Die Mittelschicht hatte damit für sie eine hohe Integrationskraft. Sie war Vorbild und Ziel der unteren Schichten, die aufstiegen. Die Bildungsexpansion trug das Ihre dazu bei, dass hierzulande von unterschiedlichen gesellschaftlichen Schichten bald nicht mehr die Rede war. Alle schienen nach den berühmten Worten des Soziologen Helmut Schelsky aus dem Jahr 1953 in einer »nivellierten Mittelstandsgesellschaft« aufzugehen.

Heute allerdings würde kein Mensch mehr von einer nivellierten Mittelstandsgesellschaft sprechen. Alles redet von steigenden Einkommensunterschieden, von sozialer Spaltung, von Phänomenen, die sich am oberen und unteren Ende der sozialen Skala zeigen. Von Nivellierung also kann keine Rede mehr sein. Im Gegenteil: Die sozialen Unterschiede wachsen seit Jahren. Die Mitte selbst fächert sich auf; sie ließe sich ihrerseits teilen, in eine untere und eine obere Mittelschicht zum Beispiel, in eine Gruppe von Menschen, die in prekärer gewordenen, entsicherten Beschäftigungsverhältnissen um ihren Status bangen, und in solche, deren Arbeitsverhältnisse noch relativ sicher sind.

Entsprechend fällt die Selbstwahrnehmung der breiten Mitte aus. Nur 40 Prozent der Mittelschicht sind mit ihren wirtschaftlichen Verhältnissen zufrieden, hat das Institut für Demoskopie Allensbach 2008 ermittelt. Und das, obwohl Deutschlands Wirtschaft seit zwei Jahren boomt wie lange nicht mehr. Ein paar Monate früher, Mitte 2007, mitten im Aufschwung sozusagen, als sich am Konjunkturhimmel noch keine Wolken zeigten, drückte sich in Umfragen von TNS Emnid ein tiefer Pessimismus aus, der die Mitte Deutschlands erfasst hat. Fast 90 Prozent der repräsentativ Befragten bezeichneten den sozialen Abstieg als größte Bedrohung. Inzwischen hat sich die Stimmung etwas aufgehellt, von einem Stimmungsumschwung kann allerdings keine Rede sein. Die Angst vor dem Abstieg hat vor allem die Jüngeren fest im Griff. Von den 30- bis 39-Jährigen sorgen sich derzeit fast 80 Prozent um ihren sozialen Status.

Nicht immer waren die Menschen in Deutschlands Mittelschicht derart ängstlich und verdrossen. Aber ist die Angst der Mitte vor dem Abstieg berechtigt? Oder ist sie der Larmoyanz einer Schicht zuzuschreiben, die, vom vermeintlich garantierten Wohlstandszuwachs und der darauf aufbauenden staatlichen Fürsorge verwöhnt und verweichlicht, nun um ihre Zukunft bangt?

Halten wir uns zunächst an einige Fakten, die eindeutig sind. Die Mitte schrumpft. Das Deutsche Institut für Wirtschaftsforschung hat anhand jüngster Zahlen des Sozio-oekonomischen Panels, die auch dem Armuts- und Reichtumsbericht zugrunde liegen, festgestellt, dass es um die Mittelschicht nicht gut steht in Deutschland. Umfasste die Mitte in den achtziger Jahren noch nahezu zwei Drittel der Gesamtbevölkerung, was sich bis ins Jahr 2000 nicht änderte, so sind es jetzt nur noch 54 Prozent. Das sind nicht mehr 49 Millionen, sondern nur noch 44 Millionen Menschen. Das Forschungsinstitut definiert die Mittelschicht nach ihrem Einkommen. Zur Mitte gehören all jene, die zwischen 70 und 150 Prozent des Medianeinkommens beziehen, also des Einkommens, das die obere Hälfte von der unteren Hälfte der Einkommensbezieher trennt. Es liegt bei 16 200 Euro im Jahr für eine Person, bei 34 000 Euro für eine vierköpfige Familie.

Wo genau aber sind die 5 Millionen Menschen geblieben? Auch dafür haben die Forscher statistisch eindeutige

Antworten: Einige sind aufgestiegen, die Mehrheit aber hat einen sozialen Abstieg hinter sich. Gleichzeitig hat die Dynamik des sozialen Aufstiegs erkennbar nachgelassen. Immer mehr Menschen der Unterschicht sind auch nach fünf Jahren noch dort anzutreffen. Die Mittelschicht spürt das: Wer einmal absteigt, kommt so schnell nicht wieder hoch. Besonders stark gerieten die klassischen Familienhaushalte unter Druck. 2006 gehörten 3 Millionen Paare mit Kindern unter 16 Jahren der Mittelschicht nicht mehr an. Jürgen Schupp, der Deutschlands wichtigster Befragung in Sachen reich und arm vorsteht, fasst die Ergebnisse der jüngsten Erhebung so zusammen: »Viel hat sich bei den verfügbaren Einkommen seit der Wiedervereinigung nicht getan. Von 2003 bis 2006 sind sie insgesamt sogar deutlich gesunken – mit einer starken Tendenz hin zur Polarisierung.« Mehr noch: »Die Wahrscheinlichkeit des Abstiegs ist gestiegen. Das lässt sich nachweisen. Von diesem Abstieg bei der relativen Einkommensposition sind insbesondere ›klassische‹ Familienhaushalte betroffen.« Den neuesten Zahlen nach gehören derzeit 20,5 Prozent der Bevölkerung zu den Einkommensstarken, 54,1 Prozent zur bröckelnden Mitte und 25,4 Prozent zur unteren Schicht, die von Armut bedroht ist. Schupp meint: »Die Mittelschichten sorgen sich um ihre soziale Position.« Zwar konnte der Aufschwung vor allem im vergangenen Jahr dem einen oder anderen etwas mehr Zuversicht geben. »Einen starken Stimmungsumschwung gibt es in den Mittelschichten allerdings nicht.«

Ganz ohne Realitätsbezug sind die Ängste der Mitte also nicht entstanden. Wenn Sie sich persönlich der Mittelschicht zugehörig fühlen, dann machen Sie die Probe. Können Sie für sich heute noch behaupten, den Job fürs Leben gefunden zu haben? Treffen Sie in Ihrem Bekanntenkreis nicht plötzlich auf Menschen, die sich in der Mitte ihres Lebens nolens volens beruflich neu orientieren müssen? Wer hat angesichts der großen Restrukturierungsbemühungen in der deutschen Unternehmenslandschaft nicht mit leichtem Schauer das eine oder andere Schicksal einer Freundin oder eines Freundes verfolgt, der jäh aus seinem Beschäftigungsverhältnis gerissen wurde und kaum verstand, wie ihm geschah? Haben Sie nicht schon einmal gedacht, dass die Einschläge inzwischen näher kommen? Wer hat nicht selbst schon mal um seine feste Anstellung gezittert, wohlwissend, dass ein Jobverlust nichts, aber auch gar nichts mit der Qualität der eigenen Arbeit zu tun hat, sondern vielmehr mit dem Druck der internationalen Kapitalmärkte oder dem verzweifelten Aktionismus von Entscheidungsträgern? Wer kennt sie nicht, die Gespräche unter Freunden und Bekannten über das eigene Ohnmachtsempfinden, über das Gefühl des Ausgeliefertseins, über das Unvermögen, durch eigene Leistung die Situation zu wenden? Wer hat nicht heimlich schon einmal darüber nachgedacht, ob er im Falle einer Arbeitslosigkeit in der Mitte seines Lebens überhaupt noch einen Job bekäme?

All diese Fragen berühren den Kern einer neuen Entwicklung, denn Tatsache ist: Die Mittelschicht muss sich an neue Risikolagen gewöhnen. Manch einer mag jubilieren, dass Deutschlands vermeintlich träge, saturierte Masse endlich aus ihrer Gemütlichkeit gerissen wird, dass gesellschaftliche Strukturen aufbrechen und nicht nur neue Risiken, sondern auch neue Chancen hervorbringen. Plötzlich gibt es Gewinner und Verlierer, und die vor allem in der Mittelschicht. Das Versprechen der Nachkriegszeit, das bis in die siebziger Jahre seine Gültigkeit zu haben schien, dass es nämlich über die Jahrzehnte der breiten

Masse immer bessergehen würde, scheint gebrochen. Hatte vor allem die Mittelschicht in der alten Bundesrepublik den sozialen Aufstieg stets im Blick, so nimmt sie jetzt zunehmend die Möglichkeit eines Abstiegs ins Visier.

Lernen, vielleicht studieren, arbeiten, aufsteigen, Familie gründen, Häuschen bauen – das war die Lebenslogik breiter Bevölkerungsschichten, die sich getrost zur gesellschaftlichen Mitte zählen konnten. Sie reizten ihr Budget für ihre Lebensträume bis zur äußersten Grenze aus, weil die jahrelange Erfahrung sie gelehrt hatte, dass eigentlich nicht viel passieren konnte. Doch die Lebenslogik passt längst nicht mehr zur Realität, zu den brüchiger werdenden Erwerbsbiographien und einer zunehmend entsicherten Arbeitswelt. Wer in der Mitte seines Lebens ein Haus gebaut hat und plötzlich seinen Job verliert, muss zittern. Spätestens nach einem Jahr ist er »in Hartz IV«, auf unterstem Niveau. Das Haus kann er nicht abbezahlen, in den eigenen vier Wänden nicht bleiben, er muss verkaufen. Die Grundannahme, sich mit über Jahre bezahlten Sozialversicherungsbeiträgen eine langfristige Absicherung gegen das Lebensrisiko Arbeitslosigkeit erworben zu haben, hat getrogen.

»Während sich noch in den 1970er und 1980er Jahren die gut qualifizierten Mitglieder der gesellschaftlichen Mitte in homogenen prosperierenden Soziallagen befanden, gibt es seit den 1990er Jahren innerhalb der gesellschaftlichen Mitte immer mehr Hinweise auf heterogene Entwicklungen und auf prekär werdende Soziallagen. Was das Einkommen, die Arbeitsplatzsicherheit und die Aufstiegschancen betrifft, so gibt es Gewinner und Verlierer von Modernisierung und Globalisierung. Eine wachsende Zahl diskontinuierlicher Erwerbsbiographien verdeutlicht dies. Die Aufstiegs- *und* die Abstiegsprozesse aus der oberen

Mitte beschleunigen sich, die Aufstiegstendenzen in die Mitte scheinen zumindest vorläufig beendet«, schreibt der Sozialforscher Hradil. Es sei in den vergangenen zehn bis zwanzig Jahren deutlich schwieriger geworden, Zugang zur gesellschaftlichen Mitte zu finden. Wenn das so ist, dann stimmt das Verhältnis zwischen Risiken und Chancen nicht mehr. Es ist beileibe nicht verkehrt, den Menschen neue Risiken zuzumuten, wenn damit auch neue Chancen einhergehen. Daran aber scheint es zu mangeln.

Wie reagiert die Mittelschicht darauf? Mit Politikverdrossenheit, mit einem Rückzug ins Private, mit akribischer Vorbereitung des eigenen Nachwuchses auf ein Leben in Unsicherheit? Nach Hradil, einem exzellenten Kenner der deutschen Gesellschaft, liegt die Reaktion eindeutig in dem Versuch, sich vor allem nach unten hin abzugrenzen. Noch in der Nachkriegszeit habe sich die Mentalität der gesellschaftlichen Mitte zwischen zwei Polen bewegt. Auf der einen Seite stand individuelle Autonomie, das Vertrauen in die eigene Tüchtigkeit, deren Einsatz sich lohnen sollte. Auf der anderen Seite befanden sich gesellschaftliche Solidarität und Gemeinschaftsbindung. Beides stand nicht im Widerspruch, sondern fand in der gesellschaftlichen Mitte seine Verbindung, weil die Mittelschicht beides lebte. Einfach gesagt: Die Menschen arbeiteten, verdienten Geld, zahlten klaglos Steuern und Sozialversicherungsbeiträge und engagierten sich für die Allgemeinheit.

Doch hat sich in den letzten Jahren offenbar auch die Einstellung der Mitte verändert. »Die Mentalitätsentwicklungen seit den 1990er Jahren führten dazu, dass sich in Teilen der gesellschaftlichen Mitte die Verzahnung der beiden Pole zu lösen begann«, sagt der Forscher. Jene, die sich bedroht, in ihren Fertigkeiten entwertet und unsolidarisch behandelt fühlten, zeigten plötzlich Anflüge von

Fremdenfeindlichkeit und einer Abwertung der vermeintlich Untüchtigen, also der Langzeitarbeitslosen und der Unterschicht. Die Erfolgreichen der Mittelschicht legten nach Meinung des Forschers einen »radikalen Individualismus« und eine »Beziehungs- und Verantwortungslosigkeit« an den Tag. »Es entstanden Tendenzen eines sich verstärkenden Sozialdarwinismus«, lautet sein Urteil. Unsolidarisches Verhalten anderer habe bei vielen Menschen die Bereitschaft erzeugt, sich gleichermaßen zu verhalten. Es hätten sich »aggressive« Bestrebungen gezeigt, eine »geschlossene Gesellschaft« zu schaffen.

Die Leitbilder der Mittelschicht haben sich verändert. Sehr konkret kann man diese Entwicklung am Verhalten der Mittelschichteltern studieren, wie es unlängst die Konrad-Adenauer-Stiftung in ihrer Studie »Eltern unter Druck« untersucht hat. In Sorge um die Zukunft ihrer Kinder lassen die Eltern der mittleren und oberen Schichten nichts unversucht, um sich gegenüber der Unterschicht abzugrenzen. Die privaten und renommierten Schulen verzeichnen einen hohen Zulauf. Und auch das Umzugsverhalten der Eltern zeigt ein steigendes Distanzbedürfnis. »Spätestens bei den eigenen Kindern hört üblicherweise die Toleranz auf«, schreiben die Autoren. Denn den Eltern sei sehr wohl bewusst, wie entscheidend der Einfluss des Umfelds auf die Entwicklung ihrer Kinder ist. Zwar hat es derlei Abgrenzungsbemühungen schon immer gegeben, doch waren sie eher in den Oberschichten anzutreffen. Neu ist nach den Ergebnissen der Untersuchung, »dass nicht mehr nur die Akademikerfamilien, sondern bereits die Eltern der breiten Mittelschicht sich massiver nach unten abgrenzen«. Deutschland befinde sich auf dem Weg in eine neue Art von Klassengesellschaft, nicht mehr nur sortiert nach Einkommen und Vermögen, sondern – zumindest, was die Kinder angeht – vor allem nach Bildungskapital und Bildungsaspiration.

Dieser Trend ist nach Einschätzung der Autoren in sozialpolitischer Hinsicht für die gesellschaftliche Solidarität problematisch. »Gerade Eltern der bürgerlichen Mitte sehen sich enorm unter Druck und solidarisieren sich gegen Milieus am unteren Rand der Gesellschaft. Kinder der bürgerlichen Mitte haben heute kaum mehr Kontakt zu Kindern unterer Schichten«, heißt es dort. Kurz: Den Kindern fehlten gemeinsame Erfahrungen, sie lernten nichts über die Werte, Ziele und Sorgen der anderen. »Vor diesem Hintergrund kann sich Empathie als Grundlage für Solidarität nur schwerlich entwickeln«, warnen die Forscher. Wenn man bedenkt, dass aus Kindern Erwachsene werden, die in einer Atmosphäre der Abgrenzung und des Ausschlusses anderer aufgewachsen sind und die gesellschaftliche Solidarität als Wert nicht mehr vorgelebt bekommen und erfahren haben, dann muss sich dieser Trend des Abgrenzens logischerweise verstärken. Die Bereitschaft, Mittel und Wege zu finden, um den Altersgenossen und deren Kindern aus den sozial schwachen Schichten zu Chancengleichheit zu verhelfen, wird aller Voraussicht nach in den nächsten Jahren weiter zurückgehen.

Diese enormen Anstrengungen, sich abzugrenzen, sind den elterlichen Ängsten geschuldet, den Nachwuchs womöglich nicht gut genug auf den rauen Wind des Wettbewerbs vorzubereiten. Erstmals nämlich erfährt die Elterngeneration von heute eine massive Erschütterung ihrer eigenen Wertvorstellungen, in denen Tüchtigkeit und Leistungsbereitschaft Erfolgsgaranten waren. Die Arbeitsverhältnisse sind unsicherer, der Arbeitsmarkt ist flexibler geworden – nicht zuletzt aufgrund vielfältiger neuer Beschäftigungsformen. Es ist keine Seltenheit, dass Mitarbeiter eines Betriebes entlassen werden und dann zu aus Firmensicht günstigeren Konditionen als Leiharbeiter an ihre alten Arbeitsplätze zurückkehren. Zudem werden Einstellungsverträge zunehmend befristet, lange Probezeiten vereinbart, Praktikanten eingesetzt. Auch wenn es Unternehmen vergleichsweise gutgeht, werden Arbeitsplätze abgebaut und selbst rentable Firmenstandorte geschlossen oder ins Ausland verlegt. Das Vordringen immer neuer Technologien und der aus dem weltweiten Strukturwandel erwachsende Wettbewerbsdruck entwerten selbst Qualifikationen derer, die sich gerade aufgrund dieser Qualifikationen sicher wähnten. Unternehmen werden umgebaut, »Outsourcing« heißt das Zaubermittel, das Ausgliedern von Leistungen also.

So sind in den vergangenen Jahren nicht nur die Massen von Arbeitslosen entstanden, sondern auch millionenfach prekäre Arbeitsverhältnisse, die den Betroffenen einen Wohlstand auf Zeit bescheren, aber ohne Sicherheit auf Dauer. Nichts ist mehr fürs ganze Leben. Mehr als jeder Vierte geht inzwischen einer ungesicherten Beschäftigung nach und trägt damit das permanente Risiko, durch irgendeine Wende des Schicksals auf die Unterstützung der Gesellschaft angewiesen zu sein. Und das Phänomen der prekären Arbeitsverhältnisse ist nicht nur in der freien Wirtschaft, sondern auch im öffentlichen Dienst, an Universitäten oder Kliniken anzutreffen.

Der Hamburger Soziologe Berthold Vogel schreibt dazu: »Während die Grenzen zwischen den sicheren und den unsicheren, den stabilen und den brüchigen Zonen der Arbeitswelt und des Arbeitmarktes undeutlich bleiben, ist doch die Zahl der Grenzgänger unzweifelhaft gewachsen – von Leuten, die sich durch das unwegsame Gelände von Minijobs, Praktika, Leiharbeit, befristeten Tätigkeiten und Grundsicherung bewegen.« Und die stammen längst nicht mehr nur aus der Gruppe der einfachen Arbeiterschaft oder der Hilfsarbeiter. Weiter stellt er fest: »Die Fragilität und Unsicherheit von Beschäftigung hält Einzug in die stabilen Kernbereiche der Arbeitsgesellschaft.« Er spricht von jenen Branchen, in denen sich die Beschäftigten seit jeher sicher wähnten, die Automobilindustrie etwa, Banken, Versicherungen oder sogar der öffentliche Dienst. »Längst ist auch die Mittelschicht betroffen«, qualifizierte Arbeitnehmer, die in ihren Berufen und Betrieben ursprünglich fest verwurzelt waren.

Selbst wenn die berufliche Qualifikation noch immer der beste Schutz gegen Arbeitslosigkeit und sozialen Abstieg ist, weiß heute keiner mehr genau, wie er sich bilden und was er leisten muss, damit es ihn nicht doch »erwischt«. Genau darin liegt die Erschütterung. Die Mitte musste in den neunziger Jahren lernen, dass Qualifikation, Bildungsgrad und Leistungsbereitschaft zwar Voraussetzung für Erfolg und Statuserhalt sind, aber nicht mehr seine Garantie. Das gilt vor allem für die jüngeren Erwerbstätigen. Zwar wird nicht jeder unter unsicherer Beschäftigung leiden, sondern von dem hinzugewonnenen Freiheitsgrad womöglich auch profitieren. Und dennoch verfehlt die Entsicherung ihre Wirkung auf das Gros der Bevölkerung nicht.

Nun sind die Arbeitsplätze in einer Zeit unsicherer geworden, in der die Nettoeinkommen weitgehend stagnierten – zumal inflationsbereinigt. Der Verlust an Sicherheit wird durch Einkommenszuwächse nicht kompensiert. Anders als die Vorstandsetagen mit extrem gestiegenen Bezügen haben die gewöhnlichen Angestellten keine Risikoprämie erhalten. Verwundert es da, dass sich die breite erwerbstätige Mittelschicht um etwas betrogen fühlt? Die Arbeitsplätze sind zudem in einer Zeit unsicherer geworden, in der die Bundesregierung mit der Einführung des Arbeitslosengeldes II einen drastischen Umbau in den Sozialsystemen vorgenommen hat. Die Angst der Mitte vor dem Abstieg hat auch mit »Hartz IV« und dem Gefühl zu tun, bereits nach einem Jahr ganz unten zu sein. Zudem lassen die Aufstiegschancen auf sich warten oder werden zu einer Frage von Glück und Zufall. Der Übergang von der Ausbildung in den Beruf, von der Hochschule in eine Anstellung, vom Praktikum in ein reguläres Arbeitsverhältnis – all das ist keine Selbstverständlichkeit. Die Angst der Mitte beruht also durchaus auf realen Erfahrungen, die Teile der Mittelschicht seit einigen Jahren in der Arbeitswelt machen.

Die Sorgen um Abstieg und Statusverlust sind auch auf die allgemeine Lage auf dem Arbeitsmarkt der vergangenen Jahre zurückzuführen. Zwar werden in Boomphasen angesichts des großen Fachkräftemangels auch wieder ältere Arbeitnehmer und über längere Zeit Arbeitsuchende eingestellt, doch werden viele von ihnen beim nächsten Abschwung ihren Job wieder quittieren müssen. Zudem ist in den letzten Jahren ein riesiger Sektor schlechtbezahlter Arbeitsplätze entstanden. Forschungsinstitute wie etwa das Institut für Arbeit und Qualifikation (IAQ) an der Universität Duisburg-Essen haben anhand der gezahlten Stundenlöhne berechnet, dass inzwischen 22 Prozent aller abhängig Beschäftigten und damit 6,5 Millionen Menschen im Niedriglohnsektor tätig sind. Die Schwelle liege für Westdeutschland bei 9,61 Euro Stundenlohn und in Ostdeutschland bei 6,81 Euro. Nach dem jüngsten Armuts- und Reichtumsbericht der Bundesregierung ist sogar jeder dritte Angestellte im Niedriglohnsektor beschäftigt und kommt mit seinem Jahresverdienst nicht über die Niedriglohnschwelle von zwei Dritteln des durchschnittlichen Bruttoeinkommens. Darin enthalten sind allerdings auch Teilzeitbeschäftigungen, die nicht unbedingt schlecht bezahlt sein müssen.

Die Forscher des IAQ sprechen bereits davon, dass sich Deutschland, das Land mit dem größten Niedriglohnsektor in Kontinentaleuropa, auf dem besten Weg befinde, an die Vereinigten Staaten anzuschließen. Selbst der nach 2005 einsetzende Konjunkturaufschwung habe daran nichts geändert. Im Gegenteil: Die Rate der zu schlechten Löhnen Beschäftigten sei noch einmal leicht gestiegen. Dabei arbeiten nicht nur Geringqualifizierte zu miserablen Gehältern. Für die Mitte besonders bedenklich stimmt die Tatsache, dass nach Angaben des Instituts gut drei Viertel der im Niedriglohnsektor Beschäftigten eine abgeschlossene Berufsausbildung oder sogar einen akademischen Abschluss vorweisen können. »Im internationalen Vergleich hat Deutschland inzwischen einen hohen Anteil von Niedriglöhnen und eine fast beispiellose Ausdifferenzierung des Lohnspektrums nach unten«, stellen die Autoren des Reports fest.

Aus Sicht der verängstigten Mitte ist der Niedriglohnsektor beileibe kein attraktives Feld. Längst ist bekannt, dass, wer dort aus Mangel an Alternativen landet, keine besonders guten Chancen hat, dem Heer der Dienstleistungsproletarier wieder zu entkommen. Die unsicheren und schlechtbezahlten Beschäftigungsverhältnisse im Niedriglohnsegment können für Arbeitnehmer schnell zur Niedriglohnfalle werden. Das heißt: Wer einmal dort gelandet ist, kommt nicht so schnell wieder hoch. Die Aufstiegsmobilität der Geringverdiener hat – wie Untersuchungen über die vergangenen Jahre gezeigt haben –

in den letzten zwei Jahrzehnten erheblich abgenommen, was nach Meinung der Wissenschaftler des Instituts für Arbeits- und Berufsforschung selbst im internationalen Vergleich eine Besonderheit zu sein scheint. Wer einmal in der Niedriglohnfalle festsitzt, hat ein höheres Armutsrisiko. Und das sind ziemlich viele. Inzwischen befindet sich gut ein Fünftel der sozialversicherungspflichtigen Vollzeitbeschäftigten im Niedriglohnsektor.

Viele der Jobs, in denen sich das neue Dienstleistungsproletariat tummelt, reichen nicht aus, um ein Leben zu finanzieren, geschweige denn, eine Familie zu ernähren. Dasselbe Institut, das die konstante Ausweitung dieses Arbeitsmarktsegments beschreibt, stellte Anfang 2007 fest: »1,3 Millionen Personen bezogen im Januar 2007 SGB-II-Leistungen, obwohl sie einer Beschäftigung nachgingen.« Auch hier ist die Tendenz deutlich steigend, waren es doch über das Jahr 2005 noch weit unter einer Million »Aufstocker«, wie die schlechtbezahlten Beschäftigten im Politjargon heißen. Dass die ruhigen Zeiten des Ein-Job-fürs-Leben vorbei sind, zeigt sich zudem daran, dass inzwischen Millionen Deutsche die Verdienste aus ihrer Haupttätigkeit durch Nebenjobs aufbessern, weil es sonst nicht reicht.

Nun wäre all das für die Mitte der Gesellschaft gut zu verkraften, wenn sie im Notfall auf hinreichende Sicherheiten zurückgreifen könnte. Aber auch das ist nicht der Fall. Nicht nur, dass in Zeiten entsicherter Arbeitsverhältnisse auch der Staat seine Fürsorge um- und teilweise zurückgebaut hat. Für große Teile der Gesellschaft ist es darüber hinaus seit Jahren fast unmöglich, Vermögen zu bilden und damit auch für schlechte Zeiten vorzusorgen. Die jüngsten Zahlen dazu ergeben ein erschreckendes Bild. Zwei Drittel der Bevölkerung ab 17 Jahren – und damit auch ein Großteil der gesellschaftlichen Mitte – haben gar kein oder nur ein sehr geringes Vermögen. Denn das riesige Vermögen, das die Deutschen im Durchschnitt zu emsigen Sparern macht, ist ungleich verteilt. Der Mittelwert (Median), der die reiche Hälfte der Bevölkerung von der ärmeren trennt, liegt bei gerade mal 15 000 Euro. Und das, obwohl die Deutschen insgesamt 6,5 Billionen Euro (Jahr 2002) auf der hohen Kante haben.

Das reichste Zehntel der Bevölkerung besitzt 60 Prozent des gesamten Vermögens, das oberste Prozent, also die Mega-Reichen, vereint allein 20 Prozent des gesamten Vermögens auf sich. Ganz anders sieht es am anderen Ende aus. Die unteren 70 Prozent der nach ihrem Vermögen sortierten Bevölkerung besitzen nur einen Anteil von 10 Prozent am Gesamtvermögen. Knapp 30 Prozent der erwachsenen Bevölkerung haben überhaupt kein Vermögen oder sind mehr oder weniger tief verschuldet. So sieht es in Deutschland aus. Dass die Mitte in unsicherer werdenden Zeiten mangels Willen oder Möglichkeiten kaum Vermögen gebildet hat und darüber hinaus im Krisenfall von einem drastischen Rückbau staatlicher Leistungen getroffen wird, hat seine Wirkung auf ihre Befindlichkeit nicht verfehlt. Materielle Sicherheit ist für den überwiegenden Teil der Bevölkerung und damit eben auch für die Mitte ein Gut, über das sie nicht mehr verfügen.

Bitter für große Teile der Bevölkerung ist ihre Vermögensarmut auch noch aus einem anderen Grund. Vermögen wäre für Arbeitnehmer bei stagnierenden Einkommen selbst in Boomzeiten die einzige Art, an einer florierenden Wirtschaft zu partizipieren. Wer über keine Ersparnisse verfügt, die er am Aktienmarkt angelegt hat, an dem ist der jüngste Aufschwung vorbeigezogen. Kräftig gestiegen sind die Renditen, nicht die Gehälter. Die Mehrheit der Deutschen und damit auch große Teile der Mitte hat sich in den vergangenen Jahren nicht über Vermögenszuwächse freuen können, sondern sich über steigende Gebühren, Energie- und Lebensmittelpreise sowie die höhere Mehrwertsteuer geärgert, die ihr verfügbares Einkommen erheblich schmälern. Der Aufschwung hat ihnen keinerlei Sicherheitspolster für schlechtere Zeiten gebracht. Es wäre naiv, zu glauben, dass das für Befindlichkeit und Handeln der Masse der Bevölkerung langfristig ohne Folgen bleibt. Menschlicher Logik entsprechend muss die Mitte unser Wirtschafts- und Gesellschaftssystem im Grunde zunehmend in Frage stellen.

Abstiegsangst, Erschütterung durch Entwicklungen wie Globalisierung, Ohnmacht ob der Verlagerung von Arbeitsplätzen ins billige Ausland, trotz eigener Leistung kein garantierter Erfolg mehr – das also treibt die gesellschaftliche Mitte um. Es ist ein Gefühl des Betrogenseins, denn das Versprechen, dass sich Leistung lohne, scheint gebrochen. Die Angst vor dem Abstieg ist mitten in die Gesellschaft hineingekrochen. Auch wenn sie die tatsächlichen Veränderungen in ihren Auswirkungen überzeichnen, sind die Wahrnehmungen eines steigenden persönlichen Risikos – befeuert durch die öffentliche Debatte – Realität. Dabei ist die Angst nicht immer ein guter Begleiter. Zwar existiert das Phänomen, dass ein Zuviel an Sicherheit der Bequemlichkeit Vorschub leistet und die Kreativität, Eigeninitiative und Einsatzbereitschaft lähmt, doch gibt es auch noch andere Begleiterscheinungen. Ein Zuviel an Unsicherheit und Instabilität kann behindern, demotivieren, ersticken.

Davon wissen die Psychologen zu berichten. Die Angst vor dem Abstieg kann Menschen krank machen. Der Druck am Arbeitsplatz steigt. Stress, Überforderung, Zeitdruck und mangelnde Anerkennung – all das macht zunehmend mehr Menschen mürbe. Es sitzt ihnen nicht nur die Angst vor dem Versagen, sondern auch vor dem Arbeitsplatzverlust im Nacken. Während auf den Sofas der Therapeuten vor einigen Jahren noch in erster Linie über Ehe-, Erziehungs- und andere Lebensprobleme gesprochen wurde, geht es heute vielerorts um die Angst vor dem Arbeitsplatzverlust, dem Abstieg und den daraus folgenden privaten Schwierigkeiten. Dabei werden nicht nur Handwerker oder Bürokräfte vom großen Zittern erfasst, sondern auch das mittlere Management. Mitarbeiter, auch Führungskräfte, beginnen, sich bis hin zur Selbstverleugnung an ihre Jobs zu klammern, um Schlimmeres abzuwenden.

Angst kann aber noch viel mehr. Sie hat eine ungeheure Kraft: Sie kann, auch darauf haben verschiedene Soziologen bereits hingewiesen, politische Einstellungen verändern.

Angesichts steigender Einkommens- und Vermögensungleichheit ist Deutschlands Mitte längst davon überzeugt, es bestünden erhebliche soziale Schieflagen. Es reicht das Gefühl, dass ein solcher Abstieg jeden treffen kann. »Die Vorstellung von der verschwundenen gesellschaftlichen Mitte eilt der realen Entwicklung in Deutschland, wie sie sich etwa in der Einkommensverteilung abzeichnet, deutlich voraus. Aber nicht die empirische Evidenz ist es, die hier zählt, sondern die gefühlte Evidenz«, sagt der Berliner Soziologe und Exklusionsforscher Martin Kronauer. Die Zufriedenheit der Mittelschicht, das Vertrauen in die eigenen Chancen und ihre relative materielle Sicherheit bildeten über Jahrzehnte das Fundament für gesellschaftliche und auch politische Stabilität. Doch das Denken und Handeln der Mittelschicht verändert sich. »Die gesellschaftliche Mitte«, sagt Kronauer, »ist bekanntlich der Bereich, mit dem Menschen gerne eine

Kraft des Ausgleichs, der sozialen Integration assoziieren. Die weitverbreitete Wahrnehmung, dass die Gesellschaft in Deutschland ihre Mitte verliert, scheint mir deshalb ein untrügliches Zeichen dafür zu sein, dass sich in der Erfahrung der Menschen eine Krise des Sozialen abzeichnet, eine kritische Phase im gesellschaftlichen Zusammenleben und des gesellschaftlichen Zusammenhalts.«

Wie wird es weitergehen? Wird sich die Mitte weiter abgrenzen – vor allem nach unten? Wird sie noch in der Lage und gewillt sein, die ihr zugeschriebenen gesellschaftlichen Integrationsfunktionen wahrzunehmen? Wird sie erodieren oder sich erneuern? Oder wird sie sich weiter auffächern, bis der Begriff der »gesellschaftlichen Mitte« eine zunehmend beliebige Definitionsformel wird und alles umfassen kann oder nichts? Wird die Mittelschicht auch fortan ein Heer von Bürgern hervorbringen, die sich für die Gesellschaft ehrenamtlich zu engagieren bereit sind und damit die Grundlage für den gesellschaftlichen Zusammenhalt bilden?

An diesen Fragen wird sich entscheiden, in welcher Gesellschaft wir künftig leben werden. An diesen Fragen wird sich auch das Schicksal der Unterschicht entscheiden. »Ob sich die Unterschicht weiter verfestigen wird oder nicht«, sagt Kronauer, »hängt in den nächsten Jahren entschieden von dem Verhalten der gesellschaftlichen Mitte ab.« Wenn diese sich in ihrer Angst vor dem Abstieg noch stärker von den unteren sozialen Schichten abgrenzt, sieht es nicht gut aus für Deutschland.

4. Kapitel
Familie in Trümmern

Erst beim Abendessen fällt Jascha auf, dass sein Vater nicht da ist. Es ist ruhiger als sonst. Seine großen Geschwister sprechen kein Wort. Nur eine seiner kleinen Schwestern redet unzusammenhängende Sätze, aus denen hervorgeht, dass sie endlich ihr Brot essen will und einen Joghurt. Sie hat Hunger. »Wo ist Papa?« – Jascha fragt sehr leise, er traut sich kaum. Denn er ahnt schon, dass irgendetwas nicht stimmt. »Weg«, antwortet die Mutter apodiktisch. Und setzt hinzu: »Er wohnt nicht mehr hier.« Jascha begreift nicht, was das bedeutet. Er ist gerade einmal 7 Jahre alt. »An die Situation kann ich mich noch genau erinnern«, behauptet er. »Keiner hat geredet. Keiner hat gefragt. Es war einfach still.« Er ist sich heute nicht mehr sicher, ob sein Vater schon ein paar Tage zuvor ausgezogen ist oder just an dem Tag, an dem er seine Abwesenheit bemerkte. Denn das war der übliche Familienabend mittwochs, wie immer. Und da fiel die Abwesenheit des Vaters natürlich auf.

Nach den Umständen der Trennung wird Jascha seine Mutter niemals genau fragen. Und seine Mutter wird es auch nicht drängen, ihm oder den Geschwistern jemals davon zu erzählen. Die Beziehung zwischen Vater und Mutter ist zerrüttet. Dass sich die Eltern nicht verstehen, haben die Kinder in der letzten Zeit mitbekommen. Es herrscht oft Streit, dann folgt über Tage schlechte Stimmung. Jaschas Vater ist morgens früh schon unterwegs und kommt abends meistens spät nach Hause. Oft hat er die Kinder gar nicht gesehen. Dass er sich seit einiger Zeit schon nach anderen Frauen umschaute, hat Jascha erst später begriffen. »Ich war damals einfach zu klein. Ich habe nichts kapiert und denke auch nicht mehr, dass ich an dem Abend damals traurig war. Ich glaube, meine Mutter war es. Es war ja ihr zweiter Versuch, eine ordentliche Familie zu haben.« Die Mutter ist von einem Tag auf den anderen alleinerziehend, mit fünf Kindern im Alter von elf, neun, sieben und zwei Jahren. »Die meisten Jugendlichen wachsen heute so auf«, sagt Jascha. »Bei fast allen meiner Freunde war es nicht anders als bei uns. Der Vater ist irgendwann weg gewesen.«

Jascha sieht seinen Vater fortan nur noch alle zwei Wochen. Darauf haben sich seine Eltern immerhin einigen können. Einen von vierzehn Tagen, mehr nicht. Immer am Wochenende, samstags oder sonntags, niemals unter der Woche. Nie holt ihn der Vater von der Schule ab. Nicht ein einziges Mal wird er nachmittags mit ihm auf einen der Bolzplätze gehen. Dabei ist Jascha eigentlich ein begeisterter Fußballspieler, der auch mal in einem Club war. Allerdings nur kurz. Dann flog er raus, weil er sich an die Regeln im Training nicht halten mochte. »Mein Vater war selbständiger Handwerker. Da ging das gar nicht anders«, sagt Jascha im Nachhinein. »Er hatte immer irgendetwas zu tun.« Es ist seine Erklärung für das Arrangement zwischen den Eltern, mit dem er klarkommen muss. Aber gewünscht hätte er sich schon, dass ihn der Vater öfter zu sich holt und dass er bei ihm auch mal übernachten kann. Wenigstens hin und wieder. Hat er seinen Vater bewundert, geliebt? Jascha richtet sich auf. Er riskiert einen seiner seltenen Blicke, die nicht ins Leere gehen: »Wenn ich jetzt darüber nachdenke, dann habe ich ihn nicht wirklich gekannt.«

Für Jascha ist sein Vater der Erste, der geht und damit einen sich beschleunigenden Zerfall seiner Familie einleitet. Er bleibt zwar im Hintergrund, für Jascha aber ist er nicht greifbar. Jascha kann sich nicht daran erinnern, irgendwann einmal über etwas Ernsthaftes mit ihm gesprochen zu haben. »Bei uns wurde sowieso nicht so viel geredet«, kommentiert er lapidar. »Jeder machte sein eigenes Ding.« Auch allein ist er mit seinem Vater nie gewesen. Wenn er alle zwei Wochen einen Tag mit ihm verbringt, sind seine kleinen Schwestern immer dabei. Er richtet sich damit ein, dass es den Vater in Sparportionen gibt, aber immerhin regelmäßig. Jascha weiß, dass er Glück im Unglück hat. »Als mein Vater ging, war ich noch klein«, sagt er. »Und es war ja überall das Gleiche. Aber als Janko ging, war das für mich ein Schock.«

Es ist kurz vor Weihnachten. Jascha ist 11 Jahre alt. Eines Mittags kommt er nach der Schule nach Hause. »An den Tag erinnere ich mich genau. Es war nicht gerade kalt, die Sonne schien.« Als er die Wohnungstür aufschließen will, öffnet sie sich unvermittelt. Seine Mutter steht vor ihm – unerwartet, denn meistens ist sie nicht da. Jascha sieht sofort, dass sie geweint hat. Er erinnert sich an gerade einmal drei Worte, die sie über die Lippen bringt: »Janko ist weg.« Dann weint sie wieder, verzweifelt. »Er kommt auch nicht mehr wieder«, sagt sie noch. Mehr nicht. Sie sitzt in der Küche und hat das Gesicht in den Händen vergraben. »Dann ist sie in ihr Zimmer verschwunden und hat sich bis in den Abend hinein nicht blicken lassen«, sagt Jascha. Ihm bleibt nichts anderes übrig, als sich ebenfalls zurückzuziehen. »Ich habe meine Mutter dafür gehasst, dass sie in solchen Momenten immer die Tür hinter sich zugemacht hat«, setzt er hinzu und blickt etwas gedankenverloren auf die leere Tasse vor sich. »Ich habe ja nichts verstanden. Ich dachte nur, mein Bruder kann doch nicht einfach so gehen.« Ein paar Tage später, als er beginnt, seinen Bruder zu vermissen, hakt er bei seiner Mutter nach, will plötzlich wissen, wo der damals Fünfzehnjährige abgeblieben ist und warum er der Familie so abrupt den Rücken gekehrt hat. Er fühlt sich im Stich gelassen, irgendwie. Seine Mutter ist wortkarg, erklärt ihm nur wenig. Er sei ins Heim gezogen, hätte es zu Hause nicht mehr ausgehalten. Das sei normal, verständlich. Auch sie, die Mutter, sei schließlich im Alter von 16 Jahren von zu Hause ausgezogen.

Jascha hält sich an seine Schwester, die ihm die Dinge auseinandersetzt: Janko habe eines Tages beschlossen, dass er zu Hause nicht mehr leben könne. »Und dann sagte Janina: Wenn das so ist, dann geht man in den Kindernotdienst. Die müssen einem helfen. Und das hat er getan.« Klar wird Jascha in dieser Unterhaltung mit seiner großen Schwester auch, dass Janko schwer drogenabhängig ist. »Er hat gekifft, gekokst und was weiß ich nicht alles«, sagt er, »hat sich die Gehirnzellen aus dem Kopf geblasen.« Er ist schon früh auf härtere Drogen umgestiegen und deshalb so häufig mit der Mutter aneinandergeraten. Meistens ging es um Geld. »Heute weiß ich, dass meine Mutter ihm nicht weiterhelfen konnte und deshalb auch nicht versucht hat, ihn von seinem Auszug abzuhalten. Drogen – das ist immer noch sein Thema.« Das Jugendamt findet für Janko einen Heimplatz. Wenig später wird er von dort in eine Drogenklinik eingewiesen. »Das hat mir meine Mutter dann erzählt. Ansonsten hat sie kaum mit mir über Janko gesprochen.« Jascha erinnert sich noch, dass sie dabei erleichtert geklungen habe, voller

Hoffnung. Sie hatte den Einfluss auf ihren ältesten Sohn längst verloren.

Nicht ein einziges Mal wird Jascha seinen Bruder besuchen. Zwei Monate später kehrt er aus der Drogenklinik in seine Wohngruppe ins Heim zurück. »Ich kann mich nicht erinnern, dass er am Wochenende mal zu Hause war«, sagt er. Mit der Mutter hat er sich lange nicht ausgesöhnt. »Von dem Moment an, als er uns verlassen hat, interessierte er mich nicht mehr. Ich habe ihn aus meinem Leben gestrichen. Das hat sich nie wieder geändert.« So ist Jascha: Enttäuschungen hakt er ab, einfach so. Menschen verbannt er, ebenso wie die Erinnerungen an sie. Es ist seine Art, damit umzugehen. »Wenn ich zurückdenke, dann ist unsere Familie einfach auseinandergefallen. Wir wurden immer weniger«, sagt er lapidar und nickt. Er stellt das einfach fest, geradezu gefühllos, ohne einen Hauch von Bitterkeit oder Bedauern. »Meine Schwester ist auch irgendwann gegangen – nach dem Verschwinden meines Vaters. Und damit war auch das für mich erledigt.«

Der nächste Schock lässt nicht lange auf sich warten. Ein halbes Jahr nach dem Auszug von Janko ist auch sein Vater fort. »Ich sage immer, er ist tot. Aber er ist nicht gestorben«, erklärt Jascha. »Zumindest nicht, dass ich wüsste«, setzt er grinsend hinzu und beginnt, mit dem linken Knie auf und ab zu wippen. Der Kaffee in den Tassen zittert. Jaschas Vater hat sich einfach nicht mehr blicken lassen. Unvermittelt bricht er den Kontakt zur Familie ab. An einem Sonntagnachmittag bringt der Bruder des Vaters die Nachricht: »Euren Vater werdet ihr nicht mehr wiedersehen«, sagt er den Kindern im Flur der Wohnung. »Er ist weggezogen. Er hat mir am Telefon gesagt, dass er Berlin verlassen wird. Aber er hat nicht gesagt, wohin er geht.« Die Worte des Onkels haben etwas Endgültiges. Jascha begreift das sofort.

Die Mutter ist sprachlos. »Mit offenem Mund hat sie ihn angeguckt, hat nichts gesagt, hat meinen Onkel einfach stehenlassen und ist ins Schlafzimmer verschwunden.« Auch die Kinder wenden sich vom Onkel ab und ziehen sich zurück. Seine große Schwester schließt – wie so häufig – die Tür hinter sich. »Sie mochte meinen Vater, lieber als ihren, der sich nie um sie gekümmert hat«, sagt Jascha. Er hat gelernt, was es bedeutet, wenn seine große Schwester die Tür hinter sich schließt. Unter Androhung von Schlägen war es ihm verboten, bei geschlossener Tür auch nur zu klopfen, geschweige denn, die Tür einen Spalt weit zu öffnen. »Ich bin dann mit meinen kleinen Schwestern ins Zimmer gegangen und habe auf dem Bett gelegen. Stundenlang. Das weiß ich noch.«

Über das Verschwinden seines Vaters vergießt er keine Träne. Wieder einmal blickt er ins Leere, dann sagt er: »Abhauen ist schlimmer als sterben. Er hat uns einfach im Stich gelassen. Irgendwann werde ich ihn finden und zur Rede stellen.« Jascha steht unwillkürlich auf und guckt sich um. Das Internetcafé hat sich gefüllt. Er schaut sich häufig um, immer scheint er auf der Hut, was den Gesprächen mit ihm eine gewisse Unruhe verleiht. »Danach habe ich übrigens nie wieder geweint, also mindestens schon sieben Jahre nicht mehr«, sagt er noch, wendet sich ab und verlässt das Café. Sein Sweatshirt hängt über der Stuhllehne – ein Zeichen, dass er wiederkommen wird. Während er hinausgeht, schaut er noch einmal zurück. Seinen Tabak hat er bereits aus der rechten Hosentasche gezogen. »Dass ich nicht weine, bedeutet nicht, dass ich nicht traurig bin.«

Mit dem Verschwinden des Vaters dreht sich die Abwärtsspirale immer schneller. »Ich wurde immer aggressiver und immer öfter straffällig.« Nicht anders verläuft die

Entwicklung einer seiner kleinen Schwestern. Auch sie ist hochgradig verhaltensauffällig, prügelt sich oft, nachdem sie ihre eigenen Körperkräfte entdeckt hat, denn auch Mädchen müssen stark sein. Sie ist skrupellos, läuft über Autos, zündet gern Briefkästen an, »solche Sachen«. Warum das alles? Jascha schiebt beide Schultern vor und verschränkt die Hände vor der Brust, während er die Ellenbogen auf den Tisch stützt. »Kann ich noch einen Kaffee haben?«, fragt er.

In den nächsten Jahren begibt sich Jascha auf eine verzweifelte Suche nach jemandem, an den er glaubt. Sein Großonkel ist ihm geblieben, sonst niemand. Die Mutter, die er liebt, bekommt ihr Leben nicht in den Griff. Die Kinder entgleisen, eines nach dem anderen. Sie hat weder die Kraft noch die Durchsetzungsfähigkeit – Jascha spürt es und schwankt zwischen Traurigkeit und Verachtung. »Manchmal war ich unheimlich enttäuscht von ihr, dann wieder wütend auf sie; heute habe ich ihr gegenüber deshalb oft ein schlechtes Gewissen. Fünf Kinder – das ist nicht einfach. Das hätte ich wissen müssen. Sie trifft keine Schuld.« Seine Enttäuschung über das Versagen der Mutter verwandelt sich zunehmend in Aggression. Vorbilder sucht er sich außer Haus. Ältere Jungs wie einen seiner erwachsenen Cousins, der seit einigen Jahren zu den »Glatzen« gehört. Jascha zieht unwillkürlich die Mundwinkel nach unten. Er winkt ab. »Ein Vollidiot«, sagt er, »der nichts begriffen hat.« Ein paarmal schleppt ihn der Cousin auf Veranstaltungen der Neonazi-Szene. »Doch das hat mich überhaupt nicht angesprochen.« Jascha erinnert sich, wie einer der Redner auf einer »miesen« Veranstaltung vor dürftig besetzten Reihen versucht habe, »auf Hitler zu machen«. Er findet es lächerlich. Der Kontakt zu den Cousins bricht ab. Jascha sucht sich andere Freunde und findet sie in der Rapper-Szene. Immer wieder gerät er an die Falschen. Mit gerade 14 Jahren kann er bereits auf ein Register von über vierzig Straftaten verweisen.

An einem 1. August beschließt Jascha, zu gehen. Nichts hält ihn mehr, seit auch sein Großonkel gestorben ist und die Sonntage dort der Vergangenheit angehören. Er ist gerade 14 Jahre alt. Nachts hat er heimlich ein paar Sachen eingepackt. Die großen Ferien sind fast vorüber. Über Wochen hat er sich unendlich gelangweilt, vor allem seit Janina nicht mehr da ist. Denn auch sie hat die Familie verlassen, hat es nicht mehr ausgehalten zu Hause. Jetzt im Sommer fehlt sie Jascha, in den Ferien, in denen er sie ab und zu begleiten durfte, wenn sie sich mit ihren Freunden traf. In den Ferien fehlt ihm auch der Großonkel, den er in der endlos langen Zeit häufig besucht hatte. In jenem Sommer, in dem Jascha beschließt, seine Mutter zu verlassen, sind sie wieder nicht weggefahren. Früher, als er klein und das Geld noch nicht ganz so knapp war, hatte die Mutter die Kinder ans Meer geschickt, zu Gastfamilien. Doch das ist schon lange her. Seit ein paar Jahren haben sie Berlin nicht mehr verlassen. Das Geld, das Geld, das Geld – Jascha kann es irgendwann nicht mehr hören. Mit den großen Ferien kommt das Loch, nun schon zum zweiten oder dritten Mal. »Wenn ich darüber nachdenke, dann habe ich die Ferien gehasst, obwohl ich in der Schule eigentlich genug Probleme hatte«, stellt Jascha trocken fest. Er fährt sich mit der Hand über das Gesicht, als wollte er die Erinnerung an seinen letzten Sommer zu Hause vertreiben. Einfach auswischen. Die Freunde haben sich zerstreut, die Vormittage sind lang, die Nachmittage noch länger. Die Mutter versucht wieder einmal mit einem Lagerjob ein wenig Geld zu verdienen. Sie ist kaum zu Hause.

Dort ist die Stimmung seit Monaten zum Zerreißen

gespannt. Der Umgangston zwischen den vieren, die geblieben sind, ist rau. Jascha ist gereizt, streitet unentwegt. Immer öfter spitzt sich die Lage zu. Er prügelt sich mit seinen kleinen Schwestern, die längst gelernt haben, dass man beim Zuschlagen nicht zimperlich sein darf. Auch mit seiner Mutter gerät er wegen jeder Kleinigkeit aneinander, vielleicht weil er merkt, wie sie ihre Kinder meidet, nach getaner Arbeit nicht nach Hause kommt. »Ich glaube, sie wollte einfach nichts mehr davon wissen, wie es mit mir weiter bergab ging.«

Ein letztes Mal hatten sie sich drei Wochen vor seinem Auszug zusammengesetzt. In einer seiner ruhigeren Minuten. Sie hatten gemeinsam über neue Grenzen und Regeln gesprochen, die wenigstens das Zusammenleben einfacher machen sollten. Darum, was Jascha nachmittags und abends auf der Straße trieb, ging es schon gar nicht mehr. Jascha sollte sich darauf konzentrieren, seine Aggressionen gegenüber den Schwestern und der Mutter, dem kläglichen Rest seiner Familie, in den Griff zu bekommen. »Aber ich wollte weg. Ich konnte einfach nicht mehr ertragen, wie unsere Familie weiter kaputtging. Ich wollte unbedingt, dass sich die Lage beruhigt und ich nicht auch noch meiner Mutter an die Gurgel gehe.«

Das wäre fast passiert, am Vorabend der Nacht, in der er den Entschluss fasst, am nächsten Morgen auszuziehen. »Da habe ich das erste und einzige Mal meiner Mutter gegenüber die Faust erhoben. Ich habe sie bedroht, plötzlich die Angst in ihren Augen gesehen und mich erschrocken.« In dem Moment wird Jascha klar, dass es zu Hause nicht mehr weitergeht. Doch ist es nicht die Enge, die ihm die Luft abschnürt. Rasend macht ihn die zunehmende Gleichgültigkeit seiner Mutter, die womöglich aus Enttäuschung über die zerplatzte Illusion eines funktionierenden Familienlebens von den Kindern zunehmend Abstand nimmt.

An jenem Morgen des 1. August sitzt er für einen kurzen Moment allein in der Küche. Unvermittelt steht er auf, geht in sein Zimmer und holt seine zwei Taschen. Seiner Mutter begegnet er im Flur. Sie sieht ihn fragend an. »Du wirst in den nächsten Tagen einen Brief vom Jugendamt bekommen«, sagt er ihr. »Dann weißt du, wo ich bin.« Mehr sagt er nicht. Er geht. Der leere Blick seiner Mutter ist ihm im Gedächtnis geblieben. »Sie hat mich einfach nur angeschaut, hat jede meiner Bewegungen verfolgt. Sie hat kein Wort gesprochen. Sie hat überhaupt nicht reagiert. Eigentlich war es beängstigend.«

Als Jascha an jenem Morgen im August mit seinen Taschen auf der Straße steht, wird er unsicher. Doch die Wut auf seine Familie, die immer weiter zerfällt, und vor allem auf seine Mutter ist stärker als seine Unsicherheit. Hatte er insgeheim gehofft, dass seine Mutter versuchen würde, ihn von seinem Auszug abzuhalten? »Ich weiß es nicht«, sagt er kopfschüttelnd. »Sie hat mich einfach gehen lassen, weil sie wusste, dass es besser war.« Zu Hause – das weiß er – gibt es für das Zusammenleben keine Lösung. Er muss weg, fort von der Familie, raus aus dem Viertel, weit weg von seinen Freunden. Seine Schwester ist gegangen, sein großer Bruder Janko auch. Ein paar Monate hat er in einem Heim verbracht, dann kam er zurück nach Hause. Für kurze Zeit war es besser, dann aber ist er wieder fortgegangen, zurück in seine Wohngruppe.

Jascha geht zunächst zum Kindernotdienst; so haben es seine Geschwister auch gemacht. Er weiß genau, in welcher Straße sich das Haus befindet. Er klingelt. »Die sind dort sehr freundlich. Wollen ziemlich schnell wissen, was los ist. Viele Worte braucht man nicht zu machen. Ich habe einfach gesagt, ich könne nicht mehr zu Hause leben. Ich hätte Angst, irgendwann meiner Mutter an den Hals zu springen.« Verkehrte Welt – eigentlich muss der Kindernotdienst die Kindeswohlgefährdung prüfen und zu verhindern suchen, nicht die Gefährdung der Eltern. Jascha nennt seinen Namen, der den Mitarbeitern des Kindernotdienstes vieles verrät. Die älteren Geschwister sind auch dort gewesen, die Familie ist längst keine unbekannte mehr. Nun also der Dritte. Die Mutter hat die älteren Kinder ziehen lassen. So etwas setzt sich fort, von einem zum nächsten, die Kinder lernen voneinander – eine Frage der Sozialisation.

Der Kindernotdienst informiert Jaschas Mutter, die tatsächlich einige Stunden später zum Gespräch erscheint. Da sitzt ihr schmächtiger Sohn, blass wie immer. Und stur, weicht keinen Deut von seinen Plänen ab. Nie wieder nach Hause! Was, wenn er einen Wutausbruch bekommt und seiner Mutter etwas antut? Am Ende einigen sich alle darauf, dass Mutter und Sohn in den nächsten Tagen das Gespräch mit einem Mitarbeiter des Jugendamts suchen. Das Jugendamt wird ihm später einen Heimplatz zuweisen. »Sofort war das nicht möglich, denn es war nichts frei«, erzählt Jascha. Deshalb geht er am Tag seines geplanten Auszugs mit seiner Mutter wieder nach Hause – ein letztes Mal Familie für zwei Wochen. Dass er sich immerhin darauf einlässt, hat die Mitarbeiter des Kindernotdienstes an die Grenzen ihrer Überredungskünste gebracht. Auf dem Heimweg spricht er kein Wort mit seiner Mutter. Denn so hat er sich seinen Auszug nicht vorgestellt, irgendwie sollte alles ein bisschen triumphaler zugehen.

Zu Hause zurückgeblieben sind nur die Zwillinge, die den morgendlichen Abgang des Bruders überhaupt noch nicht begriffen haben. Sie hocken in ihrem Zimmer vor der Playstation. »Ich habe ihnen dann erklärt, warum ich ausziehen muss«, sagt Jascha. »Sie haben mich feindselig angeschaut und dann gesagt: Dann geh doch!« Jaschas Mutter ist, wie schon im Falle ihrer beiden älteren Kinder, mit seinem Auszug einverstanden. Der Termin beim Jugendamt verläuft problemlos. »Meine Mutter hat in den Gesprächen eigentlich meistens zugehört, sie hat nicht versucht, mich von irgendetwas abzuhalten. Das hat sie auch bei Janina und Janko nicht getan. Sie hat kaum etwas gesagt.« Niemand redet viel in Jaschas Familie. Ob sie ihn womöglich loswerden wollte? »Ich weiß es nicht.«

Zwei Wochen später, mit Beginn des neuen Schuljahrs nach schier endlos langen Sommerferien, zieht Jascha ins Heim. Das Jugendamt kümmert sich auch um eine neue Schule. Der Gesamtschule, die Jascha vorher besucht hat, folgt der Abstieg in eine Hauptschule. Kinder wie Jascha unterzubringen ist nicht einfach. Die Schulen wehren sich, wie sie nur können. Sie haben sowieso schon zu viele Problemfälle. Jascha wartet. Die Tage verbringt er überwiegend in seinem Zimmer. Dort gibt es keinen Computer, keine Playstation. Ein Fernseher steht nur im Gemeinschaftsraum und wird vor 18 Uhr nicht eingeschaltet. Aus lauter Langeweile fängt Jascha an zu lesen. Es ist der erste Band von Harry Potter, den ihm eine der Sozialarbeiterinnen, die für die Gruppe aus der Bahn geratener Heimjugendlicher zuständig ist, in die Hand gedrückt hat. Bald braucht er den zweiten, den dritten. »Ich habe nie wieder so viel gelesen«, lautet sein Kommentar. Ein wenig Stolz schwingt mit.

Alsbald findet er sich in einer neuen Schule wieder. Zum ersten Mal ist er allein, steht vor einer Klasse, in der er niemanden kennt. Jetzt fehlen sie ihm, seine ungute Freunde, mit denen er die Schulen und Straßen seines

Viertels jahrelang unsicher gemacht hat. Für einen kurzen Moment sehnt er sich zurück. Ganz plötzlich wird ihm das bewusst. Allein – das kennt er gar nicht. Es ist kein gutes Gefühl, das ihn beschleicht, als der Lehrer ihn der Klasse vorstellt. Stumm blicken die neuen Mitschüler ihn an, mustern ihn abschätzig. »Das dachte ich damals jedenfalls«, erzählt er. Jascha ist sich sicher, dass sich längst herumgesprochen hat, was für ein Typ er ist, eines dieser »Heimkids« eben, die in Jugendkreisen so oder so nicht den besten Ruf genießen. Seine neue Klasse besteht zur Hälfte aus »Ausländern« – das bemerkt Jascha sofort. Mit einem unguten Gefühl setzt er sich an einen der Tische, die ihm der Lehrer zeigt. Er blickt in die Gesichter seiner Nachbarn – aber nur kurz. Sein Magen zieht sich zusammen. In diesem Moment beginnt er zu ahnen, was ihm in der neuen Klasse noch bevorsteht.

Familie hat auch in der Unterschicht einen hohen Wert. Kinder geben dem Leben einen Sinn. Mit den Kindern verbinden sich Hoffnungen, Sehnsüchte und Wünsche – mit jeder weiteren Geburt immer wieder aufs Neue. Dass über die Jahre vor allem die materiellen Zwänge und die Perspektivlosigkeit die Familien der Unterschicht ganz erheblich unter Stress setzen, dass daran dann am Ende viele Familien zerbrechen, dass Hoffnungen sterben, Sehnsüchte erlöschen – das alles hat mit dem Stellenwert der Familie in der Unterschicht zunächst einmal nicht viel zu tun. So hat das Institut für Demoskopie Allensbach in der Studie Generationenbarometer festgestellt, dass für immerhin 69 Prozent der Unterschicht die Familie den wichtigsten Lebensbereich darstellt, wichtiger noch als Beruf, Freunde und Hobbys. Damit unterscheiden sich sozial benachteiligte Milieus kaum von der Mittel- und

Oberschicht, in denen 73 Prozent die Familie an erste Stelle setzen.

In der Unterschicht empfinden die repräsentativ Befragten die Familie vor allem als ein Netzwerk von Menschen, die sich gegenseitig beistehen. Die persönliche Erfahrung, dass ihnen in finanziellen Krisen von anderen Familienmitgliedern geholfen wurde, haben viele Angehörige der Unterschicht gemacht. Allerdings verfehlt die schwierige materielle Lage ihre Wirkung auf das Zusammenleben in den Familien nicht. Familie ist kein Idyll. Auch das zeigt die Befragung. Es gibt häufiger Streit ums Geld als in anderen Schichten, was als Umfrageergebnis nicht wirklich überrascht. Außerdem herrschen rauere Umgangsformen. Konkret: In der Unterschicht wird mehr geschlagen und weniger gelobt als in den Familien, die weniger benachteiligt sind. Immerhin geben 45 Prozent aus den sozial schwachen Milieus an, schon körperlich gezüchtigt worden zu sein. In der oberen Gesellschaftsschicht sind dies nur 23 Prozent. Was das Loben und den Zuspruch angeht, ist das Verhältnis in etwa umgekehrt.

Gerade die Sehnsucht nach einem harmonischen, von Solidarität und Fürsorge geprägten Familienleben unter schwierigen materiellen Bedingungen setzt das labile Beziehungsgefüge zwischen den einzelnen Familienmitgliedern immer wieder unter Druck. Angesichts der in der Unterschicht eher begrenzten Möglichkeiten des selbstbestimmten Handelns erscheint zumindest die Familie als ein Feld, auf dem die Eltern etwas zu sagen haben und ihre unmittelbare Umwelt gestalten können. Damit verbinden sich Hoffnungen. Diese dann allerdings langfristig Wirklichkeit werden zu lassen wird zu einem besonders schwierigen Unterfangen. Die Probleme drücken von allen Seiten: zu viele Kinder, schwierige Viertel, zu kleine

Wohnungen, finanzielle Nöte, schlechte Netzwerke, Ablehnung allerorten, Überforderung der Eltern, von denen sich viele schon deshalb deklassiert fühlen, weil sie an ihrer Ernährerrolle scheitern.

Aus dieser Gemengelage entsteht statt der erhofften harmonischen Familie häufig ein Teufelskreis aus überhöhten Erwartungen, enttäuschten Hoffnungen, mangelnden Ressourcen und weiter abnehmendem Selbstwertgefühl. Die Aggressionen nehmen überhand. Am Ende steht dann häufig der Bruch, oft zwischen den Eltern, aber auch zwischen Eltern und Kindern. Die Familie zerfällt – mit gravierenden Belastungen für alle Beteiligten, vor allem für den Nachwuchs. Hier muss man allerdings anmerken, dass der familiäre Zerfall nicht ausschließlich ein Phänomen der Unterschicht ist. Trennungen, Scheidungen, Auseinandersetzungen um Sorgerecht und Unterhalt finden überall in der Gesellschaft statt. Ihre Zahl steigt. Etwa ein Fünftel aller Kinder in den alten und sogar ein Drittel in den neuen Bundesländern wächst nicht mit beiden leiblichen Eltern auf. Dass dies für Eltern und Kinder unabhängig von ihrer sozialen Herkunft mit erheblichen Belastungen verbunden ist, steht außer Frage. Wie gut die Betroffenen damit klarkommen, hängt allerdings ganz entscheidend von ihren Möglichkeiten ab, Übergänge zu gestalten. Die materiellen Verhältnisse, das Bildungsniveau, der Beruf und die sozialen Netzwerke sind die entscheidenden Faktoren dafür, wie das Auseinanderbrechen der Familien erlebt und wie damit umgegangen wird. Die Möglichkeiten in benachteiligten Schichten sind begrenzt. Schon das niedrige Einkommen erhöht die Gefahr von Kindern wie Jascha, an dem Zerbrechen der Familie langfristig Schaden zu nehmen.

Bevor wir uns Gedanken zur Bedeutung funktionierender Familien, ihrer Bedrohung und den Folgen machen, wollen wir zunächst einen Blick darauf werfen, wo die meisten Kinder anzutreffen sind. Wenn Kinder dem Leben einen Sinn geben, dann wird verständlich, warum in Deutschland Kinderreichtum in der Unterschicht anzutreffen ist, obwohl gerade dort die materiellen Voraussetzungen fehlen, die unabdingbar sind, um hierzulande Kinder großzuziehen. Trotzdem ist die Tendenz eindeutig: Kinderreichtum findet man in der Ober- und Unterschicht, die wenigsten Kinder haben dagegen die Frauen und Männer der Mittelschicht. Das hat – neben den oben beschriebenen emotionalen Aspekten – auch ökonomische Gründe. Für die Bezieher mittlerer Einkommen herrscht ganz eindeutig ein Konkurrenzverhältnis zwischen Kindern und Wohlstand. Viele Kinder bedeuten hier aufgrund der Kosten, die sie verursachen, tatsächlich einen gewissen Wohlstandsverlust. Kinder bringen für die Eltern materielle Einbußen mit sich. Mehr als ein oder höchstens zwei Kinder kann oder möchte man sich eben »nicht leisten«.

Aus Sicht ambitionierter Mittelschichtfamilien ist diese Einstellung verständlich. Wenn man bedenkt, dass gerade Mittelschichteltern ihren Kindern wirklich etwas bieten wollen – angefangen von einer guten Ausbildung bis hin zu sinnvollen Hobbys und gemeinsamen Urlauben –, dann ist die ökonomische Abwägung nachvollziehbar. Da das Ökonomische gerade in der Mittelschicht eine bedeutende Rolle spielt, weil das Geld nun einmal nicht im Überfluss vorhanden ist, lässt sich sagen, dass die Entscheidung, Kinder großzuziehen, hier ökonomisch im Grunde irrational ist. Kinder kosten Geld, und das ist spürbar; ihr Nutzen hingegen ist vor allem immaterieller Art. Die Folge: Die Mittelschicht verzichtet.

In der Oberschicht, in der Familien häufig drei oder

sogar mehr Kinder haben, fallen die finanziellen Aspekte kaum ins Gewicht. Die Frage, wie viele Kinder man sich »leisten« kann, ist dort unerheblich, weil die Einkommen hoch genug sind. Dort zählt einzig, wie sehr man Kinder mag.

Ganz anders aber verhält es sich in den sozial benachteiligten Familien der Bevölkerung. Hier werden die Kinder aus Sicht der Eltern zu einem Einkommensfaktor. Mehr Kinder bedeuten in ihrer Wahrnehmung in der Regel auch mehr Geld. Allein das Kindergeld von derzeit 154 Euro im Monat erhöht das geringe Haushaltseinkommen der Eltern beträchtlich. Im Fall von Arbeitslosigkeit bedeuten Kinder in jedem Fall mehr Sozialleistungen. Hinzu kommt der Kinderzuschlag von bis zu 140 Euro, wenn das Einkommen der Eltern gerade mal ihren eigenen Mindestbedarf, nicht aber den der Kinder deckt. Nicht selten kommt den Kindern die staatliche Unterstützung nur zu einem Teil zugute, was aus Sicht deklassierter Eltern genau den vermeintlichen Budgetvorteil für die gesamte Familie ausmacht. Verstärken würde sich dieses Phänomen sicher noch, wenn von 2013 an bundesweit die sogenannte Herdprämie, also ein Betreuungsgeld je Kind, gezahlt würde. Wer seine Kinder tagsüber zu Hause betreut, dem sollen je Kind noch einmal 150 Euro im Monat zufließen. Was hier politisch durchaus gut gemeint ist, könnte in Teilen der Gesellschaft unerwünschte Folgen haben. In der Unterschicht verstärkte sich damit die Rolle der Kinder als Einkommensfaktor für die ganze Familie weiter. Die häufig geäußerten Befürchtungen, Kindern vor allem sozial benachteiligter Familien würde der gerade dort so dringend notwendige Aufenthalt in einem Kindergarten zugunsten der Erhöhung des Haushaltseinkommens vorenthalten, sind nicht ganz von der Hand zu weisen.

In Thüringen ist dieses Modell seit 2006 bereits Realität. Das Land hat seine Kleinkindförderung radikal umgestellt und zahlt zwischen dem zweiten und dritten Lebensjahr eines jeden Kindes, das zu Hause betreut wird, einkommensunabhängig 150 Euro für das erste, 200 Euro für das zweite und 300 Euro für das dritte Kind. Die Folge: Weniger Eltern schicken ihre Zweijährigen seither in Betreuungseinrichtungen. Die sehr hohe Betreuungsquote ist innerhalb nur eines Jahres – entgegen dem Bundestrend – um mehr als 6 Prozent gesunken. Darüber, welche sozialen Schichten in welcher Weise reagierten, streiten sich die Landespolitiker. Der Jenaer Erziehungswissenschaftler Roland Merten warnt allerdings: »Das Thüringer Modell des Betreuungsgeldes ist ein Irrweg. Es stellt für Eltern einen handfesten finanziellen Anreiz dar, ihr Kind nicht in pädagogische Einrichtungen mit dem entsprechenden Personal zu geben. Aus ökonomischer Not werden diesen Kindern pädagogische Angebote vorenthalten, und zwar besonders stark in den unteren sozialen Einkommensschichten, die auf jede Form der Verbesserung ihrer finanziellen Situation angewiesen sind. Dabei ist gerade hier die pädagogische Förderung von Kindern eine der dringendsten Zukunftsaufgaben unserer Gesellschaft.« So nähren alle auf Kinder bezogenen direkten Geldleistungen des Staates gerade in den benachteiligten Familien die Illusion, dass Kinder buchstäblich wohlhabender machen. Dabei reichen weder Kindergeld noch Kinderzuschlag oder Betreuungsgeld aus, um Kinder heute für die Zukunft zu wappnen. An den Kindern der Unterschicht fließt der finanzielle Strom auch noch weitgehend vorbei. Sie sehen nur einen Bruchteil dessen, was ihnen eigentlich zustünde.

Halten wir vorerst fest: Die Zahl der Geburten in

Deutschland ist über die letzten Jahrzehnte gesunken. Kinderreichtum ist vor allem in den unteren, sozial benachteiligten Familien anzutreffen. Die Unterschicht vermehrt sich überproportional. Sie wird also wachsen, wenn es nicht gelingt, zu verhindern, dass aus Unterschichtkindern Unterschichterwachsene werden. Gerade in den sozial benachteiligten Schichten aber kann Familie nicht das leisten, was sie leisten müsste, um den eigenen Kindern Zukunftschancen zu eröffnen. Die Familie ist die Keimzelle der Gesellschaft. Diese Aussage ist so unendlich oft wiederholt worden, dass sie banal erscheint. Doch wer die Geschichte von Jascha und seinen Zeitgenossen im Hinterkopf behält, der weiß um die Bedeutung dieser Feststellung. Fraglich ist, was genau in diesen Keimzellen heranwächst.

Familien – in welcher Form auch immer – sind das soziale Umfeld, in dem Kinder die ersten prägenden Erfahrungen ihres Lebens machen. Dort lernen sie, und am Anfang ihres Lebens auch nur dort. Dabei geht es nicht nur um kognitive Fähigkeiten, sondern um ihre Persönlichkeit als Ganzes. Sie lernen aus dem Zusammenleben, aus jeder Interaktion zwischen Eltern und Geschwistern. Mit anderen Worten: »Das Kind lernt und entschlüsselt jede Interaktion und versucht, jedes (intendierte und nicht intendierte) Umweltangebot spätestens ab Geburt mit Sinn zu versehen, ob es nun gefüttert oder gewickelt oder mit ihm kommuniziert und gespielt wird«, schreiben die Forscher im 7. Familienbericht der Bundesregierung. Dabei – das weiß man nicht zuletzt aus der Neurobiologie – haben Kinder feinste »Sensoren«, um aus jeder einzelnen Interaktion zu lernen. Schon von Geburt an registrieren sie, ob sie lediglich versorgt oder wirklich begleitet werden.

Familie bedeutet für jeden Einzelnen eine enorm wichtige Ansammlung von Ressourcen, die nicht nur materielle, sondern auch soziale und psychische Aspekte umfassen. Funktioniert die Familie nicht, fällt sie auseinander, dann bedeutet das schon in diesem kleinen, aber wichtigen Lebenszusammenhang eine Anhäufung negativer Erfahrungen, die fürs Leben prägen und zu kumulativen Benachteiligungen insgesamt führen. Was also bietet die Familie? Im 7. Familienbericht der Bundesregierung werden als wichtige Ressourcen nicht nur Einkommen und Wohnen genannt, sondern natürlich auch die Bildung in der Familie, die Zeit der Familienmitglieder füreinander, die Gesundheit, das soziale Kapital, also etwa die Einbindung der einzelnen Familienmitglieder in die Nachbarschaft, in Verwandtschaft und weitere Netzwerke, in denen Kinder lernen können und von denen sie später profitieren.

Wir alle wissen, dass Familien in den unteren Schichten mit jeder einzelnen Ressource schlechter ausgestattet sind als die Mehrheit der Gesellschaft. Oder schlimmer noch: Viele der vermeintlichen Ressourcen verkehren sich in ihr Gegenteil. Sie geben den einzelnen Familienmitgliedern keine Kraft, sondern absorbieren ein Höchstmaß an Energie. Im Falle unseres Protagonisten, der seine ganze Energie darauf verwendet, in seinen sozialen Netzwerken zu überleben, wird das überdeutlich. In seine Familie konnte und kann er nicht zurückkehren, um einfach »Kraft zu tanken«. Wenn Kinder und Jugendliche in den Familien der Unterschicht nur in ganz geringem Maße oder gar nicht auf derlei Ressourcen zurückgreifen können, liegt auf der Hand, dass sie schlechter ins Leben starten und diesen Nachteil über die Jahre wie ein auf den Rücken geschnalltes, immer weiter beschwertes Bündel mit sich herumtragen. Greifen wir nur einige wenige Aspekte heraus, die die Ressourcenarmut in deklassierten Familien deutlich machen.

Die Ressource Bildung: Auf diesem Feld beginnt das Versagen der Unterschichtfamilien häufig schon bei der einfachsten aller Aufgaben, der Kommunikation. In armen Familien wird vergleichsweise wenig gesprochen. Unumstritten ist in der Forschung längst, dass Familien für die Bildung des Humanvermögens eine enorme Bedeutung haben. In Familien wird vielfältiges Wissen auf vielfältige Weise vermittelt, zum Beispiel durch Gespräche und Unterhaltungen. Nun kommt die Unterhaltung in den Familien der Unterschicht häufig zu kurz. In ihrem eigenen Überlebenskampf und der Perspektivlosigkeit, durch die schwierige Bewältigung des Alltags verlieren Eltern die Bedürfnisse der Kinder schnell aus dem Blick. Sie fragen nicht nach, sie erklären nicht, sie wollen nichts wissen, sie muntern nicht auf, sie feuern nicht an, sie loben nicht.

Die Wortkargheit der Eltern trifft deren Kinder oft schon im Babyalter. So fanden amerikanische Forscher in einer Langzeitstudie bereits in den neunziger Jahren heraus, dass der Wortschatz von Kindern mit ihrer Zugehörigkeit zu einer bestimmten sozialen Schicht dramatisch variiert. Kinder der Mittelschicht beherrschen mit drei Jahren einen gut doppelt so großen Wortschatz wie Kinder aus den Unterschichtfamilien. Der Intelligenzquotient differiert entsprechend. Mittelschichteltern äußerten sich der Studie nach fast dreimal so häufig ihren Kindern gegenüber wie die Eltern der Unterschicht. »Dieser massive Unterschied im Verhalten der Eltern unterschiedlicher Schichten hat uns überrascht«, kommentierten die Forscher ihre Ergebnisse unter der Überschrift: »The Early Catastrophe«. Kindern in Sozialhilfe-Familien entstünden damit schwerwiegende Nachteile, die nur durch ein paar zusätzliche Unterrichtsstunden nicht mehr wettgemacht werden könnten.

Ein Kind aus der Oberschicht höre von seinen Eltern bis zum dritten Lebensjahr etwa 30 Millionen Wörter mehr als ein Kind aus dem Sozialhilfe-Milieu.

Das Fatale daran ist, dass das Ausmaß der Kommunikation in der frühen Kindheit die Intelligenzentwicklung enorm beeinflusst und damit natürlich im weiteren Verlauf des Lebens auch den Erfolg in der Schule, Ausbildung und im Beruf. Ganz einfach: Kinder, mit denen nicht viel gesprochen wird, sind dümmer. Hinzu kommt der Inhalt der Äußerungen. Kinder aus der Mittel- und Oberschicht werden offenbar viel häufiger ermutigt, Kinder aus der Unterschicht von ihren Eltern eher mit Verboten und Entmutigungen bedacht. Auch das verfehlt seine Wirkung im späteren Leben der Kinder und Jugendlichen nicht. Es besteht ein enger Zusammenhang zwischen dem familiären Umfeld, der Intelligenz und den Kompetenzen der Kinder.

Die Forschung beschäftigt sich schon lange mit der Frage, ob die Intelligenz des Nachwuchses mit der Zugehörigkeit zu einer bestimmten sozialen Schicht variiert. Zieht man den Intelligenzquotienten als Intelligenzmaß heran, dann scheint es – bei allen Zweifeln, die der IQ zur Messung der Intelligenz auf sich ziehen muss – in der Tat einen Zusammenhang zwischen sozialer Schicht und der Intelligenz der Kinder zu geben. Intelligenz baut sich über Jahre auf; ihre Entwicklung ist stark abhängig von den Familienverhältnissen, in denen Kinder aufwachsen. Und so schließt sich der Kreis: Kinder aus benachteiligten Familien werden nicht dümmer geboren, sie werden nur nicht gefördert. Sie sind in der Regel vor allem deshalb weniger intelligent, weil die ihnen angeborenen Fähigkeiten weit weniger entwickelt werden.

Eine weitere amerikanische Studie hat genau dies in einem positiven Zusammenhang gezeigt. Im Rahmen der Untersuchung wurden Mütter aus benachteiligten Familien in New York über Jahre motiviert, ihren Kindern regelmäßig vorzulesen. Mit verblüffendem Ergebnis: Beim Übergang in die Highschool zeigten just diese Kinder ein ähnliches Leistungsprofil wie ihre Altersgenossen aus den besseren Familien.

Die Ressource Gesundheit: Hier kommt der Familie eine Schlüsselrolle zu. In sozial benachteiligten Familien werden ungesündere Kinder geboren. Auch diese Behauptung ist kein Klischee, sondern brutale Realität. Die schlechten gesundheitlichen Voraussetzungen, mit denen Kinder der Unterschicht ins Leben starten, nehmen schon vor der Geburt ihren Anfang. Familien, die aus Unwissenheit oder auch durch selbstverschuldetes Fehlverhalten – Nikotin- und Alkoholkonsum während der Schwangerschaft sei hier als ein Beispiel genannt – ihren Kindern einen gesundheitlich belasteten Start ins Leben bereiten, bürden diesen über ihre gesamte Lebenszeit eine schwere Hypothek auf. Doch dabei bleibt es nicht. Die Kinder aus den Unterschichtfamilien sind in der Regel schlechter ernährt, sie sind dicker und fühlen sich weniger wohl. So können gesellschaftliche Verhältnisse, in die man hineinwächst, buchstäblich krank machen, wie Klaus Hurrelmann, Professor für Sozial- und Gesundheitswissenschaften in Bielefeld, meint.

Gesundheit ist einer der Lebensbereiche, die durch die anderen Ressourcen wie Einkommen und Bildung maßgeblich beeinflusst werden. Im Grunde ist sie das Spiegelbild dessen. Hurrelmann sagt dazu: »Die soziale Ungleichheit von Gesundheit und Krankheit durchzieht ... die gesamte Sozialstruktur einer Gesellschaft. Der Zusammenhang ist in der Regel linear ... Mit jeder Stufe, die in der sozialen

Hierarchie hinabgegangen wird, steigt das Risiko frühzeitiger Sterblichkeit und der Häufigkeit von Krankheit und Behinderung stufenweise an.« Fatal erscheinen dabei vor allem die gesundheitlichen Startbedingungen ins Leben, wie sie in benachteiligten Familien allzu häufig anzutreffen sind. Sind die Bedingungen schlecht, setzt sich dies in den späteren Lebensjahren fort, und Krankheiten im Erwachsenenalter häufen sich. »Die meisten Krankheiten haben eine lange Entstehungsgeschichte, und eine beeinträchtigte Gesundheit im Erwachsenenalter ist häufig auf die gesundheitliche Lage im Kindesalter zurückzuführen«, meint der Forscher. Ein durchgängig schlechter Gesundheitszustand verbaut in erheblichem Ausmaß gesellschaftliche Chancen. Und das schon von Kindesalter an. Auch hier kommt es zu einem Teufelskreis, in dem materielle und immaterielle Armut krank machen und Krankheit arm, wenn die Familie in Sachen Gesundheit versagt.

Die Ressource Zeit: In deklassierten Schichten mangelt es an vielem: an Geld, an Bildung, an Gesundheit oder auch an sozialen Netzwerken. Woran es gerade nicht mangelt, so könnte man meinen, ist die Zeit. Anders als in wohlsituierten Mittelschichtfamilien, in denen womöglich beide Elternteile berufstätig sind und sich die Kontakte mit den Kindern im Alltag auf ein Minimum reduzieren, gibt es in deklassierten Schichten reichlich Zeit. Wenn Mütter oder Väter zu Hause sind, weil sie keine Arbeit haben, hätten sie genügend Zeit, sich um ihren Nachwuchs zu kümmern. Doch genau das geschieht gerade nicht. Nicht umsonst beklagen sich vor allem die Kinder der Eltern mit prekärer Bindung zum Arbeitsmarkt über mangelnde Zuwendung. Sind dagegen beide Eltern berufstätig, halten sich die Beschwerden der Kinder über elterlichen Zeitmangel sehr viel stärker in Grenzen.

In transferabhängigen Familien wie der Jaschas, wo die Mutter wahrscheinlich die Zeit gehabt hätte, sich am Nachmittag mehr um ihre Kinder zu kümmern, ist die Ressource Zeit kein Vorteil. Ob das mit fehlender Bildung oder gar dem nicht existenten Wissen um die Bedeutung der elterlichen Zeit für die kindliche Entwicklung zu tun hat, mit einer mangelnden Lebensperspektive oder einfach mit Überforderung, sei dahingestellt. Zeit mit Kindern zu verbringen ist nicht nur bereichernd, sondern häufig auch ein wahrer Kraftakt. Wahrscheinlich nimmt Jascha seine Mutter zu Recht immer wieder in Schutz. Alleinerziehend mit fünf Kindern – das ist derart kräftezehrend, dass allem guten Willen zum Trotz die Energie nicht reicht, um Zeit mit den Kindern zu verbringen. Der Familienbericht der Bundesregierung lässt keinen Zweifel daran, dass die Zeit für die Betreuung der Kinder mit steigendem Einkommen zunimmt. Die Tatsache, dass selbst bei der Ressource Zeit die Kinder der Unterschicht ganz offensichtlich schlechter dastehen als ihre Altersgenossen in bessergestellten Milieus, offenbart das ganze Ausmaß der familiären Misere.

Dreh- und Angelpunkt der genannten familiären Ressourcen ist und bleibt das Geld. Immer mehr Familien finden sich in ungünstiger Lage wieder. »Eine stetig steigende Zahl von Familienhaushalten in Deutschland muss ihren Alltag in prekären Einkommenslagen gestalten«, stellten die Sozialforscher im jüngsten Familienbericht fest. Stimmt die materielle Ausstattung der Familie, dann ist es sehr wahrscheinlich, dass auch an anderen Ressourcen weniger Mangel herrscht. Dann entsteht in der Regel jenes Umfeld, in dem sich die Kinder entfalten und eine eigene Lebensperspektive entwickeln können, auch wenn sich Eltern auseinanderleben und Familien zerbrechen. Fehlt es hingegen an Geld, an Bildung, an Gesundheit, an sozialen Kontakten oder gar am Glauben an die Zukunft, dann kann das Abenteuer Familie nur schwerlich gut ausgehen. Jaschas Familie ist freilich ein Extremfall. Zwar wachsen 36 Prozent der Unterschichtkinder bei einem alleinerziehenden Elternteil auf, doch dass die Kinder solcher Familien am Ende in Heimen landen, ist die Ausnahme. Nur 0,5 Prozent der Kinder in Deutschland sind in Heimen oder nicht familiären Wohnformen untergebracht. In Jaschas Familie kommt es nicht nur zum Bruch, sondern zu einer totalen emotionalen Entfremdung. Für ihn ist die Familie längst gestorben.

Vielleicht werden Sie jetzt einwenden: Dies alles ist kein rein deutsches Phänomen. Womöglich werden Sie sagen, dass es ungleiche Chancen seit jeher gegeben hat und damit immer auch das Spiel des Schicksals, in die »richtige« oder »falsche« Familie hineingeboren zu sein. Natürlich haben Sie recht. In vielen Industrienationen – von Amerika ganz zu schweigen – sind die Phänomene und Auswirkungen gesellschaftlicher Ungleichheit bekannt. Doch darf uns der Blick über die Grenzen Deutschlands hinweg beruhigen, wenn wir die Folgen der wachsenden sozialen Ungleichheit auf unsere Kinder überdenken?

Die steigende soziale Ungleichheit führt dazu, dass Kinder unter sehr unterschiedlichen Lebensbedingen aufwachsen. Familien, die im Zuge des wirtschaftlichen Wandels auf der Verliererseite landen, können die Auswirkungen der ökonomischen Spaltung auf die Zukunftschancen ihrer Kinder überhaupt nicht auffangen. Selbst dann nicht, wenn die Familien »funktionieren«. Nach Meinung des Familienforschers Bertram hängen in einer Wissensgesellschaft, zu der sich Deutschland wandelt, die Entwicklungschancen von Kindern und ihre Möglichkeiten, ihre Zukunft zu gestalten, nicht mehr allein davon ab, dass ihre Eltern ihnen ein verlässliches familiäres Umfeld schaffen, selbst wenn das eine der wichtigsten Grundvoraussetzungen für das Aufwachsen der Kinder ist. Im Umkehrschluss ließe sich sagen, dass familiäre Armut Kinder schon im frühesten Alter zu Verlierern macht, ohne dass sie überhaupt eine Chance hatten. Wie erst verhält es sich mit den Entwicklungschancen jener Kinder, die nicht nur in Armut aufwachsen, sondern denen darüber hinaus auch noch die »heile Welt« einer funktionierenden Familie fehlt?

Hier bedarf es keiner besonderen prognostischen Fähigkeiten, um das Ergebnis vorherzusagen. In armen Familien aufzuwachsen bedeutet für Kinder heute enorme Chancennachteile, in armen kaputten Familien groß zu werden aber ist fatal. Das Tückische dabei: Soziale Benachteiligung erhöht das Risiko des familiären Zerfalls beträchtlich. Und das Auseinanderbrechen der Familien erhöht wiederum das Armutsrisiko. Die meisten Alleinerziehenden befinden sich in den unteren Gesellschaftsschichten. Kommt es tatsächlich dazu, dass Familien zerbrechen, fehlen den Betroffenen wiederum die Mittel, die Trennung auf eine Art und Weise zu gestalten, dass die Kinder möglichst wenig Schaden nehmen.

Die Zukunft der Kinder beginnt in der Familie, so mannigfaltig Familie heute zu definieren ist. Die Familie ist die wichtigste Ressource für die kindliche Entwicklung. Sie ist das erste soziale Umfeld, in dem Kinder Beziehungen und Bindungen entwickeln, Fähigkeiten erlernen, um Probleme zu lösen, und sich soziale Kompetenzen aneignen. Man könnte auch sagen: In der Familie findet die Grundausbildung für alle anderen Bereiche unserer Gesellschaft statt – für unser Bildungssystem, angefangen von den Kindergärten über die Schulen bis hin zur Ausbildung, für die Wirtschaft, für die Politik. Wenn eine immer größer werdende Zahl von Kindern in Familien aufwächst, die aufgrund ihrer Deklassierung ihrem Nachwuchs diese Grundausbildung nicht mehr mitgeben können oder wollen, dann wird Deutschland sein Wohlstandsniveau und seinen sozialen Frieden nicht bewahren können.

5. Kapitel
Sortieranstalt Schule

Jascha hat plötzlich Angst. Er hat oft Angst gehabt – früher, als er noch klein war. Aber das ist lange her. Er ist ja schon 14 Jahre alt. Die Angst hat er sich, so dachte er, längst abgewöhnt. Doch so ganz ist sie aus seinem immer kleiner werdenden Gefühlsspektrum nicht verschwunden. Plötzlich holt sie ihn ein, ausgerechnet in seiner neuen Klasse. Er wird nicht besonders freundlich aufgenommen. Am ersten Tag wird er gar nicht beachtet. Und er spürt, dass das erst der Anfang ist.

Die Schikanen setzen ein paar Tage später ein. Zwar spricht Jascha, der Neue, wie sie ihn alle nennen, wenig und beteiligt sich vorsichtshalber auch gar nicht erst am Unterricht. Er sitzt still an seinem Tisch und starrt stundenlang auf die Platte, in die die Schüler aus Langeweile mit Kugelschreibern oder Taschenmessern eine Unmenge von Botschaften eingeritzt haben. Er hört nicht zu, sondern versucht, die Zeichen und Buchstaben zu entziffern, ihnen irgendeine Bedeutung zu entlocken. Doch seine so offensichtliche Teilnahmslosigkeit, eigentlich sein Schutzschild gegen die neue feindliche Umgebung, nützt ihm wenig. Jascha weiß, dass vor allem die Pausen zwischen den Unterrichtsblöcken gefährlich werden können. Zum Opfer wird man draußen auf dem Hof gemacht, nicht im Klassenraum.

»Schon am dritten Tag ging es los«, sagt er, während er

den Kopf hebt und die Stirn in Falten legt. »Heute wundere ich mich nicht mehr darüber. Ich war dünn und schmächtig, der geborene Opfertyp – zumindest äußerlich.« Es beginnt auf dem Schulhof, als Jascha sich ganz plötzlich umringt von einem halben Dutzend Jungen wiederfindet. Sein Magen zieht sich zusammen. Doch bevor er sich irgendetwas denken kann, beginnt das Spiel. »Pingpong heißt das«, sagt er. Seine Klassenkameraden beginnen, ihn zu schubsen, sodass er von einem zum anderen geschleudert wird. Ziemlich gewaltsam, aber gerade noch so, dass er nicht fällt. Die Umstehenden fangen ihn auf, um ihn sofort wieder von sich fortzustoßen, dem Nächsten in die Arme. Jascha gerät außer Atem. Wehren kann er sich nicht, es geht viel zu schnell. Er sieht nur noch, wie sich immer mehr Schaulustige versammeln und die Protagonisten des brutalen Rituals befeuern. Seine Machtlosigkeit, sich aus dem Kreis zu lösen, gerät zur Demütigung. Angst verwandelt sich in Wut – auf die anderen und auf seine eigene Schwäche, dem Treiben kein Ende bereiten zu können. »Auf einmal war alles vorbei. Ich fiel auf den Boden, und alle anderen waren verschwunden«, berichtet Jascha. »Eine Lehrerin kam auf mich zu. Was sie mich gefragt hat, weiß ich nicht mehr.«

Als Jascha zurück ins Heim kommt, erzählt er niemandem etwas. In der Tat war das nur der Anfang. »Das geht über Monate mit einer Taktik der Nadelstiche«, erzählt er. »So im Vorbeigehen: Schläge, Beinstellen, solche Sachen. Im Grunde harmlos, wenn man bedenkt, was sonst noch so passiert«, sagt er weiter und meint wahrscheinlich sich selbst. Er und seine Freunde von früher waren auch nicht zimperlich. In der Schule haben sie Klassenkameraden erpresst, bedroht, regelrecht fertiggemacht. »Ich kenne natürlich die ganze Palette: Beschimpfung, Taschen aufschlitzen, Prügel, es gibt da so einiges.« Und die Steigerung davon. Jascha entwickelt Strategien, um den Schikanen zu entkommen. Niemals geht er allein in die Waschräume der Schule, möglichst nie allein über einen Gang oder gar in die Klasse. Man weiß nie, wer plötzlich vor einem steht. In den Schulstunden denkt er darüber nach, wie er unversehrt ins Heim zurückkommt. Er geht nie den gleichen Weg, nimmt andere Ausgänge, versucht, unberechenbar zu bleiben für seine Feinde. Der Schulhof ist die eine Sache, der Heimweg etwas anderes. Die Erniedrigungen, die er immer wieder ertragen muss, wird er fortan für sich behalten. Das Schlimmste daran ist, dass seine Demütigung für viele, die sich nicht aktiv daran beteiligen, sondern nur zuschauen, hohen Unterhaltungswert besitzt. Es hilft ihm keiner. Er ist Spielball, Zeitvertreib.

Als ob ihm kalt geworden wäre, greift Jascha hinter sich und zieht sich sein olivfarbenes Sweatshirt über. Dabei herrscht im Internetcafé eine erdrückende Schwüle. Dann stützt er seine Ellenbogen auf den Tisch und den Kopf auf die geöffneten Handflächen. »In den ersten Wochen auf der Hauptschule habe ich mich nur darauf konzentriert, dass mich die anderen in Ruhe lassen, und überlegt, wie ich diese Schikanen zu Ende bringen könnte.« Schnell ist Jascha klar, dass es so nicht weitergehen darf. »Die hätten mich fertiggemacht, abgezogen, Geld erpresst. Vielleicht noch anderes«, sagt er. In der Schule gibt es kaum jemanden, der kein Messer bei sich hat. »Wenn das Schikanieren lange so geht, denkt man am Ende, man wäre selbst schuld an allem. Ich hätte meine ganze Selbstachtung verloren. Und das wollte ich nicht zulassen.« Jascha beschließt alsbald, dass das einzige Mittel, den täglichen Schikanen zu entkommen und sich Respekt zu verschaffen, in der Gewalt gegen die anderen liegt. »Ich dachte damals, wie es wohl wäre, wenn ich beginnen würde, mal meine Klassenkameraden zu schikanieren.«

Dass dieses Vorhaben aus eigener Kraft nicht umzusetzen sein würde, ist Jascha von Beginn an klar. Er ist zu schwach, als dass er es allein mit den anderen aufnehmen könnte. Im Heim fängt er an, sich zu trainieren, vor allem mit Hanteln, heimlich auf seinem Zimmer. Stundenlang. Dass er mitunter die Nachmittage bei geschlossener Tür in seinem Zimmer bleibt, ist weder für die Mitbewohner noch für seine Betreuer etwas Besonderes. Eigenwillig ist er, das hatte die Gemeinschaft der Gestrandeten ziemlich schnell begriffen. Darüber hinaus sucht er förmlich jede Prügelei. Und er spielt Fußball, nicht aus Spaß, sondern zu Trainingszwecken. Dass seine Aggressivität so manch einen der Mitbewohner verprellt, bekommt er natürlich mit. Es ist ihm recht. Genau so soll es sein. Das Heim ist der Trainingsplatz, die Mitbewohner sind – meist wider Willen – seine Sparringspartner. Und die ziehen immer häufiger den Kürzeren. Seine kleinen Siege stärken sein Selbstbewusstsein für den Tag, an dem er in der Schule in die Offensive gehen wird. Eigene Angst ist nur mit einem Gegenangriff zu besiegen. Das hat er bei seinem großen Bruder gelernt. Nur war er damals nie so sehr auf sich gestellt wie in seiner neuen Klasse.

»Ich glaube, nach ein paar Monaten dort bin ich zum Gegenangriff übergegangen. Nach der Schule habe ich den miesesten meiner Klassenkameraden eine Abreibung verpasst.« Jascha wird immer aggressiver. Und tatsächlich scheint sein Kalkül aufzugehen. Seine Feinde in der Klasse lassen ihn irgendwann in Ruhe. »Es gab Tage, an denen ich durch die Schule gerannt bin und einfach zugeschlagen habe. Völlig willkürlich, unberechenbar«, erzählt er, während er sein gelbes Feuerzeug zwischen Daumen und Zeigefinger auf und ab gleiten lässt. »Du musst unberechenbar bleiben. Das ist das Wichtigste, denn dann haben alle Angst vor dir.« Der Unterricht bleibt Nebensache. Seine Gedanken kreisen um nichts anderes als sein Überleben in den Pausen. »Im Grunde ist das ganze Experiment mit dem Heim und der neuen Schule fehlgeschlagen«, stellt er heute nüchtern fest. »Wenn ich jetzt darüber nachdenke, dann ging in der neuen Schule die ganze Scheiße wieder von vorne los.«

Mit zunehmendem Respekt, den ihm die anderen zollen, gewinnt Jascha Auftrieb und neue Energie. Die allerdings setzt er nicht daran, den Unterrichtsstoff zu vertiefen, um sich von seinen schlechten Noten etwas nach oben zu arbeiten. Mitnichten. Mit seiner ganzen Energie widmet er sich fortan der Kifferei. »In der Hauptschule habe ich damit so richtig begonnen«, erzählt er. Im Nachhinein sei es für ihn auch nicht verwunderlich gewesen. Immerhin hätten sich 80 Prozent der Klasse in den Pausen »zugedröhnt«. »Das musst du machen, um dazuzugehören.« Ein teures Hobby, mit dem sich auch seine Schwänzerei entwickelt. »Erst hat sich mein Überlebenskampf – so nenne ich es mal – in der Klasse und dann die Kifferei zwischen die Lehrer und mich geschoben. Ums Lernen ging es in der Schule eigentlich nie.« Jascha ist das erste Jahr physisch noch weitgehend anwesend, aber gedanklich ist er immer in einer anderen Welt. Irgendwie bleibt er ein Kind von der Straße, das tagein, tagaus an seinen Überlebensstrategien feilt. Er fehlt häufig, selten aber zwei Tage hintereinander, weil dann, wie er berichtet, bei den Sorge- oder Erziehungsberichtigten angerufen wird. Und im ersten Jahr seiner Heimzeit liegt ihm noch daran, dass niemand mitbekommt, wenn er, statt zur Schule zu gehen, andere Wege einschlägt.

Seine Laxheit bezüglich der Anwesenheit beginnt zunächst mit einer sich häufenden Verspätung. Jascha kommt morgens nicht aus dem Bett, aller Weckversuche der Heimerzieher zum Trotz. Regelmäßig verpasst er Teile der ersten Stunde, dann die ganze, schließlich zwei. Irgendwann wird er sich überlegen, ob es, wenn er so gar nicht aus dem Bett kommt, überhaupt noch lohnt, in der Schule aufzutauchen. »An mein Zuspätkommen haben sich die Lehrer schnell gewöhnt«, erzählt Jascha. »Anfänglich haben sie nach den Gründen gefragt und Entschuldigungen verlangt. Doch ziemlich schnell haben sie dann aufgegeben, weil ich nie einen wahren Grund nennen konnte.« Dass Jascha morgens nicht aus dem Bett kommt, ist kein pubertäres Phänomen, das irgendwann wieder verschwindet. Jascha – das sagt er von sich selbst – verschläft seine Probleme, um sie aus seiner kleinen Welt zu schaffen. Er schließt die Augen, fällt in den Tiefschlaf und hat für ein paar Stunden einige Sorgen weniger.

»Zu Anfang habe ich gar nicht bewusst geschwänzt, sondern einfach verschlafen. Aber irgendwann ist es doch losgegangen. Da habe ich mich mit zwei Freunden aus meinem alten Kiez für den nächsten Tag verabredet, und es stand bereits am Abend vorher fest, dass wir nicht in die Schule gehen, sondern den Tag anders verbringen würden«, sagt er und grinst plötzlich. Anders – was bedeutet das? Jascha zuckt die Schultern. »Es ging darum, uns Gras zu besorgen. Einer meiner Freunde hatte gehört, wo die besten Ticker stehen.« Für die müssen die drei nicht sehr weit fahren. Sie halten sich in den gutbürgerlichen Gegenden der Stadt genauso auf wie in den einschlägig bekannten Parks. Jener Tag markiert den Anfang eines zunächst noch sorgsamen Abwägens zwischen Schulbesuch und selbstverordneter Freizeit. Am Ende der achten Klasse stehen auf Jaschas Zeugnis 35 Fehltage. Am Ende der neunten sind es deutlich mehr. Er wird die Klasse wiederholen müssen.

Die Drogen – die Beschaffung und der Konsum – sind alsbald Jaschas Hauptbeschäftigung. Er braucht Geld, klaut, verkauft das Geklaute, um sich damit Marihuana oder Haschisch zu besorgen. Allerdings bleibt es ausschließlich beim Rauchen. Er steigt nicht um. »Nur dass man die Menge nicht im Griff hat. Mit der Zeit braucht man für den Kick immer mehr. Und das wird immer teurer«, sagt er. Plötzlich wird er ernst. Über Drogen hat er offenbar viel nachgedacht in seinem jungen Leben. »Die Wirkung der Droge kann verschieden ausfallen«, erklärt er. »Mich hat das Kiffen unheimlich aggressiv gemacht.«

So kommt es, dass Jascha in seiner Aggressivität immer häufiger die Kontrolle über sich verliert, einmal sogar gegenüber einem Lehrer. Der lässt ihn im Sportunterricht vor der Klasse drei Runden in der Halle laufen. Aus Jaschas Sicht eine reine Provokation, habe der Lehrer doch genau gewusst, dass er unter Drogen stand und niemals in der Lage wäre, auch nur die erste der Runden mit Anstand hinter sich zu bringen. »Die Joints machen zwar aggressiv, aber Ausdauer hat man nicht mehr«, erklärt er. Als er aufgibt, folgt der Spott des Lehrers auf dem Fuß. Er verhöhnt ihn regelrecht. Keine drei Runden würde er schaffen – was für ein Loser! »Als meine Kumpels dann auch noch anfingen zu lachen, habe ich die Kontrolle über mich verloren«, erinnert er sich weiter. Er beginnt eine Prügelei mit zwei Klassenkameraden. »Mit den Drogen im Körper hat man zwar keine Ausdauer mehr, aber schlagen kann man immer.« Fäuste schnellen nach vorn; aus aufgeplatzten Lippen rinnt das Blut. Der Lehrer geht dazwischen.

Und wieder schlägt Jascha zu. Er trifft ihn an der Schläfe und sieht, wie er zu Boden sinkt. »Plötzlich war es still. Ich hatte unseren Sportlehrer, den ich eigentlich mochte, krankenhausreif geschlagen.« Alle Entschuldigungen nützen nichts, auch kein Besuch im Krankenhaus. Der Lehrer will ihn nicht sehen. Und der Direktor auch nicht mehr. Jascha muss gehen. Die Schule, die ihn so oder so nicht wollte, ist ihn los.

Jaschas Mutter ist entsetzt. Sie verweigert ihm zunächst den Kontakt. Vier Wochen lang darf er nicht mehr nach Hause kommen. Sie will ihn nicht um sich haben. »Sie hat mir damals gesagt, sie würde mich an den Wochenenden nicht mehr nach Hause lassen, wenn sich ein solcher Vorfall wiederholt.« Ob ihn das zur Räson gebracht hat? Für einige Zeit schon, berichtet Jascha. Doch lange hat das nicht angehalten. Wieder ist es das Umfeld, dem Jascha die Schuld für sein Verhalten zuschiebt. Die »falschen« Freunde in der Schule, die verrückten Kinder im Heim, allesamt nicht normal außer ihm, die nachlässigen und desinteressierten Betreuer – »Ob du in die Schule gehst oder nicht, macht bei dir keinen Unterschied!« –, die verständnislosen Lehrer. Jascha sieht sich als Produkt seiner Umgebung, niemals trifft ihn die Schuld.

Mit der Schule wechselt er das Heim und die Wohngruppe. Ein letzter Versuch, wieder in einem anderen Stadtteil, mit anderen Sozialpädagogen, anderen Mitbewohnern, anderen Mitschülern und Lehrern. Die neue Schule ist eine Gesamtschule, größer als die Hauptschule und mit deutlich niedrigerem Ausländeranteil. Dabei sind es nicht die Ausländer, die Jascha Probleme machen. Im Grunde hat er nichts gegen sie, anders als so manch einer seiner deutschen Altersgenossen. In der Schule wird Jascha ruhiger – zumindest in den ersten Monaten.

In seiner neuen Wohngruppe auch. Er nimmt an einem Anti-Gewalt-Kurs teil, der seiner Meinung nach nur wenig bringt. Seine Wutausbrüche haben keine oberflächlichen Gründe. Es geht nicht nur darum, sich im Griff zu haben. Eigentlich geht es um mehr. Doch die Hoffnung, die womöglich einige seiner Betreuer, das Jugendamt oder auch seine Mutter in die abermals veränderte Umgebung setzen, wird wieder enttäuscht werden. Jascha geht in der Schule immer weiter auf Distanz. »Mit jedem Tag, den du nicht hingehst, steigt die Wahrscheinlichkeit, dass du am nächsten Tag auch noch zu Hause bleibst«, weiß er. Diese permanente Konfrontation mit dem eigenen Unvermögen hält er immer weniger aus.

Wer Jascha bittet, zwei einfache Zahlen zusammenzurechnen, 13000 und 48000 zum Beispiel, der wird von ihm sicher kein richtiges Ergebnis präsentiert bekommen. »13000 und 48000? Was sollen diese Zahlen?«, fragt er nur. Einfach so, einmal rechnen. Jascha schreibt die Zahlen auf einen Fetzen Papier untereinander. Dann beginnt er zu rechnen, fatalerweise von links nach rechts, nicht von hinten. Auf das richtige Ergebnis kommt er nicht. Er schüttelt den Kopf, versteht nicht, warum es nicht klappt. »Mann, Jascha, du kannst überhaupt nichts«, sagt er zu sich selbst. »Jetzt wissen Sie, warum Typen wie ich Versager sind«, setzt er hinzu. Er hat einfach vergessen, wie es geht, seit Jahren nicht geübt, sich durchgemogelt, manche Note um der Versetzung willen von seinen Lehrern auch erpresst – mit Androhung von Gewalt. »Das haben viele gemacht«, sagt er. Was er nicht weiß, ist, dass so manch einer der Pädagogen das vorhersehbare Scheitern seiner Schüler nicht ausgehalten und deswegen immer öfter ein Auge zugedrückt hat. Auch das kommt vor. Die Lehrer leiden mit den Schülern, weil sie wissen, dass viele der Schüler nie die Chance hatten, zu lernen, was Lernen ist und wie motivierend Erfolg sein kann.

Nicht im Rechnen ist Jascha ein Profi geworden, sondern in Fragen der Geldbeschaffung, in Sachen Drogen, Alkohol, Zigaretten und mehr. Und weil er hemmungslos prügeln kann, was viele wissen. Zweimal landet er vor dem Jugendrichter und dann in einer Strafvollzugsanstalt für Jugendliche. Der Grund: eine heftige Prügelei in einer Disco und ein nicht minder heftiger Zusammenstoß mit der Polizei nach einem misslungenen Kaufhausdiebstahl, bei dem ihm einer der Detektive auf die Spur gekommen ist. Jeweils nur für ein paar Tage übers Wochenende wird er eingeschlossen. Schlimme Sachen hat er gehört aus den Anstalten. Und wieder einmal hat er Angst. Eines weiß er bestimmt: Er wird sich nicht duschen. Das könnte gefährlich werden, weil man angeblich zu viert unter die Dusche muss. »Am Ende ist es aber gar nicht so gekommen. Es war ruhig im Knast, die ersten zwei Tage bleibt man auf seinem Zimmer mit einem Buch. Dann darf man auf den Hof. Man konnte sogar Geld verdienen«, erinnert sich Jascha und macht eine abschätzige Handbewegung. »Indem man zum Beispiel auf dem Hof Blumen pflanzt.« Plötzlich lacht er kurz auf, schüttelt wieder den Kopf und wirft ihn nach hinten. Das zweite Mal verlässt er die Jugendstrafanstalt kurz vor Weihnachten. Die Feiertage verbringt er bei seinem Onkel, der ihm ordentlich ins Gewissen redet. »Natürlich habe ich eingesehen, was er gesagt hat. Aber ich habe es einfach nicht gepackt.« Jascha hat keine Ausdauer.

Seine Aggression bekommen jetzt weniger seine Mitschüler als seine Mitbewohner in der Wohngruppe zu spüren. Jascha sucht buchstäblich den Streit. Jede Kleinigkeit erscheint ihm willkommen, um im Gemeinschaftsraum eine Prügelei zu starten. Er vergiftet die Atmosphäre; die Erzieher sind machtlos, der Heimleiter auch. »Die hatten alle Angst vor mir«, lautet sein Kommentar. Ob er sich gut dabei fühle, wenn andere sich vor ihm und seinen Ausbrüchen fürchten? »Halb gut«, antwortet er und wippt einen Moment auf seinem Stuhl. »Wenn andere Angst haben, dann fühlt man sich stark. Das ist das Gute daran. Aber innerlich weiß man genau, dass sie einen eigentlich nicht mögen. Und das macht dann wieder aggressiv.«

Das also ist Jaschas persönlicher Teufelskreis. »Immerhin habe ich in der Zeit aufgehört zu kiffen«, setzt er hinzu. »Mit eisernem Willen, denn den habe ich ja.« Warum die plötzliche Umkehr? »Weil mir das Zeug irgendwann keinen Kick mehr gegeben hat. Und dann bleiben zwei Möglichkeiten: Entweder man steigt auf härtere Sachen um, oder man hört auf.« Jascha hat sich für die zweite Variante entschieden. »Ehrlich gesagt, auch meinem Großonkel zuliebe. Dem hatte ich das kurz vor seinem Tod ja versprochen. Und wenn man aufhört, ist das Geld auch nicht so knapp. Dann ist es einfacher, nicht mehr zu klauen.« Tatsächlich schafft es Jascha, nicht mehr straffällig zu werden. Die Aufenthalte im »Jugendknast«, wie er es nennt, haben ihm dann doch zu denken gegeben, auch wenn er seine Erfahrungen dort herunterspielt. Und natürlich der Tod des Großonkels, an dessen Grab er ihm gegenüber ein letztes Mal Besserung gelobte. Auch das monatliche Taschengeld trägt dazu bei. Mehr als 50 Euro stehen ihm monatlich zu. Und damit kommt er weitgehend aus.

Die neunte Klasse an seiner neuen Schule besteht Jascha nicht. Er muss sie wiederholen. Geschockt ist er nicht, empfindet das Ganze eher als Last. »Nicht schön, das alles noch mal durchzumachen«, sagt er im Nachhinein. »Deswegen bin ich immer weniger dort gewesen.

Obwohl ich am Anfang noch fest vorgehabt hatte, mich anzustrengen.« Tatsächlich ist er mit guten Vorsätzen gestartet. Doch das kleinste Problem wirft ihn um Lichtjahre zurück in seinem Vorsatz. Er weicht aus, verschläft, belügt vor allem sich selbst, verdrängt und verschafft sich den Respekt in der neuen Klasse durch besondere Respektlosigkeit den Lehrern gegenüber. Einmal, als sie im Erdgeschoss unterrichtet werden, erlauben sich die Schüler unter seiner Anleitung einen üblen Scherz. Wie wäre es, den Lehrer bei der nächstbesten Gelegenheit einfach aus dem Fenster auf den Hof zu heben? Gesagt, getan. Unter Jaschas Regie haben die Jungen ihren Spaß, der Lehrer ist machtlos. Die Demonstration seiner Machtlosigkeit, diese Demütigung gibt Jascha Auftrieb. Konsequenzen hat sein Verhalten nicht. Was er nicht merkt: Die Lehrer haben ihn längst aufgegeben.

Seine Distanz zur Schule wächst. Aus einem Fehltag werden zwei, drei oder gar mehrere am Stück. Keiner fragt mehr nach, denn wenn er nicht da ist, sitzt ein Störenfried weniger in den Bänken, einer, der seinem Unmut auch immer wieder dadurch Luft machte, einfach während des Unterrichts ganze Bänke in die Höhe zu stemmen, um sie dann auf den Boden zurückfallen zu lassen. Immer *coram publico* – unter dem Gelächter seiner Schulkameraden. »Irgendwann bin ich einfach gar nicht mehr hingegangen. Die letzten drei Monate meines zweiten Durchlaufs in der neunten Klasse habe ich gefehlt.«

So endet seine Schullaufbahn ganz sang- und klanglos. Einfach so. Schluss, aus vorbei. Zehn Pflichtschuljahre hat er hinter sich. Schulpflichtig ist er nicht mehr. Die Anstalten sind wahrscheinlich froh, dass sie solche wie ihn endlich los sind, diese Unterschichtkinder aus den schlechten Verhältnissen.

Jascha, von was träumt so ein Junge? »Jeder von uns träumt von einer Rapper-Karriere. Vom großen Geld, das einen auf Dauer von den Sorgen befreit. Jeder will sein wie Bushido, Sido, Fler oder B-Tight«, sagt Jascha und lächelt versonnen vor sich hin. Aber er weiß auch, dass das Träume bleiben werden. Das große Los haben im Leben immer andere gezogen, niemals er. »Früher wollte ich zur Kripo. Das war mein Ziel. Dafür braucht man nicht mehr als den erweiterten«, erklärt er weiter und meint den erweiterten Hauptschulabschluss. Aber davon ist Jascha weit entfernt. Er hat die Schule verlassen, ist einfach nicht mehr hingegangen und noch nicht einmal in der Lage, sich nach mehr schlecht als recht abgeleisteten zehn Pflichtschuljahren sein Abgangszeugnis zu besorgen. Von einem Schulabschluss ganz zu schweigen.

Was Jascha damals noch nicht ahnt, ist die Reaktion des Jugendamtes. Schon Monate vor dem Ende des Schuljahrs weiß es Bescheid über seine wachsende Abwesenheit. Die Geduld der Sozialarbeiter mit dem Jungen neigt sich dem Ende zu. Nichts hat wirklich gefruchtet. Er ist nicht zu erreichen. 130 Euro am Tag für einen Heimplatz – eine gesellschaftliche Fehlinvestition. Das Urteil über ihn ist längst gefallen.

Jascha hat kaum eine Chance. Kinder wie er gehen bereits mit Hypotheken an den Start, die ihre weitere Entwicklung derart belasten, dass aus ihnen nur schwerlich etwas werden kann. In den Grundschulen ihrer Viertel treffen sie zudem fast nur auf ihresgleichen, in den weiterführenden Schulen läuft es nicht anders. Ehrlich gesagt: Jascha und viele andere mit einer ähnlichen Kindheit haben in der Schule ganz andere Sorgen, als sich um Lehreranweisungen, Hausarbeiten, Noten und regelmäßige Anwesenheit zu scheren. Sie müssen erst einmal den Alltag unter ihresgleichen überleben. Ihre gesamte Energie also fließt in die Entwicklung fein ausgeklügelter Überlebensstrategien und das Ertragen eines in vielerlei Hinsicht unerträglichen Status quo. Und genau darin liegt das Drama für jedes einzelne Kind, mit am Ende nahezu irreparablen Folgen für unsere Gesellschaft. Die Frage, die sich aufdrängt, ist eine schlichte: Hätte aus Jascha etwas anderes werden können, wäre er nicht mit jedem Schulwechsel immer wieder im gleichen Milieu gelandet?

Vergegenwärtigen wir uns an dieser Stelle zunächst noch einmal die Zahlen, an denen das ganze Ausmaß der Malaise deutlich wird, in der sich Teile unseres Schulsystems befinden. Unser Schulsystem produziert – ökonomisch gesprochen – sehr viele junge Menschen, die weder für den Arbeitsmarkt tauglich noch auf ihr weiteres Leben vorbereitet sind. Das sind in Deutschland bereits 20 bis 23 Prozent eines jeden Jahrgangs, es sind die PISA-Versager, die im Fachjargon der Bildungsforscher auch als »Risikoschüler« bezeichnet werden. Nicht alle sind so eindeutig wie Jascha einem bestimmten Milieu zuzuordnen, aber der überwiegende Teil wird angesichts seiner miserablen kognitiven Fähigkeiten einmal ganz unten ankommen. Bei den »Risikoschülern« handelt es sich zum einen um fast 10 Prozent aller Schüler, die nach zehn Pflichtschuljahren die Lehranstalten ohne Schulabschluss verlassen – so wie Jascha eben. Darüber hinaus entlässt unser System aber auch noch einmal mindestens den gleichen Anteil an jungen Menschen, die zwar auf dem Papier einen Abschluss erreicht haben, aber dennoch zu wenig Kompetenzen mitbringen, um sich langfristig in unserer arbeitsteiligen, hochqualifizierten und dem Joch des unerbittlichen globalen Konkurrenzkampfes unterworfenen

Arbeitswelt zu behaupten. »20 bis 23 Prozent«, sagt Jürgen Baumert, Direktor des Max-Planck-Instituts für Bildungsforschung in Berlin, »müssen und dürfen nicht sein. Das sind eindeutig zu viele.« In jeder Gesellschaft gebe es Modernisierungsverlierer, solche, die zu wenige Fähigkeiten besäßen, um mitzuhalten. »Bei ihnen aber handelt es sich um eine Größenordnung von höchstens 6 bis 8 Prozent«, meint der Wissenschaftler.

Unser Schulsystem leistet also zu wenig. Es ist – in erschreckend großen Teilen – in einem miserablen Zustand. Mindestens jedes fünfte Kind droht am Ende zu einem Ausfall für Wirtschaft und Gesellschaft zu werden und damit ein Leben lang zu einer gesellschaftlichen Belastung. Bei jedem fünften Schüler sind die Ausgaben für seine Bildung größtenteils Fehlinvestitionen mit erheblichen Folgekosten. Und genau das können wir uns als rasant alternde und alsbald schrumpfende Gesellschaft eigentlich gar nicht leisten. Der Freiburger Medizinprofessor und Psychotherapeut Joachim Bauer drückt das in seinem Buch »Lob der Schule« so aus: »Wir lassen heute einen Teil unserer Jugendlichen – vor allem jene aus der nicht privilegierten, nicht bildungsbürgerlichen Mehrheit der Bevölkerung – in einer Situation heranwachsen, in der kaum jemand Interesse an ihrer schulischen und persönlichen Entwicklung zeigt und in der sie zunehmend – dies gilt besonders für männliche Heranwachsende – in eine Stimmung von Aussichtslosigkeit, Zynismus, Verachtung und Gewalt geraten ... Kurz, ein Großteil eines jeden Jahrgangs nimmt aus der Schule nichts von dem mit, was einen Menschen fit fürs Leben macht: Selbstvertrauen und Motivation, fachliches Basiswissen und emotionale Kompetenz.«

Diese Feststellung führt unweigerlich zu der Frage, was das deutsche Schulsystem heute leisten und wie die

Bringschuld des Bildungssystems aussehen müsste. Schulen müssten – zumindest vom Ansatz her – in der Lage sein, Kinder aus den vielen verschiedenen Milieus, aus sozial schwachen und sozial stärkeren Schichten, aus unterschiedlichen ethnischen Gruppen besser zu integrieren. Das Bildungssystem müsste die Diskrepanz zwischen den Chancen derer, die von zu Hause aus wenig mitbringen, und den anderen, die ein lernfreundliches, bildungsstarkes Umfeld hinter sich wissen, erheblich verringern. Und es müsste ferner dafür Sorge tragen, dass am Ende die gesamte Schülerschaft in Deutschland auf ein wesentlich höheres Niveau gebracht wird, als es heute der Fall ist.

Zunächst zum ersten Punkt: Mit der Integration und dem Ausgleich im deutschen Bildungssystem ist es nicht weit her: Bis in die Hochschulen hinein gelingt es nicht, Chancengleichheit zu schaffen zwischen jenen aus der Mittel- und Oberschicht und denjenigen aus den unteren Milieus. Fast könnte man meinen, das Bildungssystem gleiche einer großen gesellschaftlichen Sortiermaschine, die an jeder Gabelung entsprechend der sozialen Herkunft die »Guten« auf das eine, die »Schwachen« auf ein anderes Band befördert. Dabei ist es keineswegs so, dass das große Sortieren jegliche kognitiven Fähigkeiten außer Acht lässt. Nur hängen die Leistungen der Kinder und Jugendlichen in erheblichem Maß von ihrer Herkunft, also ihrem Elternhaus ab. Kinder aus »schlechtem Hause« haben schlechte Chancen. Dieser Fakt wird durch das Bildungssystem erheblich verstärkt.

Der Aktionsrat Bildung, in dem die renommiertesten Bildungsforscher Deutschlands das deutsche Bildungssystem einer genauen Untersuchung unterzogen, kommt in seinem Jahresgutachten 2007 mit dem Titel »Bildungsgerechtigkeit« zu dem Schluss: »Die hohe Selektivität des deutschen Bildungssystems wird in besonderer Weise an den Übergängen innerhalb des Bildungssystems wirksam.« Das betrifft bei weitem nicht nur den emotional diskutierten Übergang von der Grundschule auf eine weiterführende Schule. Im Bildungssystem gibt es von frühester Kindheit an immer wieder Weichen, die die nicht gutbürgerlichen Kinder auf ein anderes Gleis führen. Dass dies so ist, ist längst ein gesicherter Befund der empirischen Forschung. Die Benachteiligung im deutschen Bildungssystem fängt bereits mit dem Besuch eines Kindergartens oder einer Kindertagesstätte an. Und sie setzt sich fort: bei der Einschulung, beim Übergang in eine weiterführende Schule, beim Wechsel aus der Schule in die Berufsausbildung, beim Beginn eines Hochschulstudiums und auch bei der Weiterbildung im späteren Leben – immer haben Kinder, Jugendliche und auch junge Erwachsene aus bildungsfernen Milieus das Nachsehen.

Und das in zweifacher Hinsicht: Zum einen können sie oftmals wirklich nicht so viel wie ihre Altersgenossen aus der »besseren Gesellschaft«, die nicht nur in der Schule lernen, sondern auch an den Nachmittagen und die darüber hinaus in den Ferien gefördert werden. Zum anderen bestehen natürlich Vorbehalte gegenüber Kindern und Jugendlichen aus schwierigen sozialen Verhältnissen – und das selbst bei vergleichbarer Leistung. Mit anderen Worten: Um aufs Gymnasium empfohlen zu werden, muss ein Kind aus einfachen Verhältnissen deutlich mehr wissen als etwa das Kind eines Beamten der oberen Dienstklasse. Diese Art der sozialen Auslese setzt sich bis weit ins Berufsleben hinein fort. Selbst bei der Besetzung von Führungspositionen in der Wirtschaft – und das sei an dieser Stelle nur am Rande erwähnt – zählt der familiäre Hintergrund offenbar deutlich stärker als die erbrachte Leistung.

Nach einer Studie des Darmstädter Soziologen Michael Hartmann unter 6500 promovierten Juristen, Wirtschaftswissenschaftlern und Ingenieuren hatten die Angehörigen gehobener sozialer Schichten eine achtmal höhere Chance, einen Spitzenposten in der Wirtschaft zu erreichen, als die ehemaligen Arbeiterkinder mit vergleichbarer Qualifikation. Ähnliches gilt für die Spitzenpositionen in der Politik. Herkunft schlägt Leistung – das ist das deutsche Prinzip. Und da sich genau dieses Muster nun schon seit Jahrzehnten alltäglich in Deutschland wiederholt, ist es kein Wunder, dass allerorten auch entsprechend entschieden wird. Wie sollte es anders sein, sind die sogenannten Entscheider doch nicht anders sozialisiert.

Eine der wohl entscheidensten Weichen für den späteren Erfolg im Leben, für den Grad möglicher Teilhabe am gesellschaftlichen Mainstream liegt am Übergang von der Grundschule auf eine weiterführende Schule. Hauptschule, Realschule oder Gymnasium – das ist die Frage, die hierzulande in vielen Familien immer wieder wahre Dramen auslöst und sehr emotional diskutiert wird. Denn jeder weiß: Die Schullaufbahnempfehlung und die Entscheidung, welche weiterführende Schule ein Kind besucht, haben eine enorme Bedeutung für dessen Entwicklungschancen.

Prüfen Sie sich selbst: Angenommen, Sie haben ein lernstarkes, leistungsbereites Kind im Alter von 10 Jahren, was würden Sie sich für dieses Kind wünschen: die Fortsetzung seiner Ausbildung am Gymnasium oder eine Schule, in der Kinder unterschiedlicher Leistungsstärke gemeinsam lernen? Sie werden sich mit hoher Wahrscheinlichkeit dafür entscheiden, Ihr Kind möglichst nur mit sehr leistungsstarken Kindern weiterlernen zu lassen. Und das, obwohl Sie wissen, dass es zum einen völlig unsinnig ist, Kinder im Alter von 9 oder 10 Jahren bereits nach vermeintlichen Leistungsunterschieden zu trennen, und dass man zum anderen über das Potenzial der Kinder in diesem Alter kaum Vorhersagen treffen kann. Trotzdem entscheiden Sie richtig, denn die Leistungsunterschiede der Kinder, die in der Grundschule noch verhältnismäßig gering sind und in etwa im internationalen Durchschnitt liegen, werden in der Sekundarstufe in Deutschland erheblich verstärkt.

Die jüngste IGLU-Studie – Internationale Grundschul-Lese-Untersuchung –, deren Ergebnisse Ende 2007 von dem Dortmunder Bildungsforscher Wilfried Bos vorgestellt wurde, hat wieder einmal gezeigt, dass bei der Empfehlung der Lehrer am Ende der Grundschulzeit die soziale Herkunft eine erhebliche Rolle spielt. Unterschichtkinder aus bildungsfernen Elternhäusern sind in unserem System gleich dreifach getroffen: »Diese Kinder verfügen über niedrigere schulische Kompetenzen, erhalten bei gleichen Leistungen schlechtere Beurteilungen von ihren Lehrern und werden bei gleichen Leistungen und gleichen Beurteilungen von ihren Eltern eher auf eine niedrigere Schulform geschickt.«

Das ist soziale Auslese in Deutschland. Im Schnitt hat ein Kind aus den oberen Schichten eine fast viermal größere Chance, von seinen Lehrern aufs Gymnasium empfohlen zu werden, als ein Sprössling aus einfachsten Verhältnissen. In dem einen oder anderen Bundesland ist der Chancenunterschied sogar noch größer. Außerdem werden einmal getroffene Übergangsentscheidungen nur selten korrigiert. Und wenn, dann überwiegend nach unten. Auf jeden Aufstieg eines Kindes in eine höhere Schulform kommen drei Abwärtswechsel. Fast irreversibel trennt damit die große Sortiermaschine Schule die vermeintlich guten Schüler von den angeblich schwächeren und legt damit lebenslange Bildungskarrieren fest – im Alter von gerade einmal 9 oder 10 Jahren. Die Folge davon sind nicht nur unterschiedliche Bildungs- und Berufschancen, weil die Kinder in niedrigeren Schulformen de facto weniger lernen, sondern zum Teil sehr nachteilige Sozialisationseffekte. Wer ausschließlich mit den Schlechten lernt, lernt eben schlechter. Er bleibt auf Dauer in der Entwicklung seiner Fähigkeiten schon deswegen zurück, weil er sich ausschließlich in Gesellschaft weniger Leistungsstarker befindet. Ein begabter Schüler, der auf die Hauptschule wechselt, gerät binnen weniger Jahre gegenüber den Gymnasiasten derart ins Hintertreffen, dass er kaum in der Lage sein wird, die hohen Lernrückstände jemals wieder aufzuholen. Und von diesen Schülern gibt es viele. Mehr noch: Wer zu den Schwächeren gehört, hat auch die fachlich schlechteren Lehrer und – völlig unverständlich – darüber hinaus noch weniger Unterricht. »In Deutschland gibt es eine geteilte Lehrerschaft«, sagt Bildungsforscher Baumert. »Dabei sind die Gymnasiallehrer in ihren Fächern deutlich besser ausgebildet.« Und er wird noch deutlicher: »Zum Beispiel braucht man gerade für einen mathematisch schwachen Schüler einen fachlich hervorragenden Mathematiklehrer; einen, der sein Fach so gut beherrscht, dass ihm zehn und nicht nur zwei Lösungswege einfallen, um dem Schüler die Aufgabe begreiflich zu machen.«

Hinzu kommt das soziale Umfeld, in dem sich die vermeintlich leistungsschwachen Schüler beweisen müssen – so wie Jascha. Leistung wird stark von den Sozialisationsmilieus beeinflusst. Der ursprüngliche Gedanke, Schüler gleichen Niveaus ließen sich in homogenen Gruppen besser fördern, trifft womöglich für die Spitze der Leistungspyramide und deren Lehrer zu. Die haben es leicht. Für den unteren Teil der Leistungshierarchie aber hat dieses Sortieren geradezu fatale Auswirkungen. Da können sich Lehrer noch so sehr engagieren, gegen die soziale »Ausbildung« kommen sie nur in ganz wenigen Fällen an. In jenen Sozialisationsmilieus, in denen die vermeintlich Leistungsschwachen hängenbleiben, gerät Lernen ziemlich schnell zur Nebensache. Überleben wird wichtiger, seine Selbstachtung behalten, auf keinen Fall zum Opfer werden. Wenn das Lernen nicht mehr im Fokus steht, bleiben die Erfolge aus, und es beginnt der teuflische Kreislauf zwischen Misserfolg, Frustration und der Sehnsucht und Suche nach Anerkennung mit ganz anderen Mitteln.

Was wir alle längst wissen: In Deutschland werden die Chancen allzu oft von einer Generation zur nächsten vererbt. Genauso verhält es sich mit relativer sozialer Chancenlosigkeit. Ausnahmen in Einzelfällen bestätigen die Regel. Durch die Vererbung der Chancen werden unendlich viele Talente nicht entwickelt und gefördert. Da kann das Bildungssystem nicht helfen – im Gegenteil: Es schreibt die Unterschiede nicht nur fest, sondern verstärkt sie sogar. Seit Jahrzehnten sprechen die Daten dazu eine eindeutige Sprache. Je höher die soziale Schicht, desto besser die Chancen des Nachwuchses, der das Glück hatte, in eine solche Schicht hineingeboren zu sein. Festgestellt wurde dies bereits in den sechziger Jahren, in denen die große gesellschaftspolitische Vision der Chancengleichheit ihren Anfang nahm. »Bildung ist Bürgerrecht«, forderte Lord Dahrendorf bereits 1965 und gab damals der bildungspolitischen Debatte in Deutschland einen neuen Impuls. Dahrendorfs Sorge galt der deutschen Demokratie, die durch zu wenig Bildung und zu große Chancenungleichheit gefährdet würde. Mindestens ebenso bekannt dürfte die von Bildungsforscher Georg Picht ein Jahr zuvor ausgerufene »deutsche Bildungskatastrophe« sein. In der seinerzeit einsetzenden Debatte ging es um Chancengleichheit für die Menschen aller Schichten. Das alles mündete in einen bildungspolitischen Anstrengungsmarathon, in dessen Verlauf die Bildungsexpansion durchaus zu einer breiten Höherqualifizierung der Deutschen führte – aber eben innerhalb des gesamten Bildungssystems nicht zu mehr Chancengleichheit.

Die enorme Ausweitung institutionalisierter Bildung ist zwar den Kindern aus fast allen Bevölkerungsschichten zugutegekommen – allerdings nicht mit einer neuen Verteilung der Bildungschancen einhergegangen, sodass die benachteiligten Schichten davon hätten profitieren können. Trotz der unbestrittenen Bildungsexpansion in den siebziger Jahren ist in Deutschland Chancengleichheit also seit jeher ein Mythos geblieben. Es gibt sie nicht, und es hat sie nie wirklich gegeben. Mehr noch: Wenn die Hauptgewinner der seinerzeit angestoßenen gymnasialen Expansion nach den Worten des Bildungsforschers Rainer Geißler die Kinder und vor allem die Töchter des Mittelstands und der höheren Dienstleistungsschicht waren, die auch schon 1950 gute Bildungschancen hatten, dann hatten die Kinder der einfachen Dienstleister und Arbeiter das Nachsehen. Sie haben – trotz insgesamt gestiegener Chancen auf Bildung – gegenüber Kindern aus sozial stärkeren Schichten »an Boden verloren«. Seit 1980 haben sich ihre Chancen auch nicht weiter erhöht. »Beim Wettlauf um die höheren Bildungsabschlüsse haben sich also die Chancenabstände zwischen privilegierten und benachteiligten Gruppen vergrößert«, meint der Wissenschaftler. »Die Kinder der Ungelernten sind die stark benachteiligten Schlusslichter im Bildungswettlauf geblieben.«

Die Hauptschule bleibt für Kinder aus den bildungsfernen Milieus die Regelschule, zumindest in den Bundesländern, in denen sie weiterhin etabliert ist. Bei den sozial benachteiligten Kindern ist die Auslese nach Leistung besonders streng. Sie müssen mehr können oder ihr Können viel deutlicher nachweisen, um etwa auf das Gymnasium zu kommen. Das Phänomen, das der Wissenschaftler als »sozialen Filter« bezeichnet, gibt es immer noch. Und er scheint mehr denn je sehr effizient zu funktionieren. Rund ein Fünftel der Schüler der Sekundarstufe I geht derzeit auf die Hauptschule. 26 Prozent besuchen die Realschule, ein gutes Drittel das Gymnasium und 9 Prozent die Gesamtschule. Außerdem: Bei Eltern und Lehrern steht das dreigliedrige Schulsystem weiterhin hoch im Kurs. Nach Angaben des Statistischen Bundesamtes besuchen wieder mehr Schüler getrennte Schulformen wie Hauptschule, Realschule und Gymnasium, und nicht etwa eine Gesamtschule.

Wie ungerecht das Ganze ist, zeigen Erhebungen über die Kompetenzen der Kinder in den verschiedenen Schulen. Dabei weisen die schlechten Gymnasiasten Kompetenzwerte auf, die unter dem Mittelwert der Hauptschüler liegen. Andererseits verfügen Kinder mit Hauptschulempfehlung am oberen Ende durchaus über mathematische und Lesefähigkeiten, die sie ebenso in die Lage versetzten, aufs Gymnasium zu gehen. Das Gleiche gilt für die Realschule. Viele Realschüler hätten das Zeug zum Abitur, und das nicht erst auf dem zweiten Bildungsweg. Wer aber will einem Lehrer verübeln, dass er ein leistungsschwaches Kind aus besseren Verhältnissen aufs Gymnasium schickt mit dem Gedanken, dass dessen Eltern über ausreichend Mittel verfügen, ihm notfalls einen Nachhilfelehrer zu bezahlen?

Im Kern führen wir heute, vierzig Jahre nach dem Ausruf der »Bildungskatastrophe«, die gleichen Debatten wie damals. Die internationalen Vergleichsstudien TIMSS (1995), PISA (2000), PISA II (2003), PISA III (2006) und IGLU (2004 und 2006) bestätigen uns wieder: Deutsche Schüler können insgesamt zu wenig. Und mit der Chancengleichheit ist es ebenso wenig besser geworden. In kaum einem anderen Land besteht ein derart enger Zusammenhang zwischen schulischer Leistung und sozialer Herkunft. Inzwischen hat dies sogar den Menschenrechtsinspektor der Vereinten Nationen, Vernor Muñoz, alarmiert, der im Frühjahr 2007 die fehlende Chancengleichheit des deutschen Schulsystems vor der Vollversammlung des UNO-Menschenrechtsrats in Genf geißelte: Arme, ausländische und behinderte Kinder würden »de facto« diskriminiert – mit »lebenslangen« Folgen für jedes einzelne Kind. Auch der Bildungsbericht 2008 der Kultusministerkonferenz bestätigt dies mehr als deutlich.

Die Kinder aus bildungsfernen Milieus spüren offenbar selbst genau, dass es für sie als Angehörige einer sozial schwachen Schicht in der Schule nicht so gut läuft oder laufen wird. In der 1. Kinderstudie 2007 von World Vision unter dem Titel »Kinder in Deutschland«, einem Pendant zur Shell-Jugendstudie, wird das erschreckend deutlich. So bezeichnen sich Kinder aus der Unterschicht im Alter von 8 bis 11 Jahren, also dem relevanten Alter für den Übergang von der Grundschule in eine weiterführende Schule, nur zu 28 Prozent als gute Schüler, 72 Prozent dagegen sind von ihren schulischen Leistungen weniger überzeugt. Mit jeder Stufe der sozialen Schichtung nach oben dreht sich dieses Verhältnis weiter um. In der Oberschicht halten sich 74 Prozent der Kinder für gute und nur 26 Prozent für weniger gute Schüler. Auch das Schuleschwänzen ist offenbar ein »Schichtenproblem«, wie es in der Studie weiter heißt: Auffallend sei, »dass es vorrangig Kinder aus der Unterschicht sind, die berichten, schon einmal die Schule geschwänzt zu haben«. Unter ihnen ist es jedes fünfte. Gleichwohl: Im Alter zwischen 8 und 11 Jahren ist Schulverweigerung noch kein Massenphänomen. Trotzdem ist der Trend besorgniserregend.

Ebenso hängt die Befindlichkeit in der Schule stark mit dem sozialen Hintergrund zusammen. Immerhin die Hälfte der Unterschichtkinder gibt an, dass ihnen die Schule nicht gut gefällt (49 Prozent). Kinder aus allen anderen Milieus sind da deutlich positiver. Noch bedrückender ist der Realismus der Kinder aus der Unterschicht mit Blick auf ihre zukünftigen Chancen. So schlägt die soziale Herkunft auch auf die Erwartungen der Kinder durch. »Nur jedes fünfte Kind (20 Prozent) aus der Unterschicht kann sich vorstellen, später einmal mit Abitur die Schule zu verlassen«, schreiben die Autoren der World-Vision-Kinderstudie. Dagegen stehen Kinder aus privilegierten Schichten, die sich zu mehr als 80 Prozent sicher sind, dass sie das Abitur schaffen werden.

Lernerfolge brauchen eine ausgewogene emotionale Ausgangssituation. Jeder engagierte Lehrer wird bestätigen, dass emotional unterversorgte Kinder nicht gut lernen können. In unseren Schulen aber regiert die Angst: Fast jedes dritte Kind im Alter von 9 bis 14 Jahren hat Angst vor Schulversagen. Das hat das »LBS-Kinderbarometer« ergeben, dessen Ergebnisse die Bundesfamilienministerin 2007 höchstpersönlich vorgestellt hat. Vor allem in Bayern und Sachsen ist die Angst der Kinder vor schlechten Noten besonders groß. In Bayern erfasst die Angst fast 40 Prozent der Schüler. Kein Wunder, denn schon die Kleinen begreifen sehr schnell, dass in deutschen Schulen das

Sortieren und Entsorgen oberstes Prinzip ist. Warum also beginnen sich Kinder schon im Alter von 8 oder 9 Jahren darum zu sorgen, ob sie wohl eine Gymnasialempfehlung bekommen? (In Bayern nennt sich das im Volksmund bereits »Gymnasial-NC«.) Die Antwort ist ganz einfach: Sie wissen sehr genau, dass gute Noten – ob gerecht oder ungerecht vergeben – die Voraussetzung sind für das Weiterkommen. Sind die Noten schlecht, entledigen sich die Lehrer hierzulande des Problems der schwachen Schüler. Sie versetzen sie nicht, um sie irgendwann auf niedrigere Schulformen abzuschulen. Dass dies sehr viel häufiger geschieht, als dass etwa Schüler von Haupt- oder Realschulen den Sprung ins Gymnasium schaffen, ist ein weiteres, hinreichend bekanntes Phänomen. Auch das macht die häufig an der Herkunft orientierte Schulempfehlung so heikel.

Dabei wird die Diskussion um Deutschlands Schulen hochemotional geführt. Es sind die alten Grabenkämpfe, die einer grundlegenden Reform des Schulwesens zugunsten von mehr Chancengleichheit zu schaffen machen. Während die einen der frühen Selektion der Kinder in verschiedene Schultypen vehement das Wort reden, streiten die anderen mit der gleichen Intensität für längeres gemeinsames Lernen. Dass es allen wissenschaftlichen Erkenntnissen und allen Bildungserfolgen anderer Länder zum Trotz hierzulande unter Politikern und der breiten Bevölkerung immer noch Anhänger unserer unbarmherzigen Sortiermaschine gibt, die einen grundlegenden Umbau des Systems kategorisch ablehnen, muss allerdings nicht verwundern. Der Bildungsforscher Klaus Klemm meint dazu: »Der heftige Widerstand gegen diesen strukturellen Umbau erklärt sich nicht zuletzt daraus, dass die damit verbundenen Veränderungen schulischer Auslese die Verteilung gesellschaftlicher Chancen von Generation zu Generation in Frage gestellt hätten – zu Lasten der Mittel- und Oberschicht.« Wilfried Bos, Leiter der IGLU-Studie, stößt ins gleiche Horn: »Der Grund dafür, dass wir bis heute über die mangelnde Chancengleichheit klagen, liegt darin, dass die handelnden Personen hiervon seit jeher profitieren.«

Prüfen Sie sich an dieser Stelle fairerweise noch einmal selbst. Diesmal allerdings mit anderen Vorzeichen: Gehen Sie nun davon aus, dass Ihr zehnjähriges Kind nicht allzu leistungsstark ist und vielleicht auch noch nicht begriffen hat, welche grundlegende Bedeutung das Lernen für die späteren Lebenschancen besitzt. In welcher Gruppe würden Sie dieses Kind am liebsten weiterlernen lassen? In einer homogenen Gruppe, in der es vor allem auf Kinder mit ähnlichen Schwierigkeiten trifft, oder in einer heterogenen, in der leistungsstarke und weniger leistungsstarke Kinder ihren Niveaus entsprechend gemeinsam lernen? Als engagierte Eltern werden Sie die zweite Gruppe bevorzugen, weil Sie sich davon höhere Chancen für Ihr Kind versprechen und vielleicht die Hoffnung hegen, es würde von den »Guten« etwas lernen oder sogar von ihnen mitgezogen. Sie werden also alles daransetzen, Ihr momentan weniger leistungsstarkes oder leistungsbereites Kind über genau jene Hürde zu hieven, die es nehmen muss, um nicht den Anschluss an die besseren Schüler zu verpassen.

Natürlich haben Sie mit dieser intuitiv getroffenen Entscheidung recht, zumal Sie wahrscheinlich so ziemlich jeder Entwicklungspsychologe beruhigen und Ihnen sagen würde: Im Alter von 9 oder 10 Jahren kann man kaum verlässliche Prognosen über die späteren Entwicklungsmöglichkeiten und Begabungen abgeben. Außerdem spüren Sie: Schwächere Schüler werden nicht dadurch besser gefördert, dass sie nur mehr auf ihresgleichen treffen, weil so manch ein Schulpolitiker meint, je homogener das Leistungsniveau, desto effizienter die Förderung. Und auch Ihre Skepsis gegenüber niedrigeren Schulformen ist berechtigt: weniger Unterricht und fachlich weniger qualifizierte Lehrer. Sie wollen Ihr Kind, das momentan vielleicht nicht so gute Noten hat, auf keinen Fall in die Hauptschule oder Realschule schicken, sondern werden alles dafür tun, dass es aufs Gymnasium kommt. Warum also sollte man Kindern aus sozial schwachen Schichten diese Chance nicht zuteilwerden lassen?

Chancengleichheit ist für unsere alternde und auf Dauer schrumpfende Gesellschaft unverzichtbar. Nur sie führt dazu, dass – anders, als es bisher der Fall ist – nicht so viele Talente von Kindern verschleudert werden. Wem diese Argumentation zu »ökonomisch« und damit zu fern den Menschen ist, der könnte auch anders argumentieren: Chancengleichheit ist einer der Grundsteine für das Funktionieren der demokratischen Gesellschaftsordnung. In dem Moment, in dem bestimmte Schichten an ihrer Chancengleichheit zweifeln, werden sie das Gesellschaftssystem, in dem sie leben, in Frage stellen und es am Ende in logischer Konsequenz ablehnen.

Kommen wir zu der zweiten Forderung an das deutsche Bildungssystem: Es müsste die gesamte Schülerschaft auf ein höheres Niveau bringen, wollte Deutschland mit den bestplatzierten Ländern der PISA- und IGLU-Studien gleichziehen. Auch dabei handelt es sich um eine Frage der Chancengleichheit – diesmal im internationalen Vergleich. Schon einmal in den sechziger und siebziger Jahren hatte man festgestellt, dass deutsche Schüler nicht allzu gut abschneiden. Doch anstatt an einer allgemeinen Niveauerhöhung zu arbeiten, beschlossen deutsche Bildungspolitiker, sich dem internationalen Vergleich 25 Jahre lang einfach zu verweigern. Nicht noch einmal wollten sie bescheinigt bekommen, dass sie – betriebswirtschaftlich gesprochen – mittelmäßige Produkte und reichlich Ausschuss produzierten. Geändert hat sich in dem Vierteljahrhundert internationaler Abstinenz überhaupt nichts. Deutsche Schüler sind Mittelmaß. Der Münchner Bildungsökonom Ludger Wößmann meint dazu: »Für die deutsche Schule bedeutet das konkret, dass sich in den letzten vierzig Jahren an der Qualität der vermittelten Kenntnisse und Fertigkeiten nichts Wesentliches geändert hat. Natürlich hat sich insgesamt im Schulsystem vieles verändert. Zum Beispiel haben wir immer mehr Geld hineingesteckt. Aber für das, worauf es wirklich ankommt, für den Lernerfolg im internationalen Vergleich, hat das nichts gebracht.« Da es vielen anderen Ländern in jüngster Zeit gelungen ist, das Bildungsniveau der Kinder und Jugendlichen ingesamt deutlich zu erhöhen, fällt Deutschland zurück. 17 Prozent der 20- bis 30-Jährigen hierzulande hatten nach Angaben des Bildungsberichts 2008 weder einen beruflichen Abschluss, noch nahmen sie an Bildung überhaupt teil. Die Abschlüsse der Sekundarstufe II werden zu spät erreicht. Die Hochschulabsolventenqoute liegt bei 22 Prozent und damit weit unter der Zielmarke des Wissenschaftsrats von 35 Prozent.

Wollte Deutschland zu den bildungsstarken Nationen aufschließen, müssten es viel mehr Schüler bis zum Abitur bringen und danach erfolgreich an den Universitäten studieren. Doch das ist derzeit nicht in Sicht. Nicht weil das Land nicht die Mittel und Möglichkeiten hätte, etwas zu ändern, sondern weil es an der Einsicht in die Notwendigkeit fehlt, das Ruder schneller zu bewegen. Hinzu kommt, dass vor allem in bildungsbürgerlichen Schichten immer noch die Meinung vorherrscht, eine relative Zunahme höherer Bildungsabschlüsse würde mit deren Entwertung einhergehen. Bildungsexpansion wurde über Jahrzehnte mit Niveauverlust gleichgesetzt. Noch immer scheint sich in den Köpfen nicht durchgesetzt zu haben, dass eine Wissensgesellschaft – will sie langfristig ihren Wohlstand wahren – eine höhere Quote von Studienberechtigten braucht. Ebenso wenig wird verstanden, dass in einer solchen Gesellschaft niedrige Bildungsabschlüsse immer weiter entwertet werden. In einer Umfrage im Auftrag der Initiative Neue Soziale Marktwirtschaft vom Frühjahr 2008 wurde das noch einmal deutlich: Sie ergab nicht nur, dass die Anforderungen in Ausbildung und Beruf deutlich gestiegen seien, sondern auch, dass es nach Meinung der Mehrheit befragter Arbeitgeber kaum noch Bedarf an geringqualifizierten Arbeitskräften gebe. Für Deutschland ist es deshalb von existenzieller Bedeutung, mehr Menschen deutlich besser zu qualifizieren. Bildung bringt Wachstum. Wenn in Deutschland erheblich weniger junge Arbeitskräfte einen Hochschulabschluss vorweisen als in anderen europäischen Ländern, dann wird das langfristig seine Auswirkung auf Wachstum und Wohlstand haben.

Dass Chancengleichheit sogar niveausteigernd wirkt, zeigt ein Blick auf die Länder, die in den PISA-Studien am besten abgeschnitten haben. Dass an erster Stelle Finnland steht, wissen wir längst. Deswegen sei das kleine skandinavische Land hier auch nur dieses eine Mal erwähnt. In Finnland paaren sich nämlich ein außerordentlich hohes Leistungsniveau – finnische Schüler im Alter von 15 Jahren sind den deutschen nach Punkten um etwa ein Jahr voraus – und eine hohe Chancengleichheit. Nirgends sonst ist der Leistungsunterschied zwischen den besten und den schlechtesten Schülern so gering wie dort. Ähnlich sieht es aber auch in den Niederlanden, in Korea oder Kanada aus. Bei uns hingegen sind die besten 10 Prozent der Schüler ihrem Wissen nach den schlechtesten 10 Prozent um mehr als sechs Schuljahre voraus. Und wer zu den schlechtesten gehört, ist bekannt. Es sind vor allem die Kinder der Unterschicht. Die Risikogruppe der Schüler, die zu wenig wissen, um eine berufliche Ausbildung zu bewältigen, ist im internationalen Vergleich besonders groß. Daran zeigt sich, dass es unserem Schulsystem noch nicht einmal gelingt, ein gesellschaftliches und ökonomisch notwendiges Mindestniveau sicherzustellen.

Doch zurück zu Jascha und der Frage, ob aus ihm etwas anderes geworden wäre, wenn er in der Schule nicht immer nur auf seinesgleichen, sondern auch auf leistungsstarke, selbstbewusste Schüler aus anderen Milieus getroffen wäre. Er selbst hat die Antwort schon gegeben und die Schuld seines Scheiterns dem Umfeld zugeschoben. Er muss das tun, er muss die Gründe für seinen Abstieg anderswo als bei sich selbst suchen, sonst müsste er sich selbst abschreiben. Doch das ist seine Sache nicht. Jascha ist ein Meister im Verdrängen unangenehmer Wahrheiten. Er hätte sich ja auch irgendwann einmal anstrengen können. »Hat mir irgendjemand erklärt, wie das geht?«, fragt er dann zurück, und Zynismus schwingt mit in seiner Stimme. Jascha hatte denkbar schlechte Startbedingungen. Es ging schon in der Familie und seinem Viertel los. Seine Schullaufbahn war dann nur noch die logische Konsequenz dieser Startbedingungen. Er hätte sich also doppelt und dreifach bemühen müssen, um seinem Milieu, seiner Schicht, seinesgleichen zu entkommen.

Doch das ist fast aussichtslos. Treffender als der Rektor einer Berliner Hauptschule kann man die Lage der sozial benachteiligten Jugendlichen nicht beschreiben: »Wir können es ihnen nett machen hier«, sagt er. »Wettbewerbsfähig aber machen wir diese Kinder und Jugendlichen nicht mehr.« Jascha hätte gegen den Strom schwimmen müssen, während die behüteten Mittel- und Oberschichtkinder diese Anstrengungen nicht auf sich nehmen müssen. Sie werden gefördert – für die Schule, nach der Schule, in den Ferien. »Schüler aus sozial schwachen Schichten haben vor allem während der unterrichtsfreien Zeit das Nachsehen. In dieser Zeit vergrößert sich der Abstand zu den Kindern und Jugendlichen aus einem weniger bildungsfernen Umfeld dramatisch«, sagt Bildungsforscher Baumert. Mehr als drei Monate Schulferien im Jahr – für Kinder aus solchen Milieus wie Jascha ist das eine Katastrophe.

Die Schule kann nicht all das ausgleichen, was an Grundausbildung in vielen Familien sozial schwacher Schichten womöglich nie stattgefunden hat. Insofern wird es absolute Chancengleichheit auch nicht wirklich geben. Aber die Schule könnte viel mehr neue Chancen bieten, wenn sie wenigstens in der Lage wäre, den ewigen Kreislauf vererbter sozialer Nachteile aufzubrechen. Sie könnte und müsste das Handicap sozialer Herkunft viel stärker abmildern. Das kostet Geld – womöglich viele Milliarden, aber die wären gut investiert. Das kostet auch Mut: Schule funktioniert in Deutschland als Sortiermaschine, die die bereits bestehende Chancenungleichheit zementiert, anstatt sie abzufedern. Davon profitieren vor allem die Kinder aus der Mittelschicht.

Eines der (noch) reichsten Länder der Welt ist nicht in der Lage, sein schreiend ungerechtes Bildungssystem derart zu reformieren, dass mehr junge Menschen aus sozial schwachen Schichten Chancen bekommen. Das ist ein Skandal. Dabei trüge Chancengleichheit erheblich dazu bei, die Talente und Energien jener Kinder und Jugendlichen zu nutzen, die jetzt brachliegen oder in destruktiven Aktivitäten verschleudert werden. Hans Bertram, Familienforscher und Mikrosoziologe an der Berliner Humboldt-Universität, hat recht, wenn er sagt: »In den schlechtesten Stadtvierteln sollten die besten Schulen stehen.«

6. Kapitel
Der letzte Kick

Im Grunde bin ich total gefühllos«, sagt Jascha über sich selbst. Er ist noch nicht einmal stolz darauf. Im Gegenteil: Er sagt das mit einem gewissen Erschrecken, zieht ein Gesicht, als wäre er sich selbst nicht geheuer. Unlängst hat er in seiner Wohnung versucht, eine Dose Tomaten mit einem Messer zu öffnen. Einen Dosenöffner hatte er nicht. Er ist dabei abgerutscht und hat sich das Messer tief in den linken Handballen gestoßen. »Ich habe mir angesehen, wie das Messer da drin steckte, dann habe ich es wieder rausgezogen.« Natürlich habe die Wunde geblutet. Aber das war es nicht, was ihn verblüffte. »Ich habe mich gewundert, warum mir so etwas überhaupt nicht wehtut«, berichtet Jascha und hebt die Linke. Er zieht ein großes Pflaster vom Handballen, unter dem sich die noch immer klaffende Wunde verbirgt. »Meine ABF, mit der ich mich am späten Nachmittag getroffen habe, hat mir in der Apotheke dann ein Spray besorgt«, erzählt er weiter. »ABF« – das sagt er immer mal wieder. »Das heißt allerbeste Freundin«, ein Mädchen aus der zehnten Klasse einer Gesamtschule im Berliner Norden, mit der er vor über einem Jahr kurz zusammen war, eine seiner fast vierzig Freundinnen, die er in seinem jungen Leben schon gehabt hat. »Ich habe meine ganzen Freundinnen neulich alle mal aufgeschrieben«, sagt Jascha. So sei er auf die Zahl 39 gekommen. Nur eine hat es zum Status der ABF gebracht, die meisten von ihnen sind ziemlich schnell wieder aus seinem Leben verschwunden. »Ich bin wirklich total gefühllos«, sagt er noch einmal. »Das gilt nicht nur für meine Verletzung. Das gilt eigentlich für alles, sogar für die Freundinnen. Vielleicht waren es deshalb so viele.«

Jascha lebt seit Jahren ein Leben des *comme il faut*. Das allerdings findet nicht im bildungsbürgerlichen Milieu statt, wo das Hockey-Training und der Musikschulunterricht ebenso zum Standardprogramm gehören wie der Besuch einer guten Schule. Sein Leben ist das Leben in den untersten Milieus in Deutschland, mit ganz eigenen Regeln und Konventionen, mit Verhaltenskodizes, ohne die einzuhalten er wahrscheinlich nicht hätte überleben können. Der soziale Druck entsteht bereits während seiner Kindheit. »Die Mutproben damals, immer wieder Mutproben, die wir alle bestehen mussten, um mit den größeren Jungen durchs Viertel ziehen zu dürfen«, sagt Jascha, »die waren schon heftig.« Als er fünf oder sechs ist, geht es ja noch um harmlosere Dinge: von hohen Mauern springen, solche Sachen, die sich nicht gegen andere richteten. Doch schon ein paar Jahre später ist das alles anders. Mutproben bestehen inzwischen aus hemmungsloser Prügelei, zu der sich Jascha immer wieder provozieren lässt, um sich den Respekt der anderen zu verdienen. Seine Angst unterdrückt er, schiebt sie einfach beiseite, verdrängt, dass auch ihm etwas passieren könnte, wenn er in einer Gruppe über die Straße zieht und einfach auf einen Fremden losschlägt.

Zur Mutprobe wird ein möglichst unverfrorener Ladendiebstahl erklärt. Held ist nur, wer sehr erfolgreich klauen kann, zum Beispiel teure Trikots von bekannten Fußballclubs, edle Sonnenbrillen, Füller oder Kugelschreiber, die sich schnell versilbern lassen. »Man darf niemals

Schwäche zeigen«, sagt er. »Das ist die erste Regel.« Oft, wenn er abends von seinen Touren mit den »Freunden« nach Hause kommt, ist er froh, wenn bei seiner großen Schwester im Zimmer der Fernseher läuft. »Wenn sie gut drauf war, durfte ich rein. Da habe ich mich dann unter einer Decke auf ihrem Bett zusammengerollt und einfach geguckt, was sie gerade eingeschaltet hatte.« Meistens schläft er vor Erschöpfung ein, bis ihn seine Schwester unsanft weckt und rüde aus dem Zimmer treibt.

»Das Leben auf der Straße ist hart«, sagt Jascha und kramt in seiner Jackentasche nach einem Feuerzeug. Er wiegt es in der Hand, umschließt es mit den Fingern, bis eine Faust entsteht. Auf der Straße mit den anderen Jungen habe er sich seine Gefühle über die Jahre abgewöhnt: Mitleid, Angst, Trauer oder gar ein schlechtes Gewissen. »So was kann man da nicht gebrauchen – weil es einen schwach macht«, erklärt er. Geblieben aber sind seine Aggressionen und die Wut. Eines begreift man ganz schnell: Die Aggressivität ist da, und sie ist wichtig, schlagen kann man sich immer. Die Kriegszüge gegen andere Straßenkinder des Viertels finden tags darauf in der Schule während der Pausen ihre Fortsetzung. Was nachmittags zuvor offengeblieben ist, wird am nächsten Tag in der Schule erledigt. Zum Lernen bleibt da keine Zeit.

»Nur selten habe ich darüber nachgedacht, woher eigentlich meine Wut und die Aggressionen kommen.« Jascha spricht plötzlich ganz leise. »Und dann habe ich immer wieder festgestellt, dass es keinen Sinn hat, über das alles nachzudenken. Können wir das Thema wechseln?«, fragt er fast ein wenig schüchtern. Noch nicht, denn vorher gilt es noch zu klären, wo diese Wut herrührt, die immer wieder in ihm aufsteigt, ihn aggressiv macht und so gar nicht zu der von ihm beschriebenen Gefühllosigkeit passen will. Jascha schaut unwillig drein. Doch dann redet er leise weiter.

»Als ich noch klein war, sechs oder sieben Jahre alt, bin ich nachmittags, wenn es kalt und das Wetter schlecht war, mit der S-Bahn in die großen Einkaufscenter oder Kaufhäuser gefahren. Manchmal richtig weit, fast quer durch die Stadt. Meine Mutter hatte nichts dagegen, oder sie wusste es gar nicht. Ich hatte natürlich kein Geld, um mir irgendetwas zu kaufen. Aber viele Sachen konnte man anschauen, ausprobieren. Einmal habe ich einen Mann und eine Frau mit zwei Kindern beobachtet. Endlos lange waren sie bei den Spielwaren in einem Kaufhaus«, erzählt Jascha. Heimlich sei er ihnen durch die Gänge gefolgt, immer im Schatten einer der vielen Regale. Er habe gesehen, wie die Eltern mit den Kindern diskutiert, ihnen Spiele erklärt, dies und jenes begutachtet, am Ende aber nur eine Kleinigkeit gekauft und die Kinder auf die Weihnachtszeit vertröstet hätten. »Die hatten so viel Zeit für ihre Kinder. Es waren ja auch nur zwei«, fügt Jascha hinzu. »Damals war mein Vater noch zu Hause. Und trotzdem war ich kein einziges Mal mit meinen Eltern in so einem Kaufhaus. Plötzlich ist in mir diese Wut aufgestiegen, dieser unglaubliche Frust. An das Gefühl kann ich mich heute noch erinnern. Ich weiß noch, wie es war, aber nicht, warum es aufstieg«, sagt er. »Es ging gar nicht um das teure Spielzeug, denn die Kinder haben ja nichts bekommen.« Es ging um etwas anderes. Jascha berichtet weiter, dass er vor Wut kaum in der Lage gewesen sei, nach Hause zu fahren. Das erste Mal in seinem Leben habe er mit dem Gedanken gespielt, einfach fortzugehen, möglichst weit weg. »Irgendwann war ich dann aber doch zu Hause«, bemerkt er trocken. Erzählt habe er diese Begebenheit noch nie. Wem auch?

Es gibt Momente, in denen Jascha einfach das Thema wechselt. »Wenn ich es mir recht überlege«, sagt er, der eigentlich nie aus freien Stücken etwas erzählt, plötzlich von sich aus nachdenklich, »dann war ich viele Jahre immer auf der Suche nach dem ultimativen Kick.« Er zieht die Augenbrauen zusammen, schüttelt den Kopf und lächelt. »Wissen Sie, was ich meine?« Nicht wirklich. So beginnt er zu erklären, worum es ihm geht.

Der Kick kommt für Jascha aus dem Computer oder der Playstation. Alle in seiner Familie spielen Computer. Die Freunde auch. Von seiner Mutter kennt er kaum etwas anderes. Sie spielt »Die Sims«, allein oder mit Bekannten, tagein, tagaus, besorgt sich seit Jahren jede neue Variante, die auf dem Markt ist. »Die Sims sind ihre Leidenschaft«, erklärt er und meint wahrscheinlich die bessere Ersatzwelt, die sich seine Mutter in dem Spiel konstruieren kann. Sie ist nicht die Einzige. Das ganze Viertel spielt – einfach jeder. Wie besessen sind sie von den virtuellen Familien, die auf virtuellen Grundstücken wohnen und irgendwie zusammen ihr Leben verbringen müssen, die Kinder haben und Haustiere, die Freunde werden, verreisen, Karrieren machen, genug Geld verdienen. Die Sims haben sogar ihre eigene Sprache, Simlish, ein für Outsider vollkommen unverständliches Gebrabbel, das seine Mutter nach Jaschas Angaben auch häufiger mal verwendet. Die Sims – das sind die virtuellen Begleiter der Mutter, seit Jahren. Und der Computer ist wahrscheinlich ihr treuester Freund. Jascha schaut einen kurzen Moment auf. Dann sagt er: »Die Sims, das ist ein völlig harmloses Spiel, ein Gesellschaftsspiel, wie man so schön sagt. Es hat nichts mit dem zu tun, was ich spiele.«

Nach den Spielen, mit denen sich Jascha die Zeit vertreibt, bräuchte man ihn eigentlich nicht zu fragen. Es sind natürlich Actionspiele, gewaltdarstellende Computerspiele, in denen der Weg zum nächsthöheren Level nicht selten von Leichen gepflastert ist. Hier darf auch der Versager mal zum Helden werden. Und der ist er, jeden Morgen, direkt nach dem Aufwachen. »Wenn ich irgendwann morgens aufwache, dann spiele ich erst mal eine Zeit am Computer, eine halbe Stunde vielleicht oder auch eine Stunde. So tauche ich ganz langsam auf, aus dem Schlaf ins Spiel und dann in die reale Welt mit den ganzen Problemen.« Das hat er schon immer gemacht, auch gegen die Regeln der Heime, in denen er seine Jugend verbracht hat. Den einen oder anderen wilden Streit mit seinen Erziehern hat er riskiert, zum Teil heftig eskalierende Auseinandersetzungen, wenn diese versuchten, ihm sein liebstes Spielzeug zu verbieten. »Man kann nicht immer die gleichen Spiele spielen«, sagt Jascha ernst. »Man braucht Nachschub, weil einem immer dasselbe irgendwann keinen Kick mehr gibt.«

Den Kick holt sich Jascha auch über Handys. Natürlich hat er Prügeleien gefilmt, sich windende Körper, die längst am Boden lagen, nachdem eine Horde wild gewordener Jugendlicher ordentlich zugeschlagen und getreten hatte. Wie die braven Mädchen vor vierzig Jahren auf dem Schulhof noch Oblaten tauschten und die kleinen Jungen mit ihren neuesten Quartetten prahlten, später dann während der Stunde heimlich unter dem Tisch *Bravo* lasen oder die Hefte weiterreichten, machen heute nicht nur die neuesten Klingeltöne die Runde, sondern auch Bilder und Miniaturvideos höchst denkwürdigen Inhalts. Von Prügelclips über erschütternde Kriegsszenen bis hin zu grausigsten Mordvideos, gestellt oder echt. Alles ist möglich. Natürlich schickt Jascha seinen Freunden immer einmal wieder die neuesten Kurzfilme, immer brutaler, immer menschenverachtender, zum Teil hochgradig pervers. Ein Hobby nennt er das, es machten schließlich alle. »Neunzig Prozent nehmen daran teil, zumindest die Jungen«, erklärt er. »Es gehört einfach dazu. Mädchen machen das weniger. Doch natürlich gibt es Ausnahmen.« Nichts in seiner Stimme verrät, dass er diese Art des Zeitvertreibs auch nur ansatzweise bedenklich findet. Vor einigen Jahren gehörte das Anschauen derartigen »Materials« zu dem Arsenal an Mutproben, die es zu bestehen galt. Wer schaut hin, wer muss sich abwenden? Wer behält dabei die stoischsten Züge? »Ganz am Anfang, als ich zum ersten Mal einen miesen, richtig blutigen Film angeschaut habe, dachte ich, ich würde die Bilder nie wieder los. Aber irgendwann gewöhnt man sich einfach daran.« Das alles gehört zu Jaschas Alltag. »Kumpels von mir haben aus einer von unseren aufgenommenen Prügeleien einen richtigen Film geschnitten, mit Musik und allem, was dazugehört«, erzählt er weiter.

»Was ich mir heute dabei denke?« Jascha wiederholt die Frage und blickt einigermaßen verständnislos drein. Dann wippt er, wie immer, wenn die Antwort schwierig wird, auf seinem Stuhl. »Kann ich noch einen Kaffee haben?«, fragt er arglos, als müsste er sich mit Koffein für die nächste Antwort wappnen. Doch die fällt dann eher belanglos aus. »Nichts denke ich mir dabei. Keiner denkt sich was dabei. Zumindest habe ich noch nie darüber nachgedacht, ob ich mir was dabei denken sollte.« Wieder schüttet er eine Unmenge Zucker in die schwarze Brühe in seiner Tasse. »Ehrlich gesagt, der Kick kommt nicht dadurch, dass man sich die Bilder anschaut, und auch nicht dadurch, dass man sich klarmacht, dass es um Menschen geht.« Das alles bleibe »irgendwie abstrakt«, »ganz weit weg«. Die Befriedigung stelle sich allein dadurch ein, dass man seinen »Kumpels« neue, noch brutalere Varianten menschlicher Gewalt, Dominanz und Demütigung zeige, gern auch mit pornographischem Inhalt, so wie die Lieder der Rapper, von denen Jascha träumt. »Dann bist du plötzlich wer, und alle fragen dich, wo du das herhast. Du stehst im Mittelpunkt. Zumindest einen kurzen Moment lang.«

Noch mal: Was würde er wohl empfinden, wenn auf den Gewaltvideos nicht irgendein Junge oder Mädchen die Opfer wären, sondern vielleicht eine seiner kleinen Schwestern oder sein Bruder? So etwas könnte ja passieren. Jascha schüttelt den Kopf und bleibt einen Augenblick stumm, als wollte er einen derart unangenehmen Gedanken schnell vertreiben. Dann stößt er plötzlich hervor: »Selbst schuld, wenn sie in so etwas hineingeraten.« Und dann sagt er noch: »Wechseln wir das Thema.«

Immer auf der Suche nach dem Kick: Jascha hat sich den jahrelang mit Joints verpasst, mit Haschisch oder Marihuana. »Drei Knollen kosteten damals etwa 10 Euro«, sagt er. Damit kam er vergleichsweise lange aus, weil er anfangs nur ganz wenig in seinen Tabak mischte. Doch irgendwann waren es 10 Euro am Tag. Und die muss man erst einmal haben. Bong hat er auch geraucht, diese Art Wasserpfeife, doch die Joints waren ihm lieber. »Ich habe zwei Arten von Freunden«, erzählt Jascha. »Die einen haben sich in den vergangenen Jahren ihre gesamten Gehirnzellen weggekifft. Sie leben für die Joints, sonst gar nichts. Die anderen sind extrem sparsam. Sie sind eigentlich nicht abhängig, kiffen auch nicht jeden Tag, sondern haben das im Griff.« Und er selbst? Jascha hatte es eine Zeit lang im Griff, dann plötzlich nicht mehr. Für den erhofften Kick musste er immer wieder die Menge steigern, bis es ihm irgendwann gar nichts mehr brachte. »Ich habe dann aufgehört; bin nicht umgestiegen. So weit wollte ich doch nicht sinken. Außerdem wollte ich mir beweisen, dass ich willensstark bin.«

Noch nicht lange ist es her, dass er das Gras nicht mehr anrührt. Zwei Jahre vielleicht. Geholfen haben ihm das abschreckende Beispiel seines großen Bruders und seine eigenen Erfahrungen. Janko hat seinen Drogenkonsum nie wirklich unter Kontrolle bekommen. Immer wieder brauchte er Geld, geriet darüber mit der Mutter in Streit und mit Jascha, der es überhaupt nicht leiden konnte, dass er mitunter auch seinen gutmütigen Onkel anpumpte und immer nur dann dort aufkreuzte, wenn er keinen Cent mehr in der Tasche hatte. Und noch etwas hat ihn letztlich wieder davon abgebracht: »Kiffen hat, abgesehen davon, dass es süchtig macht, auch noch andere Nachteile«, erzählt er, während er sich umschaut. Dann kramt er seinen Tabak und Papier hervor und beginnt, sich langsam und sorgfältig eine Zigarette zu drehen. »Für nachher«, erklärt er beiläufig. »Wenn man sich zudröhnt, dann steigen Erinnerungen auf, gute oder schlechte – das ist eine Typfrage. Manche meiner Freunde waren wirklich high, irgendwie gut drauf. Bei mir sind meistens die schlechten Erinnerungen aufgestiegen, vieles von dem, woran ich mich nicht mehr erinnern wollte. Deswegen bin ich immer so aggressiv geworden.« Er wippt auf seinem Stuhl. Die fertig gedrehte Zigarette steckt er sich kurz hinters Ohr, nimmt sie dann doch wieder runter und legt sie neben sein gelbes Feuerzeug auf den Tisch. »Unangenehm ist beim Kiffen der Absturz. Richtig unangenehm. Das passiert, wenn man zu viel genommen oder das Ganze mit Alkohol kombiniert hat. Erst findet alles im Zeitlupentempo statt. Dann muss man sich übergeben und will am Ende nur noch schlafen. Die Zeitlupe – das ist richtig mies.«

Alkohol ist das nächste Mittel, mit dem sich Jascha seine Grenzerfahrung besorgt, die ihm den ersehnten Kick verschafft. Dass er mehrfach im Krankenhaus aufgewacht ist, erzählt er ausnahmsweise mit Stolz. »Das waren echte Events«, sagt er. Getrunken wird in der Disco, niemals allein zu Hause. In der Disco dagegen, und damit fast jedes Wochenende, schüttet er bis heute unendliche Mengen Alkohol in sich hinein. »Dabei gibt es diesen Punkt, an dem das Zeug seine Wirkung zeigt. Man spürt es plötzlich. Und das gibt mir jedes Mal den Kick«, erzählt er. Dass er meistens nicht leicht alkoholisiert, sondern extrem betrunken mit weit über 2, wenn nicht gar 3 Promille die einschlägigen Etablissements verlässt, sofern er dazu überhaupt noch in der Lage ist, ist für ihn die Regel. Warum trinkt er immer weiter, warum braucht er den Vollrausch? »Das ist dann eine Frage der Gesellschaft«, sagt Jascha. »Die Typen, mit denen ich dort feiere, machen das alle. Es ist so. Man trinkt und trinkt und trinkt.« Jascha säuft auch um die Wette, ein immer wiederkehrendes Ritual, sich seiner Männlichkeit zu versichern – bis zur Bewusstlosigkeit. An seinen ersten Vollrausch kann er sich nicht mehr erinnern, auch nicht an das Alter. »Mit Alkohol wächst man einfach auf«, erklärt er. »Mein Vater, meine Mutter – die haben häufig Alkohol getrunken. Natürlich habe ich sie auch öfter betrunken erlebt. Aber meine Mutter nicht regelmäßig. Abhängig, würde ich sagen, waren beide nicht.«

Natürlich hat Jascha auch gesprayt. Wahre Adrenalinstöße haben ihm die illegalen Schmierereien verschafft, für kurze Zeit den »totalen Kick«, weil alles so schnell gehen muss. Das Sprayen auf Flächen, die dafür zur Verfügung gestellt werden, ist seine Sache nicht. Den Thrill bringt das Verbotene. »Lange habe ich allerdings nicht durchgehalten«, sagt Jascha. Und das hat einen Grund: »Richtig gut bin ich nicht gewesen. Es gab andere, die waren besser, viel besser. Das hat mich ziemlich schnell frustriert.« Er hat sich abgewandt, stattdessen Rapper-Texte verfasst, so wie die Stars der Berliner Szene. Er hat immer wieder versucht, die Stars mit seinen Texten noch zu übertrumpfen, brutaler, menschenverachtender, pornographischer.

Jascha ist immer auf der Suche nach dem Kick. Warum braucht er das? Für uns Hobbypsychologen scheint diese Frage relativ leicht zu beantworten: Jascha sucht sich, wie so viele seinesgleichen, Ersatzreize und auch Ersatzbefriedigungen. Er braucht das, weil ihm vieles andere fehlt: Anerkennung, Lob, Zuwendung. Dass diese Laien-Analyse gar nicht so weit von der Wirklichkeit entfernt ist, erklärt der Mediziner und Psychotherapeut Joachim Bauer in seinem Buch »Lob der Schule« zunächst einmal mit neurobiologischen Zusammenhängen. Für Lebenswillen, Energie, Motivation und Spaß an der Leistung, meint der Wissenschaftler, sorgen neurobiologische Zentren, in denen die notwendigen Botenstoffe produziert werden. Dabei handelt es sich zunächst um Dopamin, das Bauer als »Leistungsdroge« bezeichnet und das in den Menschen die Lust weckt, sich anzustrengen. Dazu kommen körpereigene Opioide für das körperliche und seelische Wohlbefinden sowie Oxytozin, eine Art Freundschaftshormon, das dafür sorgt, dass sich Menschen anderen Menschen besonders verbunden fühlen. »Menschen«, sagt Bauer, »die von ihrem Gehirn mit dieser ›Mixtur‹ ausreichend versorgt werden, haben Lust aufs Leben, sind bereit, gemeinsam mit anderen etwas auf die Beine zu stellen, und wollen den Erfolg ihrer Taten genießen.« Voraussetzung dafür aber, dass sich diese Botenstoffe über den Körper ergießen, dass also die körpereigenen Motivationssysteme funktionieren können, sind »das Interesse, die soziale Anerkennung und die persönliche Wertschätzung, die einem Menschen von anderen entgegengebracht werden.«

Neurobiologisch ließe sich Jaschas Leistungsverweigerung oder auch sein Versagen im Schulsystem somit ganz einfach erklären. Der Mangel an Zuwendung und Anerkennung von dauerhaft verlässlichen Bezugspersonen wie Eltern, Pädagogen oder Erziehern hat dazu geführt, dass seine Motivationssysteme gar nicht erst richtig in Gang gekommen sind. Ein neurobiologisch vorprogrammiertes Scheitern also. Und tatsächlich hat das eine mit dem anderen zu tun. Studien, sagt der Freiburger Wissenschaftler, hätten gezeigt, »dass soziale Ausgrenzung oder Isolation Gene im Bereich der Motivationssysteme inaktiviert«. Bauer geht allerdings noch weiter: Wenn einem Heranwachsenden jegliche Anerkennung versagt bleibe, dann suche sich der Körper unwillkürlich Ersatzreize, um die eigene gefühlte Bedeutungslosigkeit zu kompensieren – ein »Vorgang, den wir derzeit bei einem großen Teil junger Menschen erkennen«. Weiter sagt er: Der Körper sucht sich Ersatzanreize, die in der Lage sind, die Motivationssysteme des Gehirns quasi zu korrumpieren, um doch noch an die lebenswichtigen Botenstoffe heranzukommen.« Zwar würden die Botenstoffe freigesetzt, doch blieben die positiven Motivationsschübe aus. Stattdessen brauche der Körper weitere Ersatzreize. Eine Spirale setzt ein, ein Suchtmechanismus, an dessen Ende die Zerstörung der lebensnotwendigen Motivation und die Apathie stehen. Jascha ist nicht faul und schon gar nicht dumm, er ist apathisch. Er ist nicht alkoholsüchtig, nicht drogenabhängig, nicht wirklich dem Nikotin erlegen. Jascha ist süchtig nach dem immer neuen Kick, nach Ersatzreizen. Nun ist unser Protagonist nicht allein. Er hat eine Menge

Freunde und Bekannte, die sich über die verschiedenen Stadtteile Berlins verteilen. Jeder ist sicher ein Fall für sich, doch wenn man seine Erzählungen betrachtet, dann weisen viele von ihnen genau jene Symptome auf, die sich mit dem neurobiologischen Ansatz erklären ließen.

Verlassen wir die Neurobiologie, die uns den Ursprung der möglichen Misere eines Unterschichtkindes wie Jascha plausibel gemacht hat. Allerdings muss dazu gesagt werden, dass die »Hobbys«, wie sie von Jascha über die Jahre gepflegt werden, nicht nur in der Unterschicht zu finden sind. Auf der Suche nach immer neuen »Kicks«, nach dem »Thrill« des Verbotenen, nach Abgrenzungsmöglichkeiten gegenüber den Eltern sind natürlich auch Kinder und Jugendliche aus anderen gesellschaftlichen Schichten. Auch dort ist der Konsum von Alkohol und Drogen, von gewaltdarstellenden Filmen und Computerspielen anzutreffen. Der 16-jährige Berliner Schüler, der sich bei einer Flatrate-Party zunächst um seinen Verstand und am Ende um sein Leben soff, war Gymnasiast. Allerdings tritt die »Passion« für derlei Zeitvertreib in oberen Schichten nicht ganz so häufig auf wie unter den Jugendlichen aus deklassierten Milieus – und auch nicht in der fatalen Kombination mit allgemeiner gesellschaftlicher Chancenlosigkeit.

Jascha hat das Hauptsymptom seiner psychischen Deformation selbst benannt: Er ist weitgehend gefühllos, nicht nur physisch, auch psychisch. Seine Gefühle sind im Lauf der Jahre irgendwo verschüttgegangen. Seine Gefühllosigkeit war über die Jahre sein Schutz. Für Jascha gibt es keine Trauer, keinen Schmerz, keine Angst, kein Mitgefühl, keine Empathie. Kein Bedauern, keine Scham, keine Irritation, keine Reue, kein schlechtes Gewissen, keine Zuneigung, keine Leidenschaft, keinen Ehrgeiz. Im Grunde ist er über die Jahre apathisch geworden. Er hat sich regelrecht ausgeklinkt. Geblieben ist ihm die Aggression, dieses Bekenntnis »Schlagen kann man immer«.

Kinder wie Jascha haben die harte Überlebensschule der Straße hinter sich. Über Jahre haben sie sich in ihren Milieus, in ihren Cliquen und an ihren Schulen tagein, tagaus behaupten müssen. Für sie gilt das Recht des physisch Stärkeren; sie haben über Jahre erfahren, wie wenige Menschen ihnen wirklich wohlwollend gegenüberstehen. Am Ende bleibt das Gefühl, dass diese Jugendlichen – jeder auf seine individuelle Weise – über die Jahre für die Gesellschaft verlorengegangen sind. Sie leben nach eigenen Werten und Konventionen, haben sich meilenweit entfernt von jenen Regeln, die unser gesellschaftliches Zusammenleben und Funktionieren erst möglich machen. Sie zeigen häufig »abweichendes« oder dissoziales Verhalten, sind also aggressiv, gewalttätig, straffällig, im besten Fall unkooperativ und wenig leistungsbereit, verstrickt in Serien von Misserfolgen.

Der Prozess, sich regelrecht auszuklinken, setzt nach den Worten des Soziologen Klaus Hurrelmann von der Universität Bielefeld in den einschlägigen sozialen Milieus schon relativ früh ein. Das haben er und seine Kollegen im Rahmen der ersten Kinderstudie von World Vision 2007 herausgefunden. »Die Kinder sinken sehr früh in eine Welt ab, in der sie den Anschluss an normale Tagesstrukturen verlieren, so wie sie in anderen Milieus und Schichten normal sind«, sagt er. Sie »meanderten« durch den Tag, trainierten – anders als ihre Altersgenossen – sehr früh schon nicht mehr für ihre Zukunft oder für den gängigen Erfolg in Schule und Gesellschaft. Sie trainierten für ein Überleben in ihren Milieus. Die Interviews im Rahmen der Kinderstudie haben auch gezeigt, wie früh sich die Kinder bereits bewusst vom gesellschaftlichen Mainstream wegbewegen, sich nicht mehr zugehörig fühlen. »Sie erkennen den Ausgrenzungsmechanismus bereits in ganz jungen Jahren«, meint der Wissenschaftler, »sie spüren, wie mächtig er ist; deshalb wehren sie sich kaum dagegen.«

Nach Hurrelmann beginnt damit eine Art Umorientierung – vor allem der Jungen. Während Mädchen einfach nur resignierten, reagierte die überwiegende Zahl der betroffenen Jungen »verkantet und aggressiv«. Sie suchten sich ihre eigenen Erfolgssituationen und entwickelten durchaus regelgeleitete Verhaltensweisen, die – vorsichtig ausgedrückt – den gesellschaftlichen Normen zuwiderliefen. Ihr Verhalten bewege sich dabei nicht im regel- oder normfreien Raum. Vielmehr ordneten sie sich den in ihren Milieus gängigen Normen unter. Sie bringen sich also mit ihrem eigenen Verhalten um all ihre gesellschaftlichen Chancen.

Was ist über die Jahre in den Köpfen der Kinder aus der Unterschicht passiert? Und was passiert mit den vielen Kindern, die nachwachsen? Was muss zusammenkommen, damit am Ende eine Art der »psychischen Deformation« steht, die die Menschen so weit von dem Regelwerk entfernt, in dem wir alle funktionieren? Welche Mechanismen löst die Sozialisation in zerrütteten Familien, absteigenden Vierteln und schlechten Schulen bei den Jugendlichen aus sozial schwachen Milieus aus, dass sie immer weiter vom Mainstream der Gesellschaft abdriften?

Die Psychologen sind dieser Frage seit Jahren auf der Spur. Gezeigt hat sich, dass monokausale Erklärungen für Verhaltensauffälligkeiten, von der Aggression über Gewalttätigkeit bis hin zur Delinquenz, nicht ausreichen. Wer Gewalt in der Familie erlebt, wird nicht zwangsläufig gewalttätig. Wer innerlich gefestigt ist, ist auch möglichen negativen Enflüssen durch Medienkonsum gewachsen. Er kann Erlebnisse in sein Wertesystem einordnen. Es muss also schon einiges zusammenkommen, wenn Kinder und Jugendliche asoziales Verhalten zeigen und sich jenseits gesellschaftlicher Normen und Wertvorstellungen entwickeln.

Darüber hinaus zeigen die Statistiken: Verhaltensauffälligkeiten wie Aggression, Gewaltanwendung oder auch Delinquenz sind Phänomene, die sich vor allem im jugendlichen Alter zeigen – insgesamt allerdings mit stark steigender Tendenz. Bei den Jugendlichen von 14 bis 18 Jahren wurden den Zahlen der Kriminalstatistik für 2007 zufolge fast 5 Prozent mehr Gewalttaten registriert. Noch massiver ist der Anstieg gefährlicher Körperverletzung. Die Hemmschwelle der Jugendlichen sinkt, die Gewaltbereitschaft steigt. Experten vermuten darüber hinaus, dass mindestens die Hälfte aller Gewalttaten von Jugendlichen in den Statistiken gar nicht erst auftaucht. Die Gewalt, die sich bei ausländischen Jugendlichen entlädt, ist überproportional hoch. Hier warnen die Fachleute einschließlich des Bundesinnenministers vor falschen Rückschlüssen. Jugendkriminalität bei Teenagern nicht deutscher Herkunft sei nicht auf ihre Herkunft zurückzuführen, sondern auf den Grad ihrer Sozial- und Bildungsintegration.

Sind die Jugendlichen erwachsen, scheinen sich diese Erscheinungsformen wieder zu verflüchtigen, ein Entwicklungsprozess, der in der Regel in der Mitte des dritten Lebensjahrzehnts einsetzt, also etwa mit 26 oder 27 Jahren. Die Gewaltbereitschaft lässt häufig nach, die Straffälligkeiten nehmen ab. Die Fähigkeit, die Folgen des eigenen Handelns abzuschätzen, nimmt zu – eine Entwicklung, die wiederum mit Umstrukturierungen im Gehirn zu tun hat. Das alles zeigt sich in den Kriminalstatistiken. So positiv die abnehmende Verhaltensauffälligkeit aber auch zu werten ist, die Entfernung zur gesellschaftlichen Normalität bleibt; die Entwicklungschancen sind – auch wenn Delinquenz und Gewalt wieder nachlassen – minimal, weil die jungen Erwachsenen für ihr Alter viel zu wenig können.

Es gibt eine ganze Reihe von Faktoren, die das Risiko erhöhen, dass Kinder und Jugendliche regelrecht abdriften, Verhaltensauffälligkeiten entwickeln, mit denen sie in der Gesellschaft weitgehend auf Ablehnung stoßen. Für Teile des Nachwuchses beginnt dieser Prozess schon vor der Geburt. Abgesehen von bestimmten Dispositionen, mit denen die Kinder zur Welt kommen und die womöglich die Entwicklung eines auffälligen Verhaltens begünstigen, spielt schon das Verhalten der Mütter in der Schwangerschaft eine Rolle. Das klassische Fehlverhalten wie Rauchen und Alkoholkonsum trägt erheblich dazu bei, dass ungünstige Dispositionen entstehen. Gleiches gilt für den Umgang mit den Kindern nach der Geburt, angefangen bei schlechter Ernährung bis hin zu mangelnder Zuwendung. Vor allem Müttern aus deklassierten Schichten ist häufig nicht bekannt, dass die Kommunikation mit dem Nachwuchs vom ersten Tag nach der Geburt an für dessen Entwicklung von entscheidender Bedeutung ist. Die Hirnentwicklung und auch das Bindungsverhalten werden dadurch beeinträchtigt. Kommen andere Risikofaktoren hinzu, dann haben diese Kinder denkbar schlechte Chancen.

Dazu gehören zunächst Familie und Erziehung, also das Umfeld, das eigentlich die Grundausbildung des sozialen Verhaltens vermitteln sollte. Wenn zwischen den Eltern häufig Streit herrscht, wenn sie ihre Kinder weder warmherzig noch einfühlsam erziehen, dann besteht bei den Kindern nach entwicklungspsychologischen Erkenntnissen ein erhöhtes Risiko für Aggression und Verhaltensauffälligkeit. Gleiches gilt für übermäßig strenge, nachlässige oder wenig konsequente Erziehung, ganz zu schweigen von Vernachlässigung, Misshandlung oder gar Missbrauch. Die Psychologen und Jugendforscher Thomas Bliesener und Friedrich Lösel, die seit Jahren die Gründe für die Verhaltensauffälligkeiten von Jugendlichen erforschen, weisen in ihrer hochinteressanten Studie »Aggression und Delinquenz unter Jugendlichen«, die vom Bundeskriminalamt herausgegeben wurde, zudem auf einen Rückkopplungseffekt hin: »Indem die Eltern wenig Erziehungskompetenz haben, reagieren sie auf frühe Verhaltensprobleme des Kindes wiederum ablehnend, ungeduldig, aggressiv oder inkonsistent.« Dass das Auswirkungen auf das kindliche Verhalten hat, wird kaum verwundern. Ergebnis ist nach Aussage der Wissenschaftler eine unsichere Bindung oder gar ein ängstliches, zwanghaftes oder desorganisiertes Bindungsverhalten. »Hier liegt oft der Schlüssel zum abweichenden Verhalten von Kindern und Jugendlichen«, sagt Bliesener. »Denn unsicher gebundene Kinder, wie wir Psychologen es nennen, vermeiden tieferen emotionalen Kontakt. Sie übertragen die Grundannahme, dass tiefe Bindungen gar nicht möglich sind, auf alle anderen Personen, die ihnen begegnen.«

Familie, so könnte man sagen, ist die Grundschule der Beziehungs- und Bindungsfähigkeit. »Ihre ablehnende Haltung zu tieferen Bindungen kultivieren die Kinder und Jugendlichen in ihren Gruppen«, meint der Wissenschaftler. »Es kommt dann zu dieser jugendtypischen Kultur der Betonung der Körperlichkeit, der Verachtung von Schwäche und Gefühlen, die keinesfalls gezeigt werden dürfen. Schließlich verdichtet sich dies alles zu einer emotionalen Apathie oder Verflachung.« Weder Trauer noch

Freude sind möglich, was wiederum seinen Niederschlag in der Sprachkultur der Kinder und Jugendlichen findet. Sie haben für ihre Emotionen keinerlei differenzierte Begriffe, sondern können lediglich sagen, ob sie »gut« oder »mies« drauf sind.

Diese emotionale Verflachung hat Folgen. Eine davon ist die permanente Suche nach dem immer neuen »Kick«. Bekannt ist, dass sich im Jugendalter ganz allgemein das Sensationsbedürfnis erhöht, also der Wunsch nach Abwechslung. »Das hängt«, sagt Bliesener, »mit Prozessen der Umstrukturierung des Gehirns zusammen.« Kommt die oben beschriebene Apathie hinzu, dann kann sich das Streben nach immer neuen Sensationen, nach dem »Kick«, verstärken. Denn für sein Glück und seine Zufriedenheit ist der Mensch auf ein emotionales Auf und Ab geradezu angewiesen. Nun haben Kinder aus sozial schwachen Milieus nicht viele Möglichkeiten, ihr Bedürfnis nach emotionaler Abwechslung zu befriedigen. Fürs Bungee-Jumping fehlt das Geld, für andere adrenalintreibende Aktivitäten ebenso. Sie bedienen sich des Naheliegenden und fallen damit all jenen Aktivitäten des Zeitvertreibs anheim, mit denen sich auch Jascha immer wieder einen neuen »Kick«, seine Ersatzbefriedigung, die vermeintlich positive Rückkopplung oder auch seine Anerkennung zu verschaffen suchte.

Damit sind bereits die nächsten Risikofaktoren genannt, die abweichendes Verhalten begünstigen. Geraten diese durch ihre Familien bereits vorbelasteten Kinder nämlich in ein problematisches schulisches Umfeld, dann steigt das Risiko weiter, dass sie verhaltensauffällig werden. In Schulen etwa, die sich in sozialen Brennpunkten oder benachteiligten Vierteln befinden, treffen die Kinder auf ihresgleichen. Schulische Risiken, so meinen die Forscher, entwickeln dann mit anderen Benachteiligungen wiederum ungünstige Wechselwirkungen. Die Bindung zu den Lehrern oder auch zur Schule insgesamt ist gering. Schulschwänzen ist an der Tagesordnung, schlechte Leistungen mit serienweise erlebten Misserfolgen, Leistungsverweigerung, Sitzenbleiben und auch der Abbruch der Schulkarrieren. »Nur selten sind die Kinder in der Schule wirklich überfordert«, sagt Bliesener. Viel bedeutender seien die Einstellungen und Werthaltungen der Jugendlichen und ihrer Eltern gegenüber unseren Bildungsanstalten.

Gar nicht hoch genug einzuschätzen ist der Einfluss der sogenannten Peergroups, mit denen sich die Jugendforschung seit Jahren befasst. Sie werden zu einem weiteren Risiko. Wie Jascha, so begehen viele andere Kinder und Jugendliche ihre Delikte – und seien sie noch so unbedeutend – in Gruppen. »Die Gleichaltrigen sind Vorbilder und bekräftigen zugleich Aggression, Delinquenz, Substanzkonsum und einen auf unmittelbare Bedürfnisbefriedigung ausgerichteten Lebensstil«, meinen Bliesener und Lösel. Dabei erliegen vor allem solche Jugendliche dem negativen Einfluss ihrer Peergroups, die so oder so schon auffällig sind, in Problemvierteln wohnen und auch in ihren Familien zu wenig Zuwendung, Führung und Halt erfahren. Wieder gilt: Ein in sich gefestigter junger Mensch hätte gute Chancen, dem Einfluss dieser Peergroups zu widerstehen. Andere allerdings nicht.

Somit lernen die Kinder der Unterschicht in ihren Familien, in ihren Wohnvierteln und Schulen im Grunde immer wieder das Falsche. Sie lernen vor allem, dass ihre Aggressivität ihnen Anerkennung unter ihresgleichen verschafft und auch Erfolg im Sinne von spontaner Befriedigung irgendeines Bedürfnisses. Sie trainieren sich ein Sozialverhalten an, mit dem sie andernorts auf Ablehnung stoßen.

»Die Erfahrungen in der Familie und Peer-Gruppe tragen dazu bei, dass die jungen Menschen Schemata der sozialen Informationsverarbeitung entwickeln, die dissoziales Verhalten begünstigen.« Geradezu typisch für diese Kinder und Jugendlichen ist, dass sie die Absichten anderer Menschen um sie herum häufig negativ oder gar feindlich interpretieren. Sie zeigen weniger Empathie als ihre Altersgenossen, können sich also in ihr Gegenüber schlechter hineinversetzen, um dessen Motive und Gefühle zu verstehen. »Sie haben in ihrem Gedächtnis mehr aggressive Reaktionsmuster gespeichert; schätzen die Konsequenzen aggressiver Handlungen positiver ein«, meinen die Autoren. Mehr noch: Sie haben eine viel geringere Palette an Reaktionsmöglichkeiten im Zusammenleben mit anderen. Sie haben die Vielfalt menschlicher Reaktionen und Konfliktlösungsmöglichkeiten nirgends gelernt.

Die über Jahre dauernden Erfahrungen in deklassierten Milieus führen schließlich zu veränderten Werten bei Kindern und Jugendlichen. Und die wiederum befördern das auffällige Verhalten. In den Köpfen der Jugendlichen zählen die tradierten Normen wenig. Abweichendes Verhalten wird als Normalität begriffen und damit gebilligt, Aggression ist das Mittel der Wahl, um Konflikte zu lösen, Leistung ist kein Wert an sich, ein hoher Grad an Autonomie hingegen schon. Darüber hinaus wirken bei diesen Kindern und Jugendlichen Verdrängungsmechanismen, auch das haben die Forscher herausgefunden. Die Schuld an ihrer Misere, um die viele sehr wohl wissen, schieben sie der Umwelt zu. Zu selbstkritischer Reflexion sind sie nicht bereit oder nicht in der Lage. Für Jascha sind es der »miese Kiez«, die Freunde und die Schulkameraden, die für sein Scheitern verantwortlich sind. Niemals trifft ihn selbst die Schuld, auch wenn er geprügelt, gesprayt, gestohlen, gekifft und gelogen hat. Seine Verdrängungsmechanismen funktionieren perfekt.

Aus der Schule des Lebens und Überlebens in sozial schwachen Milieus gehen oft junge Erwachsene mit Verhaltensmustern hervor, die ihnen die Akzeptanz und damit die Teilhabe am Gros der Gesellschaft fast unmöglich machen. Sie sind getrieben vom Misstrauen gegenüber anderen, fühlen sich häufiger angegriffen als ihre Altersgenossen, die viele der von ihnen erlittenen Benachteiligungen nicht durchleben mussten. Sie sind im Durchschnitt nachweislich egozentrischer und antisozialer. Ihnen fehlen Reaktionskompetenzen in Bezug auf das Handeln ihrer Mitmenschen. Mehr noch: Ihnen fehlt das Problembewusstsein, um die Folgen ihres Handelns realistisch einzuschätzen. Und ihnen fehlt eine gute schulische Bildung. Dies alles gilt für beide Geschlechter, vor allem aber für die Jungen.

Wagen wir an dieser Stelle also einen geschlechterdifferenzierten Blick. Seit Jahren zeichnet sich eine Entwicklung ab, die jeden von uns berühren muss. Die Jungen sind auf dem besten Weg, zu den neuen Bildungsverlierern zu werden. Ins Bewusstsein der Öffentlichkeit geriet diese Tatsache erstmals auf breiter Front durch die Ergebnisse, die der PISA-Test 2000 zutage förderte. Er zeigte, dass die Mädchen auf Feldern wie Mathematik und Naturwissenschaften mit den Jungen nahezu gleichgezogen haben. Dagegen ist der Vorsprung der Mädchen hinsichtlich der Lesekompetenz ganz erheblich. Inzwischen weiß man auch, dass es deutlich mehr Jungen als Mädchen sind, die jene Symptome aufweisen, von denen auf den vorangegangenen Seiten die Rede war. Hauptschüler sind überwiegend männlich, Schulschwänzer ebenfalls; Aggressivität und Delinquenz – in jugendlichen Kreisen (noch) ein

Phänomen, das vor allem bei Jungen zu beobachten ist. Schlechte Noten ebenso. Jugendgewalt – eigentlich müsste es »Jungengewalt« heißen. Medienkonsum und Medienverwahrlosung – ein Problem vor allem der Jungen. Von Jugendarbeitslosigkeit sind Jungen eher betroffen als Mädchen. Das Gleiche gilt für Verhaltensauffälligkeiten, die in der Mehrzahl bei Jungen auftreten. Auch die neue Modekrankheit ADS, das Aufmerksamkeitsdefizitsyndrom, oder Hyperaktivität werden vor allem bei Jungen diagnostiziert.

Erschien es vor Jahrzehnten noch vorrangig, vor allem die Mädchen auf ihrem Weg durch die deutschen Bildungsanstalten zu unterstützen, um endlich Gleichberechtigung herzustellen, so ergibt sich heute ein ganz anderes Bild. Die Mädchen und jungen Frauen haben nicht nur aufgeholt, sondern ihre männlichen Altersgenossen überholt. Nichts erscheint dringlicher, als sich schnellstmöglich dem neuen »schwachen Geschlecht« zuzuwenden. Und das sind die Jungen. In Sachen Schulkarriere haben sie gegenüber den Mädchen das Nachsehen. Sie sind regelrecht benachteiligt. Und das beginnt häufig schon mit der Einschulung. Fast zwei Drittel der Kinder, die aufgrund vermeintlicher Unreife von der Einschulung zurückgestellt werden, sind Jungen. Die Mehrheit derer, die während ihrer Schullaufbahn eine Ehrenrunde drehen, sind ebenfalls Jungen. Die Hauptschule ist eine von Jungen besetzte Domäne, während an den Gymnasien die Mädchen in der Mehrheit sind und inzwischen auch beim Abitur die Nase vorn haben. Dagegen sind zwei Drittel der Schulabbrecher Jungen und drei Viertel der Sonderschüler. Was das »katholische Arbeitermädchen vom Lande« bis in die siebziger Jahre war, ist heute der städtische Halbstarke aus den sozial schwachen, bildungsfernen Milieus, nicht selten mit

Migrationshintergrund. Das »katholische Arbeitermädchen« war seinerzeit Inbegriff oder Synonym derer, die vom deutschen Bildungssystem erheblich benachteiligt wurden und damit die schlechtesten Bildungschancen in Deutschland überhaupt hatten. Heute trifft die Benachteiligung vor allem die Jungen.

Einschränkend ist dazu allerdings zunächst festzustellen: Drei Viertel aller Jungen eines Jahrgangs erweisen sich im Durchschnitt auf ihrem Weg durch das deutsche Bildungssystem nicht minder erfolgreich als die Mädchen. Dies sei der guten Ordnung halber erwähnt, weil die Aufgeregtheit, mit der über das »neue schwache Geschlecht« in der Öffentlichkeit diskutiert wird, zuweilen einen stark verzerrten Eindruck vermittelt. Darüber hinaus muss gesagt werden, dass die Mädchen auf dem besten Wege sind, in ihrem abweichenden Verhalten so manchem Jungen nachzueifern. Bei Gewalttaten von Kindern im Alter zwischen 8 und 14 Jahren weisen die Mädchen die höchste Steigerungsrate auf. In den vergangenen zwanzig Jahren hat sich die Zahl der von Mädchen begangenen Gewalttaten verzehnfacht. Ausgangspunkt ist allerdings eine im Vergleich zu den Jungen deutlich niedrigere Basis. Betroffen sind vor allem Jungen aus sozial schwachen, stark belasteten, deklassierten Familien und Milieus. Für sie birgt der Lauf durch die Bildungsinstitutionen, vom Kindergarten angefangen, besonders hohe Risiken, mehrfach benachteiligt zu werden und am Ende zu scheitern. Warum ist das so?

Dazu gibt es inzwischen verschiedenste Theorien, Erklärungsansätze und Vermutungen. Gleichwohl ist die empirische Basis für grundsätzliche Aussagen noch vergleichsweise dürftig, und die Wissenschaftler stehen in der Erforschung dieses Phänomens erst am Anfang. Denn dass die Wissenschaft begann, sich den Jungen zuzuwenden, ist noch gar nicht so lange her. Nicht zuletzt deshalb werden hier nur einige Punkte herausgegriffen. Die Erziehungswissenschaftlerin Astrid Kaiser, die sich als eine der Ersten bereits in den achtziger Jahren mit der Frage unterschiedlicher Lernvoraussetzungen von Jungen und Mädchen beschäftigte, schreibt dazu in ihrem Buch »Koedukation und Jungen«: »Im Alltagserleben von Lehrkräften hat die Aggressivität gerade von Jungen eine besondere Bedeutung, aber auch die lautlosen Formen patriarchalischer Machtgebärden in Form von Dominieren, Prahlen, Nichtbeachten von Mädchen sind vielfältige Ausdrucksformen von Problemen der Jungen – aber keinesfalls aller Jungen.« Jungen bringen, so die Aussage der Wissenschaftlerin, zunächst weniger Sozialkompetenz mit. Dadurch, dass Schulen diesem Unterschied zwischen Mädchen und Jungen kaum gerecht werden, sind sie heute nicht in der Lage, die Jungen so zu fördern, wie sie es brauchen – nicht in ihren Schwächen und schon gar nicht in ihren Stärken.

Verhaltensnormen, die in der Schule gelten und deren Einhaltung den Kindern abverlangt wird, kommen im Allgemeinen den Mädchen eher entgegen als den Jungen. Gleiches gilt für die Art der Wissensvermittlung. Natürlich gibt es Ausnahmen, und natürlich gibt es nicht *die* Mädchen oder *die* Jungen. Dennoch: Die Art, wie Schule stattfindet, verursacht bei den Mädchen häufig weniger Anpassungsschwierigkeiten: das Stillsitzen, das Zuhören, die verlangte Art der Wissensaufnahme und -verarbeitung. Beispielhaft sei an dieser Stelle nur das natürliche Bewegungsbedürfnis der Jungen genannt. Aus verschiedenen Untersuchungen weiß man, dass sich Jungen mehr bewegen als Mädchen, dass sie mehr Platz brauchen, dass sie mehr toben, raufen, rennen und mehr Risiken eingehen. Allein die Tatsache, dass dem maskulinen Bewegungsdrang in den Schulen so wenig nachgegeben wird, bringt schon die Kleinsten unter Hochspannung und setzt sie vielfach erheblich stärker unter Anpassungsdruck als Mädchen.

Andere, immer wieder angeführte Erklärungsversuche dafür, dass Jungen häufiger Verhaltensauffälligkeiten zeigen als Mädchen, sind die fehlenden männlichen Rollenvorbilder und Identifikationsfiguren. Erziehung ist hierzulande leider immer noch überwiegend Frauensache. Nicht nur, dass eine steigende Zahl von Kindern und damit auch Jungen bei alleinerziehenden Müttern aufwächst. Auch in den Kindergärten übernehmen vor allem Frauen die Erziehung. Kaum anders sieht es in den Grundschulen aus. Lehrer sind gegenüber Lehrerinnen deutlich in der Unterzahl. Erst in den weiterführenden Schulen ändert sich das Verhältnis. In den ersten zehn Lebensjahren fast aller Jungen sind also die Frauen prägend. An den Folgen dieser Übermacht weiblicher Präsenz für die Persönlichkeitsentwicklung haben vor allem die Jungen schwer zu tragen. Sie brauchen eine männliche Identifikationsfigur, die sie mit ihren Stärken und Schwächen wahrnehmen können. Oft aber fehlen die Väter, die Lehrer, Erzieher. Im Alltag der Jungen sind Männer kaum präsent, schon gar keine, die Beziehungen zu den Jungen aufbauen. Es gibt niemanden, mit dem sie sich identifizieren können. Entsprechend sind sie darauf angewiesen, sich abzugrenzen – und tun das auf ihre Weise. Ihr Abgrenzungsverhalten stößt häufig auf Unverständnis oder gar Ablehnung, die ihrerseits das Risiko, Verhaltensauffälligkeiten zu entwickeln, verstärkt.

Die langfristigen gesellschaftlichen Folgen dieser Benachteiligung von Jungen lassen sich bereits jetzt an bestimmten ostdeutschen Regionen studieren. Dort zeigt sich, was passiert, wenn Jungen gegenüber ihren weiblichen Altersgenossen in immer größerem Ausmaß das Nachsehen haben. Die Studie »Not am Mann« des Berlin-Instituts für Bevölkerung und Entwicklung, die im Frühjahr 2007 für Aufsehen sorgte, hat gezeigt, dass die zielstrebigen und mobilen jungen Frauen mit ihren männlichen Altersgenossen nicht mehr viel zu tun haben wollen. Sie verlassen den Osten mit besseren Chancen auf dem Ausbildungs- und Arbeitsmarkt und auf der Suche nach Partnern des anderen Geschlechts gleichen Niveaus. In manchen Regionen gibt es deshalb bis zu 25 Prozent mehr Männer – eine gesellschaftliche Zeitbombe, handelt es sich doch vor allem um die männlichen Bildungsverlierer, die am Arbeitsmarkt nicht gebraucht werden und an denen die Frauen kein Interesse haben.

Zurück zu Jascha. Er hat all das hinter sich. Wenn auch nicht vollkommen irreparabel, so doch zu einem gewissen Grad psychisch deformiert, vom Anpassungsdruck in Schule und Gesellschaft überfordert, von männlichen Bezugspersonen alleingelassen, am Ende mit Blick auf seine eigene Zukunft fast apathisch. Sein Handeln als Jugendlicher wird später sein Handeln als Erwachsener bestimmen. Denn aus den Kindern der Unterschicht werden Erwachsene. Den Ausstieg aus der Abwärtsspirale schafft kaum einer. Ausnahmen, die trotz aller Risikofaktoren den Weg in die bürgerliche Mitte finden, bestätigen die Regel. Am Ende bleibt die Frage: Kann aus so jemandem wie Jascha noch etwas werden?

7. Kapitel
Unter Verlierern

Es ist der letzte Versuch, der wirklich allerletzte. So jedenfalls sagt es ihm der Heimleiter, als feststeht, dass Jascha seine Wohngruppe verlassen und in eine eigene Bleibe ziehen wird. Jaschas Benehmen in der Wohngruppe ist nicht länger tragbar. Er vergiftet die Stimmung. Absichtlich. »Ich wollte da raus«, sagt er. »Und dafür habe ich alles getan. Ich wollte unbedingt ins betreute Einzelwohnen. Endlich meine Ruhe haben, keine Regeln und vor allem keine Mitbewohner, die im Grunde die letzten Assis sind.« »Typischen Heimkids«, wie Jascha sie nennt, fühlt er sich deutlich überlegen. Dabei übersieht er geflissentlich, dass er – zumindest aus bürgerlicher Perspektive – genau einer dieser »Assis« ist, berechenbar nur in seiner Unberechenbarkeit. Plötzlich zuschlagend, provokant, wenig kooperativ, noch weniger einsichtig und leistungsverweigernd. Ob ihm das nicht klar ist?

Für einen Moment schaut Jascha auf; er streift die Kapuze seines Sweatshirts, die er manchmal ohne erkennbaren Grund über den Kopf gezogen hat, nach hinten. Dann zieht er die Mundwinkel nach unten und schüttelt den Kopf. »Meinen Sie mich?«, fragt er seltsam erstaunt, um dann hinzuzufügen: »Ich bin ein Versager. Das weiß ich. Aber ich bin nicht so wie die.« Jascha hat seine eigenen Wertmaßstäbe und seine eigenen Verdrängungsmechanismen. Am Ende bekommt er, was er will: eine eigene

Wohnung und sein eigenes Geld. 300 Euro erhält er im Monat und dazu ein- bis zweimal die Woche Besuch von seinem Betreuer, einem Sozialarbeiter, der sicherstellen soll, dass Jascha klarkommt. »Ich glaube, die waren allesamt froh, dass sie mich loswurden«, sagt er und setzt mit einem breiten Grinsen hinzu: »Genau darauf habe ich es angelegt.« Jascha weiß nach all den Jahren, in denen ihm der Staat unter die Arme gegriffen hat, wie er sich an der Gesellschaft schadlos halten kann. Dumm kann man ihn nicht nennen, Willensstärke besitzt er und ziemlich viel Energie, nur dass sich diese Eigenschaften einfach nicht in produktivere Bahnen umlenken lassen. »Ich glaube, meine Mutter fand es auch sehr gut, dass ich endlich eine eigene Wohnung bekam und damit auf eigenen Beinen stand«, sagt er. Was er nicht merkt oder vielleicht einfach nur nicht wahrhaben will: Immer wieder haben seine Mitmenschen versucht, ihn loszuwerden, oder besser gesagt: Sie haben nichts dafür getan, ihn zu halten. Zuerst seine Mutter, dann das Heim, die Wohngruppe, die Schule.

Kurz vor Weihnachten ist es so weit. Sein Betreuer hat ihm unweit der neuen Wohnung seiner Mutter ein billiges Appartement besorgt. Jascha zieht aus der Wohngruppe in seine eigenen vier Wände. »Das war schon ein Triumph«, sagt er mit einem frostigen Lächeln. »Anders als die anderen hatte ich es geschafft, mir mein eigenes Leben zu organisieren«, erzählt er prahlerisch. Angeben konnte er schon immer gut. Fortan ist er für sich selbst verantwortlich. Er muss allein aufstehen, allein frühstücken, allein in die Schule fahren, allein den Antrieb finden, seine Hausaufgaben zu machen. »Nichts anderes habe ich gewollt.« Oberflächlich funktioniert sein neues Dasein. 300 Euro monatlich erhält er von der Jugendhilfe für seinen Lebensunterhalt. Über Jaschas Gesicht huscht eines seiner seltenen Lächeln: »Ich habe mich schon damals kontinuierlich gesteigert«, resümiert er. Noch in der Wohngruppe habe er jeden Monat ein Taschengeld von gut 58 Euro erhalten. Im betreuten Einzelwohnen verfügt er über das Fünffache und eine eigene Wohnung. Jascha ist Selbstversorger, ernährt sich hauptsächlich von Nudeln oder Toast mit Ketchup. Was er sonst treibt, interessiert kaum noch jemanden. Seine Aggressionen sind weitgehend verschwunden. Das Geld reicht aus – »Ich bin ja nicht anspruchsvoll. Sehr viel mehr brauche ich nicht.« Noch nicht.

Mit seinem neuen Leben rückt allerdings die Schule noch einmal in weitere Ferne. Er wird nicht vermisst. Und er vermisst auch nichts. Doch lange währt der Frieden im betreuten Einzelwohnen – »BEW«, wie Jascha sagt – nicht. Natürlich bekommt er sein Leben nicht so auf die Reihe, wie es das Jugendamt von ihm erwartet, das längst weiß, dass Jascha nicht mehr regelmäßig in die Schule geht. Auf dem letzten Zeugnis stehen knapp vierzig Fehltage – weitgehend unentschuldigt. Eine Auszeit von acht Wochen sozusagen, zusätzliche Ferien, die sich Jascha selbst genehmigt. »Man kommt, wann man will, man geht, wann man will. Das Nachfragen kann man den Lehrern sehr schnell abgewöhnen«, gibt er seine Erfahrungen wieder. Auf den Gedanken, dass die Lehrer ihn längst abgeschrieben haben und es mitunter als Entlastung empfinden, wenn dieser reichlich aggressive Störenfried dem Unterricht fernbleibt, kommt er nicht. Auch die Sozialarbeiter, die die Jugendlichen in ihren Wohngruppen und Einzelwohnungen betreuen, hatten es schon länger aufgegeben, Jascha zu irgendetwas zu bewegen. An Regeln kann er sich nicht halten, er hat es nicht gelernt und will es nicht. »Einmal habe ich zufällig mitbekommen, wie einer der Betreuer über mich gesprochen hat«, sagt er. »Damals lebte ich noch in der Wohngruppe. Er sagte, dass es in meinem Fall längst egal sei, ob ich zur Schule gehe oder nicht. Aus mir würde wahrscheinlich sowieso nichts werden.« Dann schweigt er, um wenig später mit einer Frage zu kontern: »Haben die ein Recht, mich einfach abzuschreiben?«

Jascha redet weiter, während sein Oberschenkel unaufhörlich auf und ab wippt. »Zum ersten Mal habe ich da gespürt, dass sie mich aufgegeben haben«, sagt er und kratzt sich an seinen mit Hautreizungen übersäten Unterarmen. Was hat diese Äußerung des Sozialarbeiters anderes als Entrüstung in ihm ausgelöst? »Nicht viel. Ich hatte in der Schule viele Probleme, nicht nur mit den Lehrern und den Noten, nicht nur mit dem Direktor, sondern vor allem mit den anderen Kids.« Im Klartext heißt das bei Jascha: Er und einige seiner »Kumpels« führten Krieg gegen andere Gruppen in der Schule, vor allem in den Pausen und auf dem Heimweg. Permanent kreisen seine Gedanken um Dinge, die mit Lernen wenig zu tun hatten, um Rache, Verletzungen, Demütigungen, Selbstverteidigung, Akzeptanz. »Insofern haben mich die Sätze meines Betreuers eigentlich nur darin bestätigt, aus der Gruppe ins BEW zu kommen.« Der Rückzug der Sozialarbeiter und des Jugendamtes ist von dem Moment an nur noch eine Frage kurzer Zeit. Jascha ist mehr als ein hoffnungsloser Fall: Er ist ein Störenfried, ein Versager, der die anderen mit runterzieht. So wie es die älteren Kumpel jahrelang mit ihm gemacht haben.

Der Termin beim Jugendamt kommt für Jascha dann doch überraschend. Dort erfährt er an einem Frühlingsmorgen – nur drei Monate nach seinem Auszug aus der Wohngruppe –, dass ihm die Jugendhilfe gestrichen wird. Die Hilfekonferenz, jene Zusammenkunft, in der über ihn und sein Fortkommen in regelmäßigen Abständen gesprochen wird, zieht eine bittere Bilanz ihrer jahrelangen Bemühungen. Kaum etwas hat gefruchtet. Statt Ordnung in sein Leben zu bringen, hat er in den Jahren der Betreuung eine nachhaltige Distanz zur Schule entwickelt, und das, obwohl er weiß, dass der regelmäßige Schulbesuch die Voraussetzung für sein neues Dasein in einer Einzelwohnung ist. Jascha ist nicht zu erziehen. Jetzt endlich soll Schluss sein mit all der Arbeit und den Kosten. Das Jugendamt will den Fall endgültig zu den Akten legen beziehungsweise in andere Zuständigkeiten abschieben. Genau das bekommt Jascha vom Jugendamt zu hören. Es ist aus. Ende. Keine Hilfe mehr, keine eigene Wohnung, kein zuständiger Betreuer.

»Ich war geschockt, denn man hatte mir auch gesagt, dass ich aus der Wohnung ausziehen muss, weil das Jugendamt sie nicht mehr bezahlen würde.« Und stattdessen? »Man hat mir einen Platz in einem Obdachlosenheim angeboten«, erzählt Jascha und setzt empört hinzu: »So weit wollte ich aber nicht sinken.« Jascha steht vor dem Nichts. Er spürt, dass er kurz davor ist, ganz unten anzukommen. Ein letztes Mal setzt sich sein Betreuer für ihn ein, ringt um eine Lösung, um Jascha vor dem totalen Absturz zu bewahren. »Er wusste ja, was dann kommt: erst das Obdachlosenheim und dann das Leben auf der Straße, Betteleien, solche Sachen ...« Vielleicht auch das endgültige Abrutschen in die Kriminalität. »Und er wusste auch, dass ich das auf keinen Fall wollte.«

Zum ersten Mal seit langem ist Jascha mit dabei, als es darum geht, eine Lösung für die so aussichtslose Situation zu finden. Er wird Arbeitslosengeld II beantragen, 345 Euro für den Lebensunterhalt und die Miete für seine Wohnung, die keine 300 Euro ausmacht und damit die Obergrenze für einen Einpersonenhaushalt nicht überschreitet. Wieder einmal hat sich Jascha verbessert. »Hartz IV ist besser als die Jugendhilfe«, sagt er rückblickend. »Um genau fünfundvierzig Euro im Monat.«

Die Schule hat Jascha aufgegeben. Dass er den Übergang in die zehnte Klasse nicht geschafft hat, hat ihn kaum verwundert. »Mir würden drei Punkte fehlen. Das wusste ich vorher.« Es hat ihn auch nicht weiter gestört. Er war ja bereit, weiterhin sporadisch in der Bildungsanstalt aufzutauchen und es mit der Neunten noch einmal zu versuchen. »Aber als ich aus der Jugendhilfe geflogen bin, habe ich nirgends mehr einen Sinn gesehen.« Warum also noch zur Schule gehen? So hält er den zweiten Durchlauf der neunten Klasse auch nicht bis zum Ende durch. »Ab Mai bin ich einfach nicht mehr erschienen. Erst habe ich zwei Tage gefehlt, dann den dritten auch verschlafen, dann eine ganze Woche.« So geht es weiter. Kein Zeugnis, kein Abschied, kein Warum. Mit dem Ende des Schuljahrs im Juli hat er seine zehn Pflichtschuljahre absolviert, auch wenn ihm am Ende der Schulzeit drei ganze Monate fehlen. Zur Schule zwingen kann ihn niemand mehr. Diesen Lebensabschnitt hat er mehr schlecht als recht hinter sich gebracht.

Aus dem Fall für die Jugendhilfe ist ein Sozialfall geworden, einer der vielen, die sich von der Schule direkt in »Hartz IV« begeben, mit großer Selbstverständlichkeit. »Das Jobcenter hat mir gesagt, ich muss mich jetzt mit meiner Arbeitskraft dem Arbeitsmarkt zur Verfügung stellen.« Jascha lacht. Er hat inzwischen das Café verlassen und sich auf der Straße eine Zigarette gedreht. Es ist die erste seit vielen Stunden. Er raucht in tiefen, ruhigen Zügen, als solle nichts von dem wertvollen Tabak verlorengehen.

Für die Behörden ist er einer von vielen. Arbeit findet

sich nicht. Jascha ist ein schwieriger Fall – mit etlichen »Vermittlungshemmnissen«, wie es in der Sprache der Fallmanager heißt. Abgesehen von ein paar Terminen im Jobcenter passiert wenig mit ihm. Maßnahmen lassen auf sich warten. Das sechswöchige Sofortprogramm, das man im Jobcenter eingerichtet hat, damit sich die Jugendlichen erst gar nicht an gänzlich unstrukturierte Tage gewöhnen, ist nichts für ihn. So lebt Jascha eine ganze Zeit lang in den Tag hinein. Er schläft viel, häufig bis 13 oder 14 Uhr. »Das hilft mir, vieles zu vergessen.« Wenn er aufwacht, holt er sich etwas zu essen, spielt ein oder zwei Stunden irgendein Computerspiel, das er als »strategisches Gehirntraining« bezeichnet, dann steht er auf und beginnt seine Streifzüge durch Berlin, hängt nachmittags mit seinen Kumpeln aus der Grundschule ab, mit den Freunden seiner neuen Freundin aus Pankow, die auch nichts weiter zu tun haben. Hin und wieder fährt er zu seiner Mutter. Auch die hat keine Arbeit und daher viel Zeit.

Mitunter träumt er von einem normalen Leben. »Früher wollte ich ja zur Kripo. Heute denke ich mir, dass ich irgendwann bei einem privaten Sicherheitsdienst anheuern werde.« Wenn die ihn nehmen. Denn dafür müsste er ein geregeltes Leben führen, pünktlich aufstehen, zur Arbeit gehen und vor allem durchhalten. Und ob er das überhaupt noch kann? »Ich kann Termine einhalten«, sagt er brüsk. »Fragen Sie das Jobcenter. Dort bin ich noch nie zu spät gekommen.« Eines weiß Jascha ganz genau: Wer Geld vom Staat will, muss sich bei den Terminen vom Jobcenter blicken lassen und irgendwann auch tun, was der Fallmanager sagt. Dass er den Steuerzahlern seit jeher auf der Tasche liegt, dass er sich sozusagen durchschnorrt, seit seine Mutter vor ihrer Erziehungsaufgabe kapituliert hat, weiß er sehr wohl. »Was ist die Gesellschaft nett zu mir!«, kontert er mit einer gehörigen Portion Zynismus. »Aber es steht mir zu. Ich halte mich für den Arbeitsmarkt zur Verfügung. Nur hat bisher keiner nach mir gefragt. Bin ich also dafür verantwortlich?«

Er wird nicht wieder straffällig. Er prügelt sich nicht mehr so exzessiv wie früher, das Klauen stellt er ein, seine »illegalen Geschäfte« auch. Schwarzfahren muss er nicht mehr, weil sein Geld vom Jobcenter auch für die Monatskarte für die öffentlichen Verkehrsmittel reicht. Zu seiner großen Zufriedenheit ist er endlich »legal mobil«, wie er es nennt. Mit seiner Mutter söhnt er sich irgendwie aus. Um Jascha also ist es still geworden. Die Gesellschaft will ihn nicht, die Wirtschaft braucht ihn nicht. Mit einer Wohnung und 345 Euro im Monat ist er endlich ruhig gestellt.

Dass Jascha Teile seines unruhigen Lebens hinter sich gelassen hat, ist womöglich auch seiner neuen Freundin zuzuschreiben. Zum ersten Mal in seinem Leben steht Jascha nicht unter negativem Einfluss. Sie ist es, die ihn immer wieder bearbeitet. »Du kannst dich doch nicht immer vom Leben überraschen lassen«, habe sie häufig zu ihm gesagt. Sie ist ihm gehörig auf die Nerven gegangen, oft gab es deshalb Streit. Er hat sie angeschrien, sie solle ihn endlich in Ruhe lassen, aus seinem Leben verschwinden. Aber sie hat sich nicht beirren lassen. »Sie hat in mir eine Aufgabe gefunden, weil sie in der Schule unterfordert ist«, sagt Jascha und setzt sein schräges Grinsen auf. Es hat den Anschein, als verberge sich in diesem zynischen Kommentar ein wahrer Kern. Die Freundin, mit der er nun schon länger umherzieht, ist – abgesehen von seinem Fallmanager – zu einem Fixpunkt in seinem Dasein geworden. Noch nie war er mit einem Mädchen so lange zusammen. Ihren Tagesrhythmus mit Schule und Hausaufgaben hat er sich zu eigen gemacht. Nachmittags fährt er zu ihr nach Hause und sitzt in ihrem Zimmer, wenn sie mit den Hausaufgaben in den letzten Zügen liegt. Sie lebt in Pankow, geht dort zur Schule, schließt die neunte Klasse mit einem Notendurchschnitt von besser als 2 ab und will auch die Prüfung am Ende der zehnten Klasse gut bestehen. Den mittleren Schulabschluss – Jascha sagt natürlich »MSA« – will sie mit einem Notendurchschnitt von 2,0 schaffen. Dann könnte sie sogar das Abitur ins Visier nehmen. Von den Leistungsanforderungen her würde sie sich das natürlich zutrauen, zweifele aber daran, ob sie nicht auf der Zielgeraden das Durchhaltevermögen verlässt, meint Jascha. Lieber will sie eine Lehre machen, Arzthelferin werden oder so etwas und endlich Geld verdienen. »Das fände ich auch besser«, lautet Jaschas Kommentar.

Sie ist eine stille Person, zurückhaltend und sehr bestimmt. Einmal begleitet sie ihren Freund, sitzt still neben ihm, ohne ein Wort zu sagen, lässt ihn reden. Dann aber erklärt sie plötzlich doch, warum sie es nicht unbedingt zum Abitur bringen will. Sie möchte weg von der Schule, weg aus ihrer Klasse, wo gute Schüler einfach nicht in Ruhe gelassen werden. Natürlich wird sie geärgert. Mehr aber stört sie das Verhalten der Schüler im Unterricht. Wenn da jemandem etwas nicht passt, steht er einfach auf und stemmt die Tische in die Luft oder wirft einen Stuhl in die Ecke. Ruhe gibt es kaum, alle paar Minuten ist irgendetwas los, keinen Satz bekommt der Lehrer zu Ende. »Das nervt«, sagt sie leise, und man sieht ihr an: Sie hasst es. Wenn sie erzählt, selten genug, dann grinst Jascha. Er ist stolz auf sie. »Wenn du das nicht zu Ende bringst, dann trage ich dich da persönlich hin«, sagt er, und es klingt sogar recht überzeugend. Stühle geschmissen hat er natürlich auch. Doch wenn er derlei von seiner Freundin hört, ärgert ihn das.

»Dass sie einen Loser wie mich zum Freund hat, bekommen ihre Eltern nicht so genau mit«, meint Jascha. Seine Freundin nämlich lebt weitgehend allein in der engen Altbauwohnung ihrer Eltern. Ihre große Schwester ist ausgezogen, auf und davon. »Die wissen, glaube ich, gar nicht, wo sie ist«, kommentiert er die Lage. »Die Schule hat sie einfach geschmissen und sich dann irgendwie durchgeschlagen.« Eines muss man wissen: Auch Jaschas Freundin entspringt nicht gerade der besseren Gesellschaft. Ihre Eltern zeigen sich desinteressiert, verbringen viele Monate im Jahr in einem Schrebergarten. Sie kümmern sich wenig um das Mädchen, tauchen in der Regel von April bis Oktober in ihre Laube irgendwo außerhalb Berlins ab. »Das haben sie schon gemacht, als meine Freundin dreizehn war«, sagt Jascha. Sie lasse sich dort alle sechs Wochen blicken, die letzten Male mit ihm.

»Meine Freundin hat andere Gene als ich. Sie ist fleißig. Sie ist nicht gefährdet, so wie ich es war. Auf sie muss man nicht so aufpassen«, sagt Jascha. »Das haben ihre Eltern schon richtig erkannt. Sie vertrauen ihr.« Dass Eltern eine Jugendliche mit gerade einmal 16 Jahren weitgehend sich selbst überlassen, findet er nicht ungewöhnlich. »Sie ist das seit Jahren gewöhnt. Sind ihre Eltern nicht klug, dass sie sich nicht in alles einmischen?«, fragt er. Und natürlich ist es ihm recht, dass niemand da ist, wenn er zu seiner Freundin fährt; er bleibt über Nacht. »Ich habe dort«, sagt er stolz, »sozusagen eine Zweitwohnung.« Wieder klingt er ein wenig prahlerisch. Die Freundin sieht das etwas anders. Es wäre schön, wenn mal wieder jemand zu Hause wäre. Wenn sie alle zusammen äßen, wenn sie sich nicht immer allein um den Haushalt, die Wäsche, die Mahlzeiten kümmern müsste. Und natürlich um Jascha. Wenn sie sie einfach mal mitnähmen, nicht in den Garten, sondern in die Ferien. Aber sie fahren ja nicht weg, hocken immer in der Gartenlaube, deren Enge Jaschas Freundin nicht ertragen kann. So hängt sie die Oster- oder Sommerferien wochenlang in der Pankower Etagenwohnung. Allein oder mit Jascha, der sich die Nachmittage vor ihrem Fernseher vertreibt. Immerhin hat sie mit ihm eine weitere Aufgabe gefunden. »Mit mir hat sie noch viel Arbeit vor sich, hat sie mir einmal gesagt. Aufgeben wird sie mich nicht so schnell«, sagt Jascha. Immerhin: Sie hat ihn dazu gebracht, sich seinem Scheitern in der Familie, im Heim und in der Schule zu stellen und darüber nachzudenken. Sie war es letztlich, die ihn überredet hat, erst einmal seinen Hauptschulabschluss nachzuholen, so wie es ihm das Jobcenter angeboten hat.

Dass sie das geschafft hat, grenzt an ein Wunder. Denn Jascha wäre um ein Haar schon an ein paar Formalitäten gescheitert, derer es nun einmal bedarf, wenn man sich entschließt, vielleicht doch noch einen Schulabschluss zu machen. Nach seinem Schulabbruch hat er es lange nicht fertiggebracht, sich sein Abgangszeugnis zu besorgen. Er ist ja einfach nicht mehr hingegangen in seine Schule, hatte sich mit Lehrern und vor allem Schülern überworfen. Die Hürde, sich wenigstens das Zeugnis zu holen, ist mit jedem Tag gewachsen. Monatelang hat er sich nicht gekümmert, behauptet, er könne in der Schule nicht mehr aufschlagen, weil ein paar Jungen noch eine Rechnung mit ihm offen hätten. Angeblich! Dass er sich nur einfach nicht an den Ort seines Scheiterns begeben will, an dem sich schließlich kaum noch jemand für ihn interessierte, würde er nicht zugeben. Doch seine Freundin hat Druck gemacht. Am Ende ist sie es gewesen, die mit ihm zusammen im Schulsekretariat aufgetaucht ist, um das Papier zu besorgen. Jaschas Mutter hat sich nicht gekümmert. »Warum auch?«, fragt Jascha. »Ich lebe von Hartz IV, bin meine eigene Bedarfsgemeinschaft, habe eine Wohnung und sogar eine Waschmaschine – vom Jobcenter.« Er grinst und setzt noch hinzu: »Für zweihundertfünfzig Euro – Erstausstattung.« Und dann: »Meine Mutter meint, es ist gut, dass ich endlich auf eigenen Beinen stehe.« Besucht hat sie ihn in seiner Wohnung noch nicht ein einziges Mal.

Auf dem Abgangszeugnis ist Jaschas Versagen deutlich zu erkennen. Jeder kann es herauslesen. Unzählige Fehltage, schlechte Noten. Immerhin ist es der Nachweis, dass er seine zehn Pflichtschuljahre hinter sich gebracht hat. Und den braucht er, um andernorts seinen Abschluss nachzuholen. Der große Einfluss seiner Freundin ist auch der unendlichen Langeweile zuzuschreiben, die ihn in den Monaten nach seinem Schulabbruch bis in den Herbst hinein überkommen hat, der ein oder anderen Maßnahme und den Terminen des Jobcenters zum Trotz. »Irgendwann habe ich es nicht mehr ausgehalten«, erklärt Jascha. »Ich wollte einfach raus, eigentlich arbeiten.« Doch sein Fallmanager hat über die Monate nichts für ihn gefunden. Noch nicht einmal einen Job fürs Kistenstapeln. »Dabei habe ich meine Arbeitskraft dem Markt permanent zur Verfügung gestellt«, entrüstet sich Jascha kurz. Stattdessen habe das Jobcenter ihn in »Maßnahmen« beschäftigt, deren Sinn er über die Monate nicht einsehen wollte. »Wozu das Ganze?«, fragt er übertrieben provokant. »Nur um mir beizubringen, dass ich eigentlich ein Versager bin?«

Seit einigen Monaten drückt er wieder die Schulbank – »eigentlich nur meiner Freundin zuliebe«. Über die Arbeitsagentur hat er die Möglichkeit erhalten, einen Schulabschluss zu machen. Im Herbst ist er eingestiegen in die Kurse, die einer der Bildungsträger anbietet, mit denen die Arbeitsagentur kooperiert. Mehr als dreißig Stunden in der Woche muss er dort »absitzen« – richtig überzeugt ist er nicht davon. Vor allem weiß er, dass er nach zwölf Monaten eine externe Prüfung ablegen muss. »Daran will ich überhaupt nicht denken«, kommentiert er die Tatsache. Prüfungen – in welcher Form auch immer – sind Jaschas Sache nicht. Er weiß, dass er sie meistens nicht besteht. Dass er auch jetzt nicht immer regelmäßig zum Unterricht erscheint, sagt er seiner Freundin nicht. Es ist das alte Lied. Jascha fehlt einfach die Disziplin, sich jeden Morgen aus dem Bett zu quälen, pünktlich im Klassenraum zu sitzen, aufzupassen. Er kann es gar nicht. Mehrmals hat er bereits unentschuldigt gefehlt und eine Abmahnung bekommen. »Passiert das noch mal, dann fliege ich raus«, sagt er. »Und ich weiß nicht, ob mir das am Ende nicht lieber wäre.« Das hat seinen Grund: Wenn er ein Problem lösen soll, eine einfache Mathematikaufgabe etwa, dann überkommt ihn immer wieder das alte Gefühl des Scheiterns. »Das kenne ich seit Jahren. Du sollst etwas machen und weißt nicht wie. Du verstehst den Lehrer nicht, auch wenn er es zweimal erklärt. Und plötzlich wirst du müde, absolut müde.« Die Müdigkeit krieche in ihm hoch, und das immer, wenn er spüre, dass er etwas nicht begreifen und auch nicht bewältigen werde. War es in der Vergangenheit vor allem die Aggressivität, die in solchen Situationen in ihm aufstieg, ist es jetzt die totale Erschlaffung. »Wenn ich dort vor einer Aufgabe sitze und wieder etwas nicht begreife, dann kommen sofort die miesen Erinnerungen aus der Schule hoch. Es ist das gleiche Gefühl. Und dann will ich nur noch weg«, sagt er. »Deshalb wahrscheinlich die Müdigkeit.«

Jascha hat sich angewöhnt, seine Probleme wegzuschlafen. Trotz und Zynismus sind wie weggeblasen aus Stimme und Gesicht, ganz plötzlich klingt er resigniert.

Er weiß genau, wie es um ihn steht. Er weiß, dass seine Lehrer mit seinem Fallmanager Kontakt aufgenommen und sich bedenklich über sein unstetes Erscheinen und seine Mitarbeit geäußert haben. Er weiß, dass er sich diesem Korsett aus Schule und Praktika nicht entziehen darf, weil ihm alle immer wieder sagen, dass es seine allerletzte Chance sei. Zweimal schon hat einer der Lehrer an seiner Tür geklingelt und ihn persönlich zum Unterricht geholt, damit er sich keine weitere Abmahnung einfängt. Das hat ihn irgendwie beeindruckt, dieses Engagement. »Die müssen das ja nicht machen.« Und dennoch: Er kämpft. Er kämpft mit den Regeln, mit den Lehrern, vor allem aber gegen sich selbst. Er ringt darum, sich aller Freiheitsliebe zum Trotz in ein weiteres Regelwerk zu pressen. Unterricht, Hausaufgaben, Tests – alles auf unterstem Niveau, Hauptschule eben. Seiner Freundin zuliebe setzt er alles daran, dass es ihm nicht wieder egal wird, wie er abschneidet. Sie hat keine Ahnung davon, dass die Drohung, bei der nächsten Abmahnung aus dem Kurs zu fliegen, für ihn eigentlich keine Drohung ist. Immer ist er irgendwo rausgeflogen – »das macht mich nicht mehr nervös«. Er will diesen Panzer der Gleichgültigkeit knacken, der sich immer dann um ihn schließt, wenn ihm etwas zu misslingen droht.

Dass Jascha auch diesen Versuch, seinem jungen Leben noch eine ordentliche Wendung zum Besseren zu geben, abbricht, ist wahrscheinlich nur eine Frage der Zeit. Die Chancen jedenfalls stehen schlecht. Dass seine Freundin die Geduld mit ihm verliert und sich irgendwann einen anderen sucht, scheint geradezu absehbar. Aber so weit denkt Jascha nicht. Die Willensstärke, die er noch aufgebracht hat, um die Kifferei einzustellen, hat sich damit erschöpft. Für das Nachholen des Hauptschulabschlusses reicht sie wohl nicht mehr. Mit den Monaten, die er die Schulbank drückt, wird ihm auch klar, dass der schier unerreichbar scheinende Abschluss ihn wahrscheinlich nicht sehr viel weiterbringt. Denn er spielt in der untersten Liga, Hauptschule, die mieseste Klasse, die niedrigste Hürde überhaupt, die sich für ihn zu einer hohen Wand auftürmt. Jascha grübelt: »Und danach? Was kommt danach?« Wenn er sich diese Frage ernsthaft stelle, sagt er, falle er jedes Mal ins Nichts.

Noch schwankt er zwischen aufgesetztem Selbstbewusstsein und tiefer Verunsicherung, zwischen der Autosuggestion, es doch noch zu schaffen, und einer wachsenden Verzagtheit ob des schwindenden Durchhaltevermögens, das er deutlich spürt, zwischen der Verdrängung unabänderlicher Tatsachen und einer realistischen Einschätzung seiner Zukunftschancen, zwischen den Träumen von einer besseren Welt und der tristen Wirklichkeit. »Ich will es schaffen«, sagt er schließlich mit übertrieben fester Stimme, um sich danach mit einem Ruck zu erheben. »Ich muss es schaffen. Und je klarer ich das sehe, desto weniger Power habe ich.« Jascha zuckt mit den Schultern und blickt ein letztes Mal auf den Tisch im Internetcafé, als hätte er noch irgendetwas vergessen. Dann streift er sich die Kapuze seines Sweatshirts über den Kopf. »Ich muss los«, stößt er abrupt hervor und wirft einen Blick durch die Fensterscheibe. Es ist Abend geworden, der Himmel ist immer noch klar, wie am Nachmittag. Ob er Termine hat? Er schüttelt den Kopf. »Was für Termine? Ich weiß, dass sich niemand wirklich für mich interessiert. Nur meine Freundin – und die auch nur so lange, wie ich sie nicht enttäusche.« Dann wendet er sich ab in Richtung Ausgang. Noch einmal dreht er sich um: »Meine Kleine«, setzt er an, lacht kurz auf, zieht seine

Mundwinkel nach unten und fährt mit dem ihm eigenen Zynismus fort: »Sie hat in mir eine Aufgabe gefunden. Sie will um jeden Preis verhindern, dass ich am Ende auf der Straße lande.«

An dieser Stelle endet die Geschichte von Jascha – zumindest vorerst. Zu Gesprächen ist er nicht mehr erschienen. Im Internetcafé war er manchmal noch anzutreffen. Aber er hat offenbar genug über sich geredet – wahrscheinlich mehr als je zuvor in seinem noch so jungen Leben. Die Wahrscheinlichkeit, dass sein Leben noch eine ganz neue Wendung nimmt, ist gering. Denn viele derer, die schon in der Schule versagt haben, halten das Nachsitzen auch nicht durch.

Ungefähr 80 000 Jugendliche werden jährlich aus unserem Bildungssystem entlassen, ohne es dort zu irgendeinem Abschluss gebracht zu haben. Dabei handelt es sich um die knapp 10 Prozent Schulabbrecher, von denen immer wieder die Rede ist. Aber nicht nur diese drehen ohne Perspektive ihre Runden durch die weiteren Schleifen nachschulischer »Reparaturbetriebe«, um nach der Schule nicht sofort auf der Straße zu landen. Jährlich verlassen – einschließlich der Schulabbrecher – etwa 220 000 Schüler die Schule ohne Ausbildungsreife. 130 000 bis 140 000 von ihnen verfügen zwar über einen niedrigen oder mittleren Schulabschluss, müssen aber trotzdem als leistungsschwach bezeichnet werden und bringen viel zu wenige Kompetenzen mit, um direkt nach der Schule mit einer Berufsausbildung beginnen zu können.

Sie haben es aber nicht nur aufgrund ihres niedrigen Kompetenzniveaus besonders schwer; sie haben auch noch sehr viele Konkurrenten. Gerade jetzt schwappt die letzte Welle der vergleichsweise geburtenstarken Jahrgänge über Deutschland. Die Kinder der Babyboomer sind im jugendlichen Alter und strömen Jahr für Jahr auf den Ausbildungsmarkt. Zwischen 900 000 und einer Million sind es jedes Jahr, unter ihnen Hunderttausende von Sitzenbleibern, die mindestens ein Jahr länger als geplant die Schulbank drückten und pro Jahrgang einen Anteil von bis zu 250 000 Schülern ausmachen. Experten prognostizieren, dass erst in zwei bis vier Jahren immer weniger Jugendliche die Schulen verlassen. Noch haben die Unternehmen die Wahl und entscheiden sich betriebswirtschaftlicher Logik entsprechend nur für die Besten eines Jahrgangs, darunter auch jede Menge Abiturienten, die erst mal eine Lehre machen wollen. Die bittere Wahrheit ist: Schwache besitzen – unabhängig davon, wie ihre Leistungsschwäche begründet ist – nicht den Hauch einer Chance auf einen Ausbildungsplatz, es sei denn, bestimmte Unternehmen engagierten sich bewusst sozial, um auch den Leistungsschwachen eine Chance zu geben. Aber allzu viele, die sich derartiges Engagement leisten wollen oder können, gibt es nicht.

Ohne eine solide Schulbildung hat kaum ein Jugendlicher in Deutschland die Möglichkeit, einen Beruf zu erlernen. Die genannte Zahl von rund 220 000 sehr leistungsschwachen Schülern eines Jahrgangs, die nur auf niedrigstem Niveau lesen und rechnen können, ist von den Ergebnissen der PISA-Studien abgeleitet. Aus den Zahlen der verschiedenen PISA-Studien geht hervor, dass 20 bis 22 Prozent der Schüler eines Jahrgangs in Deutschland entweder die Kompetenzstufe 0 oder 1 erreichen, also auf den untersten Stufen agieren. Die Zahl der Risikoschüler, die aus den PISA-Studien hervorgeht, spiegelt sich in ihren Umrissen in der Qualität der Ausbildungsbewerber. Einer Studie des Instituts der deutschen Wirtschaft Köln nach gilt jeder vierte Ausbildungsplatzbewerber als nicht geeignet. Ähnlich verheerende Zahlen sind den sogenannten Lernstandserhebungen zu entnehmen, zu denen sich einige Bundesländer entschlossen haben. So zeigen zum Beispiel die Lernstandserhebungen in den achten Klassen im bevölkerungsreichsten Bundesland Nordrhein-Westfalen von 2007, dass je nach Fach 20 bis 30 Prozent der Schüler mit ihren Kompetenzen hinter dem zurückbleiben, was Achtklässler eigentlich können sollten. Sie erfüllen nicht die Mindestanforderungen. Insofern erscheint die aus den PISA-Ergebnissen abgeleitete Zahl der Risikoschüler – bei aller Kritik an den Erhebungsverfahren – beileibe nicht aus der Luft gegriffen.

Nehmen wir also die Ergebnisse aller drei PISA-Studien und der anderen Untersuchungen zusammen, um die Bestätigung eines deutschen Megatrends zu finden: Das deutsche Schulsystem produziert rund 20 Prozent Ausfälle. Nur auf die Lesekompetenz bezogen heißt das: Jeder fünfte Schüler kann nicht gut genug lesen, um sich selbständig Wissen anzueignen. Er oder sie steht an der Schwelle zum »sekundären Analphabetismus«, ist damit nicht in der Lage, das Angebot unseres Bildungssystems zu nutzen. Er oder sie wird diese Bürde aller Wahrscheinlichkeit nach ein Leben lang mit sich herumschleppen. Schon in der Schulzeit angelegte Qualifikationsunterschiede verstärken sich in der Regel im weiteren Lebensverlauf durch die der Schule folgenden Bildungsinstitutionen. Darüber hinaus haben Studien in Australien, Dänemark und Kanada bereits gezeigt, dass 15-jährige Schüler, die über die Kompetenzstufe 1 nicht hinausgekommen sind, mit hoher Wahrscheinlichkeit nach der Schule keine weiterführende Bildung aufnehmen.

20 Prozent Ausfälle – die Bildungsforscher sind sich in

ihrer Bewertung einig: Die Abhängigkeit schulischer Leistungen vom sozialen Hintergrund zeige eindeutig, dass das Problem des hohen Anteils von Risikoschülern in Deutschland gesellschaftlich gemacht ist. Mit unerbittlicher Regelmäßigkeit stellen sich Erfolg oder Misserfolg im Leben der Kinder in Abhängigkeit ihrer sozialen Herkunft ein. Wenn die Leistungsschwachen wenig Chancen haben, Berufe zu erlernen, wie sollen sie ihrem Milieu dann jemals entkommen?

Ziehen wir ein erstes Fazit: Mindestens jeder fünfte Schüler in Deutschland ist ein Risikoschüler, der die Schulbank ohne Perspektive verlässt. Dazu gesellt sich – neben der momentanen Jahrgangsstärke – eine weitere Entwicklung, die es den Leistungsschwachen noch schwerer macht, im Ausbildungsmarkt und damit später im Berufsleben Fuß zu fassen: Der Strukturwandel der deutschen Wirtschaft und die technologische Entwicklung treiben die Anforderungen an die Schulabgänger immer weiter in die Höhe. Sie müssen mehr können und mehr wissen. Sie sollten von Jahr zu Jahr qualifizierter sein. Das verlangt der weltweite Produktivitätswettbewerb. Dass unsere Schulen auf diese Anforderungen ganz offenbar nicht eingestellt sind, beweisen nicht nur die Ergebnisse der OECD-Erhebungen, sondern auch die seit Jahren geäußerten Klagen der Unternehmen. Immer wieder heißt es dort, das Niveau der Schulabgänger werde von Jahr zu Jahr schlechter. Und in der Tat werden die Mindeststandards vielerorts gar nicht erst vermittelt. Allerdings ist dieser vermeintliche Leistungsabfall auch den gestiegenen Anforderungen geschuldet. Ausbildungsberufe wie Bergvermessungstechniker, Mechatroniker oder Rechtsanwaltfachangesteller sind anspruchsvoll und wahrscheinlich mit einfachem Hauptschulabschluss kaum zu bewältigen, auch wenn suggeriert wird, ein Hauptschulabschluss reiche für den Beginn einer Lehre aus. Mehr als zwei Drittel der Auszubildenden haben inzwischen einen mittleren oder sogar höheren Schulabschluss. »Die Unternehmen erwarten von den Auszubildenden fundierte Basiskompetenzen, aber auch Schlüssel- und Zusatzqualifikationen«, schrieb das Institut der deutschen Wirtschaft schon vor einigen Jahren, nicht ohne unser Bildungssystem in die Pflicht zu nehmen. »Die schulische und berufliche Bildung müssen sich diesen Erfordernissen stellen, um die Leistungs- und Innovationsfähigkeit in Deutschland zu erhalten. Dies ist den Schulen bisher nicht im notwendigen Umfang gelungen.«

Mehr als 20 Prozent Risikoschüler, die im Ausbildungs- oder Arbeitsmarkt kaum unterzubringen sind – das bleibt nicht ohne finanzielle Folgen für die Gesellschaft. Viele Milliarden Euro türmen sich jedes Jahr aufs Neue auf, die vom Steuerzahler bezahlt werden müssen. Die fallen zunächst im Schulsystem an. Das Institut der deutschen Wirtschaft hat berechnet, dass allein das Sitzenbleiben – konservativ gerechnet – Jahr für Jahr 1,2 Milliarden Euro bindet. Und das ohne durchschlagenden Erfolg, denn es ist längst bekannt, dass das Wiederholen einer Klassenstufe kaum zur Leistungssteigerung beiträgt. Hierzulande ist es aber so, dass fast jedes dritte Kind im Laufe seiner Schulkarriere einmal nicht versetzt wird. Hinzu kommen die anteiligen Kosten für Schüler, die keinen Abschluss erreichen – die für sie im Rahmen der allgemeinbildenden Schulen aufgewendeten Mittel sind nichts anderes als gesellschaftliche Fehlinvestitionen. So errechnen die Bildungsforscher des Instituts der deutschen Wirtschaft einen Betrag von jährlich 3,7 Milliarden Euro, der bereits an den Schulen verschwendet wird – dabei haben sie, wie sie selbst sagen, ausgesprochen konservativ kalkuliert.

Sie selbst sprechen natürlich nicht von Fehlinvestitionen, sondern in Anlehnung an unternehmerisches Controlling lieber von »Effizienzpotenzialen«. Aber das ist längst nicht alles, denn die Risikokandidaten, die jährlich aus den Schulen entlassen werden, landen in »gesellschaftlichen Reparaturwerkstätten«, in Warte- oder Beschäftigungsschleifen. Und das über lange Zeit, beträgt doch das Durchschnittsalter der Auszubildenden in Deutschland zu Ausbildungsbeginn inzwischen 19 Jahre. So summieren sich die Kosten der nachschulischen Qualifizierung, die für die Ausbildungsreife der Jugendlichen offenbar so notwendig ist, Jahr für Jahr noch einmal auf mindestens 3,4 Milliarden Euro. Damit zahlt die öffentliche Hand für das partielle Versagen der allgemeinbildenden Schulen munter weiter. Bei wem die Bundesländer mit ihren Reparaturmaßnahmen scheitern, der landet irgendwann – wie Jascha – bei der Bundesagentur für Arbeit. Und auch hier handelt es sich um Investitionen, die nur sehr eingeschränkt die beabsichtigte Wirkung erzielen. Nur nebenbei sei erwähnt, dass die Bundesagentur ihr Maßnahmenangebot für Jugendliche erheblich ausgeweitet hat. So viel zu den unmittelbaren Kosten, die dadurch entstehen, dass es nicht gelingt, den Anteil der Risikoschüler deutlich zu verringern.

Werfen wir noch einmal einen Blick auf die Zahlen: Mehr als 1,2 Millionen junge Menschen strömen nach Angaben des Bundesbildungsberichts jedes Jahr in die berufliche Ausbildung. Rund 500 000 von ihnen nehmen Jahr für Jahr eine Ausbildung im dualen Berufsausbildungssystem auf, weitere 210 000 beginnen eine schulische Ausbildung. Somit ist das duale System das mächtigste Berufsausbildungssystem in Deutschland. Und es funktioniert – vor allem, was die Übergänge von der Ausbildung in den

Beruf angeht – seit Jahren gut. Keine Lösung allerdings bietet dieses System für die Leistungsschwachen, also die, die sich am unteren Ende der Leistungsskala befinden. Dabei müssen sie noch nicht einmal so weit gesunken sein wie Jascha. Ein schlechter Hauptschul- oder Realschulabschluss (mittlerer Schulabschluss) – für Kinder wie Jascha immer noch in weiter Ferne – reicht heute kaum noch aus, um direkt von der Schule in ein Ausbildungsverhältnis zu wechseln. Über die Jahre hat sich deshalb hierzulande ein riesiger außerbetrieblicher Ausbildungsapparat entwickelt, ein nachschulisches Auffangbecken, das man in Teilen auch als »gesellschaftliche Reparaturwerkstatt« für Risikoschüler bezeichnen könnte.

Dort hinein strömen Jahr für Jahr mehr als 500 000. Sie sammeln sich in Berufsvorbereitungsjahren, berufsvorbereitenden Maßnahmen der Bundesagentur für Arbeit, absolvieren Berufsbildungsjahre mit Praktika und allerlei anderem, um am Ende doch noch eine Chance auf dem Ausbildungsmarkt zu bekommen. Eigenständige Bildungsabschlüsse oder Zertifikate bieten diese Reparaturwerkstätten jedoch kaum. In den Übergangssystemen wimmelt es von Schulversagern, die – wie zu ihren Schulzeiten – wieder einmal weitgehend unter sich bleiben. Es handelt sich um Schulabbrecher, Hauptschüler und Realschüler. Sie müssen also wieder so lernen, wie sie es seit Jahren in ihren Real-, Haupt- und Sonderschulen getan haben: ohne Erfolgsvorbilder, ohne irgendwen, der sie mitzieht. Die Übergangssysteme mit ihrer unüberschaubaren Vielfalt sind somit zum Puffer für das untere Ende der Leistungsskala geworden. Sie bestehen aus allerlei Institutionen, in denen versucht wird, vor allem die schwachen Kandidaten für den Ausbildungs- und Arbeitsmarkt zu rüsten. So etwas nennt sich leicht euphemistisch »Berufsvorbereitungsjahr« oder »Berufsgrundschuljahr«, um nur einige Bespiele zu nennen. Doch schon beim Namen beginnt die Irreführung, denn eigentlich müsste es »Berufsausbildungsvorbereitungsjahr« heißen, wird doch mit mehr oder weniger Erfolg auf die Ausbildung und nicht auf den Beruf vorbereitet.

Allzu viel bringen diese dem realen Arbeitsmarkt vorgeschalteten Wartesäle nicht. Sie werden allseits kritisch beurteilt, auch wenn es an empirischen Belegen dafür noch mangelt. »Sie sollen die Arbeitsmarktchancen der Jugendlichen verbessern«, sagt die Soziologin Heike Solga vom Wissenschaftszentrum Berlin, »aber sie führen nicht zu einem qualifizierten Abschluss.« Der allerdings ist für jeden, der den Sprung ins Berufsleben schaffen will, nahezu unentbehrlich. Doch die Kritik der Soziologin, die auf dem Gebiet der Ausbildung von Jugendlichen forscht, geht noch weiter. »Maßnahmen in Übergangssystemen sind häufig der Beginn von regelrechten Maßnahmenkarrieren.« Zwar befänden sich die leistungsschwachen Jugendlichen durch die Schulungen und Qualifizierungsmaßnahmen in einem Korsett, doch mehr sei es nicht. Am wenigsten böten die Maßnahmen alternative Übergangspfade von der Schule in die Berufswelt.

Dieses Urteil verwundert nicht, denn derartige Berufsausbildungsvorbereitungen können auch diskriminieren. Wer sich als »Absolvent« bewirbt, dem attestiert der Teilnahmenachweis im Grunde nichts anderes, als dass er nur zweite Wahl ist: von der Schule ohne die entsprechende Ausbildungsreife entlassen, von Unternehmen als Auszubildender in erster Runde abgelehnt, lange nicht berufsreif oder beschäftigungsfähig. So ist es wahrscheinlich, dass dem einzelnen Maßnahmenkandidaten bestimmte Eigenschaften und ein Kompetenzmangel per se zugeschrieben werden, die er womöglich gar nicht aufweist. Im schlechtesten Fall schleusen die Warteschleifen ein ganzes Heer leistungsschwacher Jugendlicher auf Wege abseits der Normalbiographien, die zu einem Leben in Eigenregie und Eigenverantwortung befähigen und den jungen Menschen gesellschaftliche Teilhabe ermöglichen. Die Versuche, die Jugendlichen in den Warteschleifen für die von Wirtschaft und Gesellschaft erwarteten »normalen« Biographien zu rüsten, verkehren sich somit in ihr Gegenteil. Der Integrations- oder Eingliederungsprozess, meint die Soziologin Solga, sei für viele keine vorübergehende Etappe ihres jungen Lebens mehr, sondern gerate zu einem Dauerzustand. Und tatsächlich: Je nach Evaluation schafft kaum die Hälfte derer, die in den Warteschleifen ihre Absagen aus der echten Arbeitswelt verdauen, den Sprung in eine reguläre Berufsausbildung. Wenn sie es schaffen, dann zum Teil erst nach Jahren. Viele landen am Ende ihrer Wartezeit in aktivierenden Maßnahmen der Bundesagentur für Arbeit.

Erreichen die Heranwachsenden das fünfundzwanzigste Lebensjahr, ist Schluss mit der Schonbehandlung und den immer neuen begleiteten Versuchen, sie auf dem Arbeitsmarkt Fuß fassen zu lassen. Sie gelten dann als wirklich erwachsen und werden, wenn sie nicht irgendwo untergekommen sind, in der Arbeitslosenstatistik geführt. Entsprechend hart geht Sozialforscherin Solga mit dem deutschen Bildungssystem ins Gericht: »In der Schule und in der dualen Ausbildung gibt es zu viele Bildungsverlierer, deren Biographien nicht ins Erwerbsleben und nicht in die Gesellschaft führen. Dabei können wir es uns gar nicht leisten, Risikopopulationen zu produzieren. Wenn wir es hinkriegen, diese Schüler zu integrieren, dann hätten wir unser Bildungssystem wirklich deutlich verbessert und damit auch eine Antwort auf die Akademikerfrage.« Das allerdings klingt eher nach einem frommen Wunsch als nach Realität. In der Tat spaltet sich die Schar der jungen Menschen immer mehr. Auf der einen Seite stehen die Erfolgreichen, die Ehrgeizigen, die Zielstrebigen, die mit großer Unterstützung ihrer bürgerlichen Eltern relativ zielsicher durch die Bildungssysteme steuern. Auf der anderen Seite bleiben die ewigen Verlierer, die ein sechsmal so hohes Risiko haben wie ihre akademischen Zeitgenossen, am Arbeitsmarkt zu scheitern. Sie sind eine Minderheit. Aber es sind zu viele. Nichts spricht derzeit dafür, dass sich das ändert. Schon gar nicht das Entstehen immer neuer Systeme, um die Leistungsschwachen aufzufangen.

Hat das deutsche Ausbildungssystem seine Integrationskraft verloren? Die Frage müsste man, ungeachtet der Stärken des dualen Systems, mit Ja beantworten. Und genau das schreiben die Bildungsforscher in ihrem Bericht ihren Auftraggebern, den Kultusministern, ins Stammbuch: »Dem dualen System der Berufsausbildung gelingt es immer weniger, Kinder aus bildungsfernen Schichten beruflich zu integrieren.« So wenig wie die Gesellschaft als Ganzes, so wenig wie die Kindergärten und Schulen ist auch das Ausbildungssystem in der Lage, die Chancenlosigkeit aufzubrechen, die in benachteiligten Milieus die Regel ist. Es verschärft sie vielmehr.

Am unteren Ende der Leistungsskala gibt es zu viele, am oberen Ende zu wenige – das ist die Lage in Deutschland. Und zwar seit Jahren. Im internationalen Vergleich stehen wir nicht gut da. Die Zahl derer, die keinen Sekundarstufe-II-Abschluss erreichen, also weder ein Abitur noch eine abgeschlossene Berufsausbildung vorweisen können, stagniert. Das muss uns beunruhigen, denn in vielen anderen

Ländern ist sie gesunken. Dort ist die Bildungsarmut auf dem Rückzug, in Deutschland nicht. Es wirkt fast so, als hätten sich die Bildungspolitiker nach den Jahrzehnten der Bildungsexpansion in ihren Anstrengungen erschöpft. In vielen Ländern kann man, will man der Organisation für wirtschaftliche Zusammenarbeit und Entwicklung Glauben schenken, von einem »Paradigmenwechsel« in der Bildungs- und Ausbildungspolitik sprechen, »von der traditionellen Ausbildung, die darauf abzielte, den Qualifikationsbedarf des Arbeitsmarktes abzudecken, hin zu Investition in die weiterführende Bildung junger Menschen, um diese zu befähigen, den wirtschaftlichen und sozialen Wandel der Gesellschaft zu gestalten.«

Nicht so in Deutschland. Das wiederum spiegelt sich in den Bildungserwartungen der jungen Menschen, die im Vergleich zu ihren Altersgenossen in anderen Ländern weniger Ambitionen haben. Nur jeder Fünfte der Fünfzehnjährigen strebt einen Hochschulabschluss an, im OECD-Durchschnitt sind es fast 60 Prozent. Und jeder weiß, dass am Anfang von Leistung und Erfolg erst einmal der Wunsch danach steht. Wenn der nicht schichtenübergreifend geweckt und gefördert wird, dann bleiben am Ende auch entsprechend wenige übrig. Fast erübrigt es sich, zu sagen, dass für die meisten Jugendlichen aus unteren sozialen Schichten ein Hochschulstudium gar nicht erst in den Bereich des Vorstellbaren gehört. Das ist sicher nicht nur der Erziehung, sondern auch dem gesunden Realismus dieser Jugendlichen zuzuschreiben. Mit Blick auf den bereits jetzt existierenden Fachkräftemangel ist genau das fatal. Es ist eine verantwortungslose Verschwendung von Fähigkeiten, Talenten und Begabungen, die sich Deutschland nicht leisten kann.

Werfen wir einen Blick auf die Situation, auf die

Deutschland zusteuert, am vielzitierten Beispiel der Ingenieure. Schon heute können die aus Altersgründen aus dem Berufsleben ausscheidenden Kräfte nicht mehr vollständig durch den Nachwuchs ersetzt werden, weil die Hochschulen je 100 Ausscheidende nur 90 Absolventen auf den Arbeitsmarkt schicken. Im internationalen Vergleich sehen die Zahlen genau anders aus. Auf 100 Abgänge drängen 190 junge Ingenieure auf den Markt. Das aber ist nur der Anfang einer Entwicklung, die sich in den nächsten Jahren verschärfen wird – wenn wir nicht gegensteuern. In ein paar Jahren nämlich wird sich zusätzlich die demographische Entwicklung deutlich bemerkbar machen. Es werden dann in absoluten Zahlen gar nicht mehr so viele junge Menschen zur Verfügung stehen, die das Bildungssystem zu Ingenieuren machen könnte, von der hohen Ausfallquote ganz zu schweigen. Unternehmensumfragen, wie etwa die des Instituts der deutschen Wirtschaft, zeigen deutlich, dass es zu wenige Akademiker der Fächer Mathematik, Naturwissenschaften, Informatik und Technik gibt, um den Bedarf zu decken. Und dabei geht es nicht nur um die typischen Industriebranchen des verarbeitenden Gewerbes. Vielmehr handelt es sich um Zukunftsbranchen, forschungs- und wissensintensive Dienstleistungsunternehmen, die immer häufiger für klassische Industrieunternehmen arbeiten. Dass der Fachkräftemangel die deutsche Volkswirtschaft schon jetzt viele Milliarden kostet, ist unumstritten. Wie soll es künftig aussehen, wenn Deutschland aufgrund fehlender hochqualifizierter Arbeitskräfte als Standort für Unternehmen an Attraktivität verliert?

Bisher haben wir nur über die Folgen des Fachkräftemangels für die Wirtschaft gesprochen. Was aber ist mit dem Fachkräftemangel etwa im öffentlichen Dienst? Dass

Deutschland auf einen Lehrermangel zusteuert, dass sich also zu wenige junge Menschen für den Lehrerberuf entscheiden und schon gar nicht für die naturwissenschaftlichen Fächer einschließlich Mathematik und Informatik, sei nur am Rande erwähnt. Fatalerweise trifft dieser öffentlich weniger wahrgenommene Fachkräftemangel das Land an einer seiner empfindlichsten Stellen – dem Bildungssystem.

Die mangelnde Bereitschaft der Deutschen, in die Zukunft zu investieren, zeigt sich nicht nur am mittelmäßigen Output des Bildungssystems, sondern schon an dessen Finanzierung. Es ist kein Geheimnis, dass Deutschland im Vergleich zu anderen, wesentlich erfolgreicheren Ländern wenig für sein Bildungssystem ausgibt. Hierzulande steigen die Bildungsausgaben unterproportional zur wirtschaftlichen Entwicklung. 2006 wurden 143 Milliarden Euro ausgegeben, nur noch 6,2 Prozent des Bruttoinlandsprodukts. Im internationalen Vergleich liegt Deutschland unterhalb des Durchschnitts der OECD-Länder. Im deutschen Gesamtbudget sind gut 13 Milliarden Euro enthalten, die privat für Bildung aufgebracht werden – darunter ein nicht unerheblicher Teil von privaten Haushalten für private Schulen, Lernmittel und vor allem Nachhilfe. Sie zeugen von dem geringen Vertrauen, das die Deutschen in ihr Bildungssystem haben, vor allem wenn es um die Kinder geht. Kinder, deren Eltern finanziell nicht in der Lage sind, sich an diesem Investitionswettlauf zu beteiligen, bleiben nolens volens zurück.

Das deutsche Bildungssystem produziert also am Markt und an der Zukunft vorbei, und dazu auch noch schlecht. Ökonomisch ausgedrückt klingt es besonders hart: zu viel Ausschuss, zu wenig Spitzenqualität, und das über Jahre. Jeder Betriebswirt weiß, dass ein derart schlecht arbeitendes Unternehmen in absehbarer Zeit konkursreif wäre, heruntergewirtschaftet, am Ende. Ein Vorstandsvorsitzender mit einer derart desaströsen Bilanz wäre wahrscheinlich schon vor der Pleite davongejagt und ersetzt worden. In unserem Bildungssystem geht das natürlich nicht. Die Kultusminister kochen auf halber Flamme weiter – auch wenn sie sich damit brüsten, die seit Jahren umfangreichsten Reformen im Schulsystem in Angriff genommen zu haben. Die Bundesregierung hat sich aus ihrer Verantwortung für die Bildungspolitik weitgehend zurückgezogen. Wenig hat sich am Output geändert, seit die erste PISA-Schockwelle über das Land gerollt ist. Auch wenn die Minister versuchen, die jüngsten Zahlen positiv zu deuten: Noch immer gehen viel zu viele Kinder und Jugendliche tagein, tagaus in Bildungsinstitutionen, ohne dass sich irgendjemand dafür interessiert, was aus ihnen wird. Viel mehr ist möglich, viel chancengerechter könnte und müsste es zugehen, viel weniger Talente würden verschwendet, viel bessere Leistungen erzielt, wenn man wirklich wollte.

Schlagen wir den Bogen zurück zum Anfang und fragen uns noch einmal: Was geht uns das alles an? Die allgemeinen Folgen der Bildungsarmut oder »Humankapitalschwäche«, wie sich zum Beispiel die Ökonomen des Instituts der deutschen Wirtschaft Köln wissenschaftlich ausdrücken, sind absehbar. Die Wirtschaftskraft des Landes, die öffentlichen Haushalte und die Sozialsysteme leiden darunter – heute bereits und in Zukunft noch viel mehr, weil die Auswirkungen der Bildungsarmut durch die demographische Entwicklung verschärft werden. Deutschland ist ein rohstoffarmes Land. Sein wirtschaftlicher Erfolg als eine der größten Exportnationen der Welt basiert auf dem Wissen, der Kreativität und Produktivität seiner Bürger.

Noch sind diese so hoch, dass sie die großen Standortnachteile wie hohe Lohnkosten, Abgabenbelastungen und überbordende bürokratische Regulierungen kompensieren. Aber das ist kein Wunder, denn die geburtenstärksten Jahrgänge stehen in der Mitte ihres Lebens und auf der Höhe ihrer Schaffenskraft. Nun aber wird hierzulande ausgerechnet der Nachwuchs knapp und darüber hinaus in zu großen Teilen noch nicht einmal den Anforderungen internationaler Konkurrenz entsprechend ausgebildet. Die geburtenstarken Jahrgänge, die derzeit in ihren Berufen die Wirtschafts- und Innovationskraft Deutschlands ausmachen, sind mehr als doppelt so stark wie die Jahrgänge der letzten Jahre. Wenn die Zahl der Arbeitskräfte abnimmt, weil es immer weniger Nachwuchs gibt, müsste dieser um einiges produktiver sein als seine Eltern, damit das Land seinen Wohlstand nicht verliert. Er müsste mehr wissen, in der Summe besser ausgebildet werden, über den neuesten Wissensstand verfügen. Für ein Land, das mit seinen Ressourcen derart unachtsam umgeht, ist das mehr als unwahrscheinlich. Bereits heute zeigt sich, dass es nicht gelingt, das Bildungsniveau der nachwachsenden Bevölkerung weiter anzuheben. Das Niveau stagniert, die Vierzigjährigen von heute sind die am besten ausgebildete Generation, die Deutschland bisher gesehen hat, und die zahlreichste.

Schon vor Jahren hat die Organisation für wirtschaftliche Zusammenarbeit und Entwicklung Deutschlands Wachstumsschwäche auf die vergleichsweise schlechte Entwicklung des Humankapitals zurückgeführt. Der Schlüssel für Wachstum und Wohlstand ist die Steigerung der Arbeitsproduktivität. Und das funktioniert nur durch mehr Bildung. In anderen Ländern treibe der Qualifikationszuwachs bei den Arbeitskräften das Wirtschaftswachstum an. In Deutschland spiele dieser Faktor kaum eine Rolle, schrieb die OECD schon 2003. Wie wird das nun in Zukunft sein? Der Wirtschaftsaufschwung der vergangenen zwei Jahre scheint zwar die Wissenschaftler vordergründig Lügen zu strafen. Deutschlands Wirtschaft kann anscheinend weiter wachsen, auch wenn das Qualifikationsniveau nicht steigt. Doch ist das starke Wachstum mit seinen positiven Effekten auf den Arbeitsmarkt vor allem dem Wachstum im Ausland zuzuschreiben. Die Nachfrage nach deutschen Produkten treibt die deutsche Wirtschaft vor sich her. Gleichzeitig offenbart ein starkes Wachstum in deutlicher Form die Krise unseres Bildungssystems – und zwar an der Spitze der Bildungspyramide. Deutschland gehen die Fachkräfte aus. In Wachstumsphasen entgehen der Volkswirtschaft damit viele Milliarden Euro, weil sie die Nachfrage nicht befriedigen kann. Bildungsarmut, Humankapitalschwäche, Chancenungleichheit – das alles sind Wachstumshemmnisse, deren hässliches Gesicht sich schon im Aufschwung deutlich zeigt. Im nächsten Abschwung wird deren Wirkung allerdings noch viel verheerender sein, wenn Unternehmen sich der vielen Mitarbeiter mit ihren Leiharbeitsverträgen oder befristeten Arbeitsverhältnissen wieder entledigen.

Nehmen wir an, Jascha hat keine Zukunft, nehmen wir weiter an, er würde sein ganzes Leben lang nichts, aber auch gar nichts zu unserer Gesellschaft beitragen, sondern ihr ausschließlich Kosten verursachen, dann könnte man am Ende eine Rechnung aufmachen, wie teuer er die Gesellschaft zu stehen kommt: Er kostet zunächst einmal Sozialhilfe im umfassenden Sinn, bis er das sechsundsiebzigste Lebensjahr erreicht und sich sein Leben statistisch gesehen dem Ende zuneigt. Vielleicht stirbt er früher, wie es in den unteren Schichten die Regel ist. Doch wäre die

Rechnung damit längst nicht komplett. Jascha wird nämlich zwischendurch auch mal krank, als Bürger der Unterschicht hat er ein erhöhtes Krankheitsrisiko und wird dem Gesundheitssystem wahrscheinlich ebenfalls hohe Kosten verursachen. Dazu müssen die entgangenen Beiträge in die Rechnung eingehen, die im Laufe einer »Normalbiographie« an das Gemeinwesen zurückfließen, also Steuern und Sozialversicherungsbeiträge sowie Jaschas Beitrag zur gesamtwirtschaftlichen Wertschöpfung. Das alles summiert sich über ein ganzes Leben, wobei er wiederum nur einer von vielen Millionen Menschen ist, deren Biographien starke Parallelen zeigen. Sie werden die Leistungen der Sozialsysteme weiterhin einfordern. Sie werden auf ihrem Recht beharren, von einer Gesellschaft unterstützt zu werden, in der sie so gut wie keine Chancen haben.

Was wir wissen: Die öffentlichen Haushalte und die Sozialsysteme werden auf längere Sicht infolge der mangelnden Qualifikation des Nachwuchses sowie der demographischen Entwicklung stark strapaziert. Nicht nur, dass ihnen schon angesichts der immer älter werdenden Deutschen die eigentliche Belastungsprobe noch bevorsteht. Der zusätzliche Stress-Test wird die Wachstumsschwäche der Volkswirtschaft werden, wenn die demographische Entwicklung zusammen mit der Stagnation unserer Humanvermögensbildung mit voller Wucht auf die Systeme durchschlägt. Geringe Produktivität, weniger Wertschöpfung, weniger Arbeitskräfte – all das bedeutet für den Haushalt und die Sozialsysteme weniger Einnahmen bei insgesamt mehr Ausgaben. Der Anpassungsdruck erhöht sich, während der Anpassungsspielraum dramatisch sinkt. Eine Antwort darauf, wie die schon jetzt stark angespannten Systeme auf Dauer funktionieren sollen, gibt es nicht. Es wird zu heftigen Verteilungskämpfen kommen zwischen Jung und Alt, zwischen Krank und Gesund, zwischen Arm und Reich, zwischen Erfolgreich und Chancenlos. Die Verteilungskämpfe ihrerseits werden die soziale Ungleichheit verschärfen und die Gräben zwischen den einzelnen Schichten vertiefen.

Was wir ahnen: Spätestens dann, wenn eine künftige Bundesregierung gezwungen sein wird, die Sozialleistungen drastisch herunterzufahren, könnten sich die Verteilungskämpfe zuspitzen. Sie könnten sich regelrecht auf den Straßen entladen. Die Massendemonstrationen gegen die Einführung des Arbeitslosengeldes II (Hartz IV) waren womöglich nur die harmlosen Vorboten neuer Wellen, die auf uns zurollen. Was, wenn solche Demonstrationen die Regel werden und die Frustration aufgrund gesellschaftlicher Benachteiligung ganz plötzlich in Hass und rohe Gewalt gegen das Establishment umschlägt? Was, wenn uns ein regelrechter Aufstand der Unterschicht überrascht, deren Menschen wir seit jeher nur Antriebsschwäche, Lethargie oder gar Faulheit zugeschrieben haben? Die Folgen der Verteilungskämpfe und der darin enthaltene soziale Sprengstoff könnten sich aber auch anders entladen: etwa in einer steigenden Zahl von Stadtvierteln, in denen die Verwaltung die Kontrolle verliert und in die auch die Polizei keinen Fuß mehr setzt; in immer mehr No-go-Areas, in denen die Mittel- und Oberschicht nichts verloren haben; oder in einem sinkenden Unrechtsbewusstsein der sozial benachteiligten Kinder und Erwachsenen, die sich mit wachsender Brutalität einfach das nehmen, von dem sie meinen, dass es ihnen zusteht.

Was wir nicht wissen: Die Reaktion der Gesellschaft und Wirtschaft darauf kennen wir nicht. Wir wissen nicht, ob Deutschland angesichts der fehlenden Fachkräfte und drohender sozialer Konflikte für Unternehmen unattraktiver wird. Wir können nicht vorhersehen, wie lange die Guten eines Jahrgangs bereit sein werden, für immer mehr Alte sowie die hohen Ausfälle unter ihren Altersgenossen zu arbeiten und ihnen ihr Leben zu finanzieren. Wir wissen nicht, wie die Leistungsstarken kommender Generationen auf die sich zuspitzenden sozialen Konfliktlagen reagieren. Werden sie genau deswegen Deutschland den Rücken kehren, um sich den schärfer werdenden Verteilungskämpfen zu entziehen und ihre Chancen anderswo zu suchen? Wird es ihnen auf den Straßen einfach zu unsicher? Wir wissen nicht, welche Kosten der Gesellschaft noch entstehen, wenn der soziale Frieden bröckelt, weil ob der wachsenden Ungleichheit und systematischen Chancenlosigkeit die Akzeptanz unserer Staats- und Wirtschaftsform, der Demokratie und Marktwirtschaft, unaufhaltsam sinkt.

Unsere Gesellschaft beraubt viele Menschen ihrer Chancen, die dadurch zu Verlierern werden, die sie nicht sein müssten. »Es gibt eine Bildungsarmut im Sozialstaat«, schreibt Franz Xaver Kaufmann, »welche die wesentliche Voraussetzung für sowohl individuelle als auch kollektive Verarmungsrisiken darstellt. Wenn es an Nachwuchs fehlt, kann sich eine Gesellschaft ›Bildungsverlierer‹ umso weniger leisten. Dass dies zudem ein Gebot der Menschlichkeit ist, wissen zwar die meisten, doch schlägt leider die Sittlichkeit weniger als die Ökonomie politisch zu Buche.«

Der Wissenschaftler hat recht. Es ist schon aus ethischen Gründen nicht zu dulden und schon gar nicht zu rechtfertigen, dass in unserer Gesellschaft viele Menschen von Geburt an ohne Chancen bleiben. Doch hat auch jegliche ökonomische Argumentation bisher ihre Wirkung verfehlt. Die Forscher schlagen seit Jahren Alarm. Sie haben in unendlich vielen Studien, Aufsätzen und Büchern gezeigt, was falsch läuft in Deutschland. Ihr Wissen darüber ist jedermann zugänglich. Die Politiker und auch die Wirtschaftsvertreter sind sich einig, dass der verschwenderische Umgang mit der knappen »Ressource Mensch« die Zukunft Deutschlands gefährdet. Wir haben also das Wissen um diese Fehlentwicklungen. Als eines der reichsten Länder der Welt verfügen wir sogar über die Milliarden, die man in den nächsten Jahren zusätzlich benötigen würde, um zu verhindern, dass aus den Armutsschichten immer mehr Systemverlierer hervorgehen. Wissen, Konsens und Geld – wir verfügen über alles, was notwendig ist, um das Ruder herumzureißen. Der Skandal ist, dass trotz alledem nichts passiert.

Epilog
Auf der Suche nach Lösungen

Es gibt viele Möglichkeiten, ein Land herunterzuwirtschaften. Eine der sichersten Methoden ist, sich nicht ausreichend um die Bildung seiner Bürger zu kümmern. Ökonomen würden sagen: nicht genügend in sein »Humanvermögen« zu investieren. Genau das ist derzeit in Deutschland der Fall. Die Analysen in den vorangegangenen Kapiteln haben deutlich gezeigt, dass wir auf dem besten Wege sind, unser Land um seine Zukunftschancen zu bringen. Wir vernachlässigen etwa ein Fünftel der jungen Menschen eines jeden Jahrgangs. Wir kümmern uns zu wenig, schauen nur sporadisch hin, holen sie nicht aus ihrem Milieu heraus, sorgen nicht dafür, dass aus ihnen – zu unser aller Wohle – etwas werden kann. Wir investieren nicht in sie, haben sie aufgegeben. Wir stören uns nicht daran, dass sie an den vielen Hürden scheitern, mit denen sich die breite Mitte der Gesellschaft die Unterschicht auf Distanz hält.

Das Problem der Systemverlierer ist in großen Teilen gesellschaftlich gemacht. Noch irritiert uns das nur hin und wieder. Das aber wird sich ändern. Die Verfestigung einer Unterschicht, die mit einem weltweit einzigartigen Anstieg des Durchschnittsalters der Bevölkerung einhergeht, wird zu einer Humankapitalschwäche führen, die nicht ohne gravierende Folgen für wirtschaftliche Prosperität, Wohlstand und den sozialen Frieden bleiben kann.

Ein Aufstand der Unterschicht – heute erscheint er noch wenig wahrscheinlich, auch wenn es bereits viele Anzeichen dafür gibt, dass sich die Menschen zu wehren beginnen. Die Stimmung kann jedoch umschlagen, unerwartet, plötzlich. Wir sind darauf nicht vorbereitet. Das ist die schlechte Nachricht. Doch es gibt auch eine gute.

In der Unterschicht hierzulande schlummert eine Vielzahl von Talenten, Fähigkeiten und Energien. Es sind enorme Reserven, die wir mobilisieren könnten, wenn wir nur wollten. Sie liegen vor allem in den Kindern der sozial schwachen und bildungsfernen Milieus. Dass sie kaum Chancen haben, ihre Fähigkeiten zu entdecken, geschweige denn zu entwickeln, macht sie zu Systemverlierern. Aber genau das könnte sich ändern. Von jenen 20 Prozent eines Jahrgangs, die wir als »Risikoschüler« bezeichnen und gemeinhin zu den Verlierern eines hochselektiven Bildungssystems zählen, könnten wir einen Großteil zu Gewinnern machen. Wir könnten ihre Talente heben, sie entwickeln helfen, nutzbar machen. Das wäre für den Einzelnen gerechter und für die Gesellschaft mehr als nur von großem Vorteil. Es wäre für uns alle überlebenswichtig.

Franz-Xaver Kaufmann, einer derer, die schon sehr früh auf die Folgen des demographischen Wandels hingewiesen haben, äußerte in einem Streitgespräch mit dem Ökonomen Thomas Straubhaar: »Kinder bilden durch ihr Lernen das Humanvermögen der nächsten Generation. Wenn es uns gelänge, die Hälfte der heute nicht wirklich arbeitsmarkttauglichen Jugendlichen für und durch einen Lehrberuf zu qualifizieren, würde das wirtschaftlich wie eine Erhöhung der Geburtenrate um 10 Prozent wirken.« Das kann und muss gelingen. Das ist die Chance. Kinder aus der Unterschicht werden nicht dümmer geboren als ihre Altersgenossen.

Am Ende bleiben zwei Fragen: Was müssen wir grundsätzlich tun? Und wo müssten wir konkret ansetzen?

1. Wir müssen an die Talente glauben.

Sie glauben nicht, dass in der Unterschicht reihenweise Fähigkeiten verschwendet werden? Dann werfen Sie einen Blick ins Ausland, über den Atlantik nach Venezuela, und lassen sich einen Moment lang verblüffen. In dem lateinamerikanischen Land ist in den vergangenen dreißig Jahren ein soziales Projekt herangewachsen, das in der Welt seinesgleichen sucht. Es ist zu einer wahren Welle angeschwollen, die die zum Teil bettelarmen Kinder aus den städtischen Slums des Landes zu Hunderttausenden in Musikschulen schwemmt. *El Sistema* – »das System«, wie es im Volksmund genannt wird – ist nicht nur ein Projekt der Musikerziehung, sondern auch eines flächendeckender Sozialarbeit, an dem sich inzwischen sogar der Deutsche Musikrat beteiligt. »Es ist weltweit das Wichtigste, was sich derzeit in der klassischen Musik tut«, meint Simon Rattle, Dirigent der Berliner Philharmoniker, der mit seinem eigenen sozialen Engagement bereits Furore gemacht hat.

1975 gründete José Antonio Abreu mit bescheidensten Mitteln ein Sinfonieorchester für junge Musiker. Doch der Musiker, Ökonom und Kulturpolitiker wollte und erreichte mehr. Er überzeugte die venezolanische Regierung von seiner Idee eines weltweit einzigartigen Musikerziehungssystems. 1979 wurde die staatliche Stiftung »Fundación del Estado para el Sistema Nacional de Orquestas Juveniles e Infantiles de Venezuela« gegründet. Über die Jahre erwuchsen daraus die heute 190 Musikschulen, in denen mehr als 300 000 Kinder Instrumente lernen und gemeinsam musizieren, mit 15 000 Musiklehrern, 150 Jugendorchestern, 70 Kinderorchestern und 30 professionellen Sinfonieorchestern, darunter die inzwischen weltberühmte Sinfónica de la Juventud Venezolana Simón Bolivar. *El Sistema* wurde und wird aus Erdölgewinnen des rohstoffreichen Landes finanziert und hat allein im vergangenen Jahr 100 Millionen Dollar nur für die Beschaffung von Instrumenten für die musikalische Arbeit an Grundschulen zur Verfügung gestellt. Die Welle ist längst über die Landesgrenzen hinweggeschwappt. In mehr als 20 Ländern Lateinamerikas gibt es inzwischen erfolgreiche Jugendorchesterbewegungen.

Doch *El Sistema* ist mehr als nur ein flächendeckend organisierter, kostenloser Musikunterricht und Ensemble-Spiel vor allem für die benachteiligten Kinder, von denen es in Venezuela unendlich viele gibt. Es ist eines der teuersten und größten Bildungs- und damit Sozialprojekte der Welt. Es ist ein Netzwerk für Kinder, die dadurch aus dem Elend der Straße herausgeholt werden – und das bereits im Vorschulalter. Ziel des Gründers ist nicht in erster Linie die Verbreitung klassischer Musik, sondern die Ausbildung sozialer Fähigkeiten und die Persönlichkeitsentwicklung. *El Sistema* bietet nicht nur Musikinstrumente, Unterricht und das tägliche Zusammenspiel, sondern hat sich eng mit den lokalen Sozialdiensten vernetzt. Es gewährt die Sicherheit einer gewaltfreien Umgebung. Es bietet – nach den Worten des Gründers – oft die einzige Chance für die Kinder der Unterschicht, ein menschenwürdiges Dasein jenseits von Gewalt, Kriminalität, Drogenkonsum oder gar Prostitution zu führen.

Die Politiker in Venezuela hatten und haben einen langen Atem. *El Sistema* ist kein Projekt, dem nach kurzer Zeit die Finanzierung gekürzt wird, weil die wissenschaftliche Evaluation noch nicht den letzten Nachweis seiner Sinnhaftigkeit erbracht hat. Es ist eine Bewegung, die dank millionenschwerer staatlicher Unterstützung seit einer ganzen Generation lebendig ist und mit der jungen Philharmonie Simón Bolivar und ihrem Chefdirigenten Gustavo Dudamel – einem Kind aus einfachsten Verhältnissen – Musiker von Weltrang hervorgebracht hat. *El Sistema* – das Wunder von Caracas. Was wie sozialer Kitsch anmutet und den berühmtesten Musikern und Dirigenten dieser Welt die Tränen in die Augen treibt, ist vor allem der faszinierende Beweis dafür, dass es in den untersten Schichten unendlich viele Talente gibt, die – wie im Falle der venezolanischen Musiker – durch Musikalität, Leidenschaft, Disziplin und Präzision beeindrucken. Weltweit steigt die Zahl der Nachahmer, so auch zum Beispiel im Ruhrgebiet, wo mit erheblichem Aufwand jedem Kind zu einem Instrument und Unterricht verholfen werden soll.

2. Wir müssen uns um die Kinder und Jugendlichen kümmern.

Deutschlands neue Unterschicht besteht nicht nur aus Kindern, sondern auch aus jungen Erwachsenen, aus Menschen in der Mitte ihres Lebens und aus Alten. Trotzdem ist in diesem Buch fast ausschließlich von Kindern und Jugendlichen die Rede; warum? Die Begründung ist schlicht: Nur wenn wir uns auf die Kinder und Jugendlichen der benachteiligten Schichten konzentrieren und uns um deren Entwicklung kümmern, besteht die Chance, zu verhindern, dass Deutschlands Unterschicht weiter wächst und sich verfestigt. Wenn Kinder von ihrer Umwelt Unterstützung erfahren, wenn sie von motivierten Eltern gefördert werden, wenn sie in Kindergärten und Schulen nicht aussortiert werden, werden sie diese Erfahrung später an ihre Kinder weitergeben. Sie werden dann in der Lage sein, ihre eigenen Kinder zu unterstützen, damit sich die kleinen Persönlichkeiten zu Menschen mit Leistungsbereitschaft und Verantwortungsbewusstsein entwickeln können. Deshalb ist es so wichtig, dass der gesellschaftlich benachteiligte Nachwuchs wieder die Möglichkeit bekommt, unsere Gesellschaft als eine offene, faire und chancenreiche zu erleben, als eine motivierende und aufbauende Gesellschaft, als eine, die solidarisch ist, von Gemeinsinn getragen wird und der Tradition der Freiheit verpflichtet bleibt.

Gerade die Kinder und Jugendlichen sollen die Erfahrung machen, dass Fähigkeiten, Arbeitseinsatz und Leistung sich lohnen, weil der Preis dafür ein Leben in Eigenverantwortung und Entscheidungsfreiheit unabhängig von staatlichen Transfers und damit verbundenen Vorgaben ist. Derzeit ist das nicht der Fall. Kinder aus unteren Schichten wissen genau, wo sie stehen. Sie haben schon im Alter von 6 bis 8 Jahren verinnerlicht, dass Chancen von Geburt an ungleich verteilt sind, dass es sich gar nicht erst lohnt, für sie zu kämpfen, weil die Gesellschaft nichts anderes als eine unbarmherzige Sortiermaschine ist, die vor allem nach sozialer Herkunft Teilhabe gewährt oder verwehrt. Das ist für eine freiheitliche Gesellschaft untragbar.

3. Wir müssen umdenken.

Armut wird es immer geben, ob in ländlichen, industriellen oder postindustriellen Gesellschaften. Das haben wir über die Jahre gelernt. Selbst in Zeiten, in denen die sozialen Unterschiede in Deutschland auf ein Minimum zusammenzuschrumpfen schienen, hat es relative Armut gegeben. In den vergangenen Jahren, in denen unsere Gesellschaft insgesamt reicher geworden ist, hat sich die Armut breitgemacht und verfestigt, ohne dass es gelungen ist, diesen Prozess der wachsenden sozialen Unterschiede aufzuhalten. Armut oder, besser gesagt, relative Armut ist wahrscheinlich die notwendige Begleiterscheinung einer von ihrer Ausrichtung her meritokratischen Gesellschaft, in der sich ein jeder nach seiner Leistung einen Platz erobert. Wer sich zur Leistungsgesellschaft bekennt und damit zu gesellschaftlicher Vielfalt, der muss die Chancen und Risiken, die diese mit sich bringt, akzeptieren. Das allgemeine Klagen über die steigende Armut, von der in Deutschland in überdurchschnittlichem Maße Kinder betroffen sind, hilft den Kindern nicht weiter und der Gesellschaft als Ganzes ebenso wenig. Die Kritik gibt es schon lange, und die Zahl derjenigen Kinder und Jugendlichen, die in relativer Armut aufwachsen, steigt dennoch. Ein gewisses Maß an Armut werden wir akzeptieren müssen. Einzig die ökonomische Armut in den Blick zu nehmen, wie es die Politik über die Jahre getan hat und weiterhin tut, erscheint angesichts der gegenwärtigen Entwicklung wenig hilfreich.

Was wir allerdings nicht länger akzeptieren dürfen, ist die Chancenlosigkeit, die in Deutschland mit materieller Armut einhergeht. Längst weiß man, dass selbst Eltern mit besten Erziehungsbemühungen kaum in der Lage sind, den durch ihre relative Armut entstehenden Nachteil für ihre Kinder auszugleichen. Weder aufgrund ethischer noch gesellschaftlicher oder gar ökonomischer Gründe lässt sich rechtfertigen, dass die relativ Armen, die sozial Schwächeren, schon von Kindesbeinen an schlechtere Chancen für die Entwicklung ihrer Fähigkeiten und damit für gesellschaftliche Teilhabe besitzen. Darüber hinaus kommt relative Armut selten allein, sondern geht in der Regel mit weiteren Benachteiligungen einher, die den

Nachwuchs in seinen Entwicklungsmöglichkeiten ein Leben lang belasten. Deshalb müssen wir nicht in erster Linie die Armut bekämpfen, sondern die Chancenlosigkeit, die sich daraus ergibt und zu noch mehr Armut führt. Warum sollten ökonomisch nachteilige Lebenslagen ausgerechnet für den Nachwuchs bedeuten, dass es keine Möglichkeiten gibt, sich irgendwann daraus zu befreien? Wenn es gelänge, dafür zu sorgen, dass ein jeder seine Chance bekäme, sich seinen Platz in der Leistungsgesellschaft zu erarbeiten, ließe sich schließlich auch die Armut zurückdrängen. Doch dieses Umdenken braucht Mut, denn wer sich für Chancengerechtigkeit oder Chancengleichheit einsetzt, muss Ergebnisvielfalt ertragen können.

Über Jahrzehnte haben sich die Politiker von Bund, Ländern und Gemeinden darauf konzentriert, die materielle Armut zu bekämpfen – immer in der Hoffnung, dass ein Mindestmaß an ökonomischem Ausgleich unsere Gesellschaft ein Stück weit gerechter macht. Die sich immer weiter zuspitzende Chancenlosigkeit, die mit der Armut einherging, haben sie indessen vernachlässigt. Seit Jahren gibt die Gesellschaft ein Drittel des Bruttoinlandsproduktes und damit jüngst rund 700 Milliarden Euro für ein unübersichtliches Bündel an Sozialleistungen aus. Doch statt die Armut einzudämmen, sehen wir uns hierzulande mit gegenteiligen Phänomenen konfrontiert: Armut verfestigt sich – der vielen Milliarden zum Trotz, die sich mittels der Sozialsysteme über die Benachteiligten ergießen.

Der Sozialstaat, der politisch seit jeher als riesige Umverteilungsmaschine begriffen wurde, ist längst an seine Grenzen gestoßen. Weitere finanzielle Transfers an die sozial Schwachen werden deren dauerhafte relative Armut kaum beeinflussen können, weil sie die Chancenungerechtigkeiten vor allem für die Kinder und Jugendlichen nicht beseitigen werden. Lebensgewohnheiten werden sich nicht ändern, das Bildungsverhalten wird sich nicht umkehren, und vor allem werden sich die Lebensperspektiven durch ein paar Euro mehr nicht verbessern. Das sozialstaatliche Grundverständnis des bloßen Umverteilens muss einer Konzeption weichen, die die Bedingungen dafür schafft, dass sich in Deutschland in ausreichendem Maße Humanvermögen bilden kann.

Die Chancenlosigkeit benachteiligter Schichten kann beseitigt werden, es könnte weitaus gerechter zugehen. Voraussetzung dafür ist allerdings ein Paradigmenwechsel in Teilen unserer Sozialpolitik. Das Wohlergehen der Kinder und Jugendlichen, ihre Entfaltungsmöglichkeiten und Bildungschancen müssen zum Ausgangspunkt sozialpolitischer Anstrengungen werden und fortan in deren Zentrum stehen. Die Kinder und Jugendlichen brauchen nicht in erster Linie mehr Geld, sondern mehr Infrastruktur, engmaschigere Netzwerke, nachhaltigere Unterstützung und vor allem eine Gesellschaft, die sich als Ganzes dafür interessiert, was aus ihnen wird. Sie benötigen ein Umfeld in und außerhalb der Familie, in dem sie sich grundsätzlich wohl und erwünscht fühlen, denn nur dann können sie Vertrauen in ihre Fähigkeiten und Chancen entwickeln und befähigt werden, ihre Zukunft zunehmend selbständig und entsprechend der eigenen Kompetenzen und Neigungen in die Hand zu nehmen. Und das unabhängig von sozialen Barrieren wie der ihrer Herkunft, die heute die entscheidende Determinante für Lebensverläufe ist. Und schließlich brauchen wir ein Konzept der Kinder- und Jugendunterstützung, das nicht allein auf Krisenintervention und soziale Reparatur ausgerichtet ist, sondern Hilfe anbietet, bevor es überhaupt zur Krise kommt.

Kommen wir zur zweiten Frage: Wo müssen wir konkret ansetzen? Wir haben die Verläufe von Benachteiligungen studiert, die mit der Familie einsetzen und sich über Quartiere und Schulen bis in die Ausbildungssysteme fortsetzen. Genau dort finden sich auch die Ansätze.

1. Familien brauchen Netzwerke.

Unser Gesellschaftsbild von Sinn und Aufgaben der Familien ist ein sehr traditionelles: Eltern haben die Verantwortung für die kindliche Entwicklung und auch für die Fehlentwicklung. Ob diese den Eltern zugewiesene Alleinverantwortung noch zeitgemäß ist, ist fraglich in einer Zeit, in der das Modell des Alleinernährers mit durchgängiger Erwerbsbiographie nicht mehr die Norm ist. Gleichwohl ist elterliche Verantwortung und damit das Erziehungsrecht ein hohes, schützenswertes Gut, das nicht umsonst verfassungsrechtlich verankert ist. Die Hürden für staatliche Eingriffe sind hoch und sollten es auch bleiben.

Wenn wir nun aber die Perspektive der Kinder einnehmen, stellen wir fest, dass diese Alleinverantwortung der Eltern vor allem in bestimmten gesellschaftlichen Schichten für die Kinder von erheblichem Nachteil ist. Es gibt Milieus, in denen Kindern bereits im frühesten Alter nicht die Unterstützung, Zuwendung und Aufmerksamkeit zuteilwird, die notwendig wäre, um später in der Schule und schließlich im Leben zu reüssieren. Das mag mit der Bildungsferne der Eltern zusammenhängen, mit mangelndem Wissen um die zentrale Bedeutung von Bildung für individuelle Lebenschancen, mit der materiellen Situation oder auch einer grundlegenden erzieherischen Überforderung.

Die Konsequenz dessen hieße: Eltern und Familien benachteiligter Schichten brauchen schon vor der Geburt ihrer Kinder mehr Unterstützung. Sie benötigen flächendeckende, ineinandergreifende Netzwerke aus Beratung, Betreuungsmöglichkeiten wie Kindergärten und Krippen, Erziehungshilfen und vieles mehr. Sie benötigen eine zusammenhängende Infrastruktur, bevor die individuellen Katastrophen ihren Lauf nehmen, von denen wir immer nur die Spitze sehen, selten aber das Ganze. Es muss Konsens sein, dass umfangreiche Angebote für die frühkindliche Förderung in und außerhalb der Familien sozial benachteiligter Milieus die Eltern nichts kosten dürfen. Sie brauchen sie, damit es ihnen trotz widriger Lebensumstände möglich wird, ihren Kindern Chancen zu verschaffen. Selbst wenn sich überforderte oder gar am Wohl ihrer Kinder desinteressierte Eltern ihrer Erziehungsaufgabe somit einfach entledigten – es gibt in Deutschland unzweifelhaft Kinder, für die ein ganztägiger Aufenthalt in einer Krippe von klein an ein Segen wäre.

Junge Mütter brauchen kontinuierliche Ansprache, Motivation und Unterstützung – vor der Geburt und über Jahre danach. Auf die Erkenntnisse der Forschung, dass für die Gehirn- und damit Intelligenzentwicklung die ersten Lebensjahre entscheidend sind, hat die Politik bis heute nicht reagiert. Wissenschaftlich begleitete Projekte in verschiedenen Industriestaaten, auch in Deutschland, Versuche und Studien haben vielfach bewiesen, dass sich der frühe Einsatz bei Kindern lohnt. In Deutschland bleibt es jedoch zu häufig bei Projekten, deren Fortsetzung zu bald an ihrer Finanzierung scheitert. Noch immer leben wir in der Vorstellung, dass gerade die frühkindliche Förderung den Familien obliegt und dass sie nicht mehr kosten darf, als es heute der Fall ist. Doch für die Gesellschaft ist eine verbesserte Humanvermögensbildung nicht zum Nulltarif zu haben. Bund, Länder und Kommunen werden in erheblichem Maße in Netzwerke um Familien herum und in frühkindliche Förderung investieren müssen. Sie werden Mut dafür brauchen, weil sich diese Investitionen erst nach Jahren wirklich rentieren. Aber sie werden sich rentieren.

2. Die schwachen Viertel müssen lebenswert werden.

Wenden wir uns weiter den Wohnorten zu, wo sich vor allem die benachteiligten Schichten unserer Gesellschaft versammeln. Die Geschichte von Jascha hat gezeigt, wie benachteiligte Quartiere zu benachteiligenden Orten werden, vor allem für den Nachwuchs. Da selbst engagierte Eltern die Entwicklung ihrer Kinder immer nur zum Teil beeinflussen können, weil auch das Umfeld seine Wirkung auf die kindlichen Erfahrungen und das Lernen hat, kommt dem Umfeld eine enorme Bedeutung zu. Kinder und Jugendliche, die in sozialen Brennpunkten – sei es in der Stadt oder auf dem Land – aufwachsen, werden durch die so wenig förderliche Umgebung um ihre Chancen gebracht, sosehr ihre Eltern sie auch davor zu schützen versuchen. Einiges ist in Gang gekommen; es gibt Bürgerengagement, das Quartiersmanagement und auch Fördermittel aus verschiedenen Programmen. Doch dem Abdriften der Quartiere kommen die Kommunen damit nicht bei. In den benachteiligten Vierteln müssten nicht nur die meisten Streetworker im Einsatz sein – dort sollten sich die besten Sportvereine, die besten Musikschulen und auch die besten Schulen finden, die nicht nur für die Quartiersbewohner selbst, sondern für die gesamte Gemeinde eine hohe Attraktivität genießen. Anders ist der fortschreitende Prozess der »sozialen Entmischung« nicht zu stoppen.

3. Die Schulen müssen sich grundlegend verändern.

Schulen sind darauf ausgerichtet, Leistungskompetenzen zu vermitteln, freilich in Abstufungen. Alle anderen Komponenten der Entwicklung der Kinder einschließlich der für die Schule notwendigen Unterstützungsleistungen obliegen den Eltern, die der ihnen übertragenen Aufgabe je nach eigenem Bildungshintergrund, aufgewendeter Zeit und finanziellen Ressourcen in ganz unterschiedlicher Weise gerecht werden. Die meisten Familien bewältigen diese Herausforderungen sehr selbständig und zum Glück hervorragend. Aber was ist mit Kindern, deren Eltern nicht die Unterstützung bieten können, damit ihre Kinder in der Lage sind, den Leistungswettbewerb in unseren Bildungseinrichtungen erfolgreich zu bestehen? Unsere einzig an der Vermittlung von Bildungsinhalten orientierten Schulen sortieren schon die Kleinen alsbald nach Begabung und Leistung. Die Selektivität des deutschen Schulsystems hat sich dabei längst zu einem Systemfehler ausgewachsen. Schule müsste also mehr vermitteln als nur bestimmte Kompetenzen. Schule muss Lernhaltungen ebenso vermitteln wie Sprachbeherrschung, soziales Verhalten und Lebenseinstellungen. Schule muss nicht nur bilden, sondern auch erziehen. Darin liegt eine enorme Chance, um die so vernachlässigten Talente der Kinder in den unteren Schichten zu mobilisieren. Aber: So wie die Schulen heute ausgestattet sind, kann man das nicht von ihnen verlangen.

Warum sollte man das den Schulen aufbürden? Ganz einfach: Weil so aufgrund der allgemeinen Schulpflicht garantiert ist, dass alle erreicht werden. Schulen sind für Kinder und Jugendliche der über Jahre entscheidende Erfahrungs- und Lebensraum. Aber als solcher werden sie nicht begriffen und auch nicht geführt, sondern ausschließlich als Bildungseinrichtungen. Damit die Schulen über ihren Bildungsvermittlungsauftrag hinauswachsen und zu Erziehungseinrichtungen im unfassenden Sinn werden können, muss es den Kindern möglich sein, sehr viel mehr Zeit dort zu verbringen und in den Genuss von viel mehr Unterricht und anderen Aktivitäten zu kommen, anstatt sich an den Nachmittagen mehr schlecht als recht die Zeit zu vertreiben.

Schulen brauchen mehr Lehrer und mehr Erzieher. Sie brauchen besser qualifizierte Kräfte vor allem für die leistungsschwächeren Schüler. Sie brauchen ein professionelleres Management. Unendlich viel Potenzial läge in professioneller Elternarbeit, zu der die Pädagogen in ihrer Ausbildung endlich ausreichend befähigt werden müssen. Schulen müssen zu Ganztagseinrichtungen werden, in denen Kinder am Nachmittag nicht nur betreut, sondern gefördert werden. Es müssen Hausaufgabenhilfen bereitgestellt werden, oder es muss so viel Unterricht geben, dass Hausaufgaben gar nicht nötig sind. Von der höchsten Stundenzahl und den besten Lehrern müssten die leistungsschwachen Schüler ebenso wie die starken profitieren können. Für sie muss es Ferienkurse geben anstelle von dreizehn über das Schuljahr verteilten Wochen Leerlauf, in denen der Nachwuchs aus der Mittel- und Oberschicht von einem individuellen Ferienprogramm profitiert und die Unterschiede im individuellen Leistungsvermögen weiter wachsen. Die Schule muss zum Campus werden – so wie es für die republikweit bekannte Rütli-Schule in Berlin-Neukölln geplant ist.

Schulen müssen gesellschaftlich integrieren, nicht sortieren und eine Spaltung des Nachwuchses befördern. Wo sonst sollten die Kontakte zwischen Kindern und Jugendlichen der unterschiedlichen Milieus und Kulturkreise zustande kommen und gelebt werden? Das bedeutet, dass langfristig auch die Struktur unseres veralteten Schulsystems grundlegend verändert werden muss. Es ist schließlich eine sehr ineffiziente und ungerechte Art, Kindern Bildung zu vermitteln. Das dreigliedrige Schulsystem gehört abgeschafft und sollte dem der Länder angepasst werden, die bildungspolitisch die erfolgreichsten sind. Eine Gemeinschaftsschule, wie es sie in den meisten westeuropäischen Staaten gibt, muss nicht mit einem grundsätzlichen Niveauverlust einhergehen. Von einer internationalen Perspektive aus gesehen, erscheint die hierzulande hochemotional geführte Diskussion darüber geradezu absurd. Kinder müssen länger gemeinsam lernen, miteinander, voneinander und übereinander. Heterogenität und Vielfalt sind die besten Voraussetzungen für Kreativität und Spitzenleistungen und gleichzeitig die bessere Vorbereitung auf das Leben. Allerdings wäre es falsch zu glauben, mit einer grundlegenden Strukturreform wie der Abschaffung der Dreigliedrigkeit des Schulsystems könnte es bereits zum jetzigen Zeitpunkt gelingen, alle gravierenden Mängel unseres Schulsystems zu beheben. Eine Hauruckreform brächte nichts. Zunächst müssen die Schulen insgesamt einmal in die Lage versetzt werden, einem wesentlich umfassenderen Bildungs- und Erziehungsauftrag gerecht zu werden. Das gilt nicht nur für die Grund-, Haupt- oder Realschulen, sondern gleichermaßen für die Gymnasien. Ist dies erst einmal der Fall, dann wäre die Abschaffung des dreigliedrigen – in manchen Bundesländern zweigliedrigen – Schulsystems der nächste Schritt.

Schulen bieten Chancen. Doch gute Schulen gibt es nicht umsonst. Die Länder mit Beteiligung des Bundes müssen viele Milliarden investieren: in Ausstattung, Gebäude, Fördereinheiten für schwache Schüler, vor allem aber in die Lehrerausbildungen für alle Schulformen. Eine vage Vorstellung des finanziellen Rahmens, der für einen grundlegenden Aus- und Umbau unserer Schulen notwendig wäre, bekommt man, wenn man sich den Kosten zuwendet, die aus der Ineffizienz unseres Schulsystems resultieren. Offenbar vermitteln viele Schulen nicht ausreichend Wissen, sondern verlangen Leistungen, auf die sie die Schüler nicht angemessen vorbereiten. Die Bereitschaft der öffentlichen Hand, hier zu investieren, ist jedoch gering, auch wenn bereits viele Politiker der Bildung das Wort reden. Noch immer herrscht neben dem allgemeinen Wehklagen über knappe Kassen die Meinung vor, dass für einen Aus- und Umbau des Schulsystems keine Mehrkosten entstehen dürften – eine weltfremde Auffassung angesichts der künftigen Anforderungen an die nachwachsende Generation. Bildung im weitesten Sinne ist die beste Sozialpolitik. Sie ist Zukunftsvorsorge und Zukunftssicherung. Die Politik hätte längst die Chance, ihre Optimierungsaufgabe wahrzunehmen und die knappen Mittel dort zu investieren, wo langfristig die höchste Rendite entsteht. Dann bräuchte man sich nicht weiter Gedanken darüber zu machen, wie man die Kinder aus der Sozialhilfe holt – sie hätten im erwachsenen Alter deutlich bessere Chancen.

Das ist in einer alternden Gesellschaft mit schrumpfender Familien- und Kinderzahl natürlich schwer durchzusetzen. Mit dem demographischen Wandel schwindet die Einsicht in die Notwendigkeit, weil der Interessenschwerpunkt der älteren Menschen nicht unbedingt auf der Nachwuchsförderung liegt. Genau das wissen auch die Politiker, die sich mit einer Erhöhung der Renten jenseits der Rentenformel viel leichter tun als mit zusätzlichen Investitionen ins Bildungssystem. Zudem benötigt ein Paradigmenwechsel in der Sozialpolitik einen langen Atem, der weit über eine Legislaturperiode hinausgehen muss. Erst wenn aus den sozial benachteiligten Kindern nach Jahren der Förderung Erwachsene werden, die ihr Leben selbst in die Hand nehmen, ihren Beitrag zum Bruttosozialprodukt und den Sozialkassen leisten, sich gesellschaftlich engagieren und im besten Falle ihre Kinder selbst fördern, hat sich die Investition gelohnt.

Viel weiter als die Politik sind die Bürger in Deutschland. Sie haben schon lange begriffen, welche Möglichkeiten im Kampf gegen die Chancenlosigkeit benachteiligter Kinder und Jugendlicher liegen. Viele sind sich längst der Tatsache bewusst, dass ein Heer von chancenlosen Kindern und Jugendlichen heranwächst, das unsere Gesellschaft in ihrem Zusammenhalt bedroht. Sie engagieren sich jedoch nicht bloß aus Einsicht in die gesellschaftliche Notwendigkeit einer guten Humanvermögensbildung, sondern weil sie das Wissen um die Benachteiligung der Kinder dazu treibt, denn für sie ist das Elend ihrer Mitmenschen vielerorts mit Händen zu greifen. Unzählige Bürger engagieren sich: in Stiftungen und Vereinen, mit Geld und/oder eigener Aktivität, als Lese- und Hausaufgabenpaten, an Tafeln und einer Vielzahl weiterer Einrichtungen wie Kinderhäusern und privaten Bildungszentren, die den Kindern und Jugendlichen regelmäßiges warmes Essen, Zuwendung und Unterstützung sowie einen Schutzraum für seelische und körperliche Unversehrtheit bieten. Mancherorts könnte man fast von Bürgerbewegungen sprechen. Hier und da gelingt sogar der Brückenschlag zur Politik. Oft genug aber werden die Menschen von der Politik alleingelassen, zuweilen sogar als störend empfunden, weil sie mit ihrem

Engagement einen Finger in die Wunde legen, von der die öffentliche Hand eigentlich nichts wissen will.

Von der gesellschaftlichen Mitte, von denen, die sich um die gesellschaftliche Entwicklung sorgen, geht eine ungeheure Hilfsbereitschaft aus. Es wäre zu hoffen, dass durch das Bürgerengagement für den sozial benachteiligten Nachwuchs der politische Druck auf Bund, Länder und Gemeinden wächst, sehr viel mehr in die Infrastruktur für Kinder und Jugendliche zu investieren. Denn nicht im bürgerlichen Engagement, sondern auf politischer Ebene befinden sich die Stellschrauben für eine neue, chancenorientierte Sozialpolitik.

»Man hätte einfach mehr auf mich aufpassen müssen«, sagt Jascha in einem der ersten Gespräche. »Das hätte ich wirklich gebraucht. Aber es war niemand da.« Genau das muss sich ändern. Es ist keine Zeit zu verlieren. Jeder Tag, an dem es uns gelingt, mehr benachteiligten Kindern bessere Chancen zu verschaffen, ist für die Kinder der Unterschicht, aber auch für uns alle, ein gewonnener Tag.

Nachwort

In Deutschlands Großstädten ist es nicht schwierig, Jugendliche wie Jascha zu finden. Es gibt sie zu Tausenden. In den weniger guten Vierteln, auf den Treppenstufen von S- und U-Bahnhöfen, auf Plätzen selbst gutbürgerlicher Stadtteile, die sich zu Brennpunkten entwickelt haben, oder an Hauptschulen. Jascha ist ein Deutscher. Ich habe ihn und andere Kinder und Jugendliche häufig getroffen und sie nach ihrer Geschichte gefragt. Alle haben ähnlich auf meine Fragen geantwortet: Ihre soziale Herkunft erschien als die alles bestimmende Restriktion in ihren noch so jungen Leben. Jascha heißt natürlich nicht Jascha, und eine Reihe der für ihn charakteristischen Merkmale wurden weggelassen oder geändert.

Ohne die Hilfe von Fachleuten hätte ich vieles nicht verstehen können. Ich danke den Soziologen, Ökonomen, Erziehungswissenschaftlern und Psychologen, die die unterschiedlichsten Aspekte der hier dargestellten Problematik erforscht und analysiert haben. Viele von ihnen haben mich darin bestärkt, dieses Buch zu schreiben. Nicht alle konnte ich zitieren, um den Text nicht mit Namen zu überfrachten.

Dank gebührt zudem den Sozialarbeitern, Mitarbeitern der Jobagenturen, der Sozial- und Jugendämter, den Streetworkern sowie den Lehrern und Erziehern, die mir in zahlreichen Gesprächen mit bewundernswertem Engagement und professioneller Erfahrung zur Verfügung standen.

Nicht zuletzt danke ich meinem gestrengen Gegenleser und Kollegen Carsten Germis und meiner Agentin Astrid Poppenhusen. Beide haben an der Entwicklung des Konzepts für dieses Buch erheblichen Anteil. Meiner Lektorin Kathrin Liedtke bin ich wegen ihrer Bereitschaft, sich nicht nur mit professionellem Engagement, sondern auch mit persönlicher Begeisterung auf dieses Thema einzulassen, zu Dank verpflichtet. Und natürlich danke ich meinem Mann Theo Lange, ohne den es dieses Buch nicht gäbe.

Zitierte und weiterführende Literatur

Christina Anger, Axel Plünnecke, Susanne Seyda, Dirk Werner: Bildungsarmut und Humankapitalschwäche in Deutschland. Gutachten für den Gemeinschaftsausschuss der Deutschen Gewerblichen Wirtschaft. Institut der deutschen Wirtschaft Köln, 2006

Autorengruppe Bildungsberichterstattung (Hrsg.): Bildung in Deutschland 2008. Im Auftrag der ständigen Kultusminister der Länder in der Bundesrepublik Deutschland und des Bundesministeriums für Bildung und Forschung, Drehfeld 2008

ARAG Allgemeine Rechtsschutz-Versicherungs-AG: ARAG Deutschland Trend, Frühjahr 2007, Frühjahr 2008–06–19

Martin Baethge, Heike Solga, Markus Wieck: Das Elend der jungen Männer. Schwierige Übergänge in den Beruf, in: Schüler, 2007. Jungen, 2007

Martin Baethge, Heike Solga, Markus Wieck: Berufsbildung im Umbruch. Signale eines überfälligen Aufbruchs, in: Böcklerimpuls 9/2007

Joachim Bauer: Lob der Schule, Hamburg 2007

Jürgen Baumert, Kai S. Cortina, Achim Leschinsky, Karl Ulrich Mayer, Luitgard Trommer (Hrsg.): Das Bildungswesen in der Bundesrepublik Deutschland. Strukturen und Entwicklungen im Überblick. Ein Bericht des Max-Planck-Instituts für Bildungsforschung, Reinbek bei Hamburg 2005

Irene Becker: Armut in Deutschland. Bevölkerungsgruppen unterhalb der ALG II-Grenze, SOEP Papers on Multidisciplinary Panel Data Research, Deutsches Institut für Wirtschaftsforschung, Berlin 2007

Bertelsmann Stiftung (Hrsg): Wegweiser Demographischer Wandel 2020. Analysen und Handlungskonzepte für Städte und Gemeinden. Verlag Bertelsmann Stiftung, Gütersloh 2006

Hans Bertram: Zur Lage der Kinder in Deutschland. Politik für Kinder als Zukunftsgestaltung, Unicef-Forschungsinstitut Innocenti, Florenz 2007

Hans Bertram (Hrsg.): Mittelmaß für Kinder. Der UNICEF-Bericht zur Lage der Kinder in Deutschland, München 2008

Ursula Birsl, Cornelius Schley: Das Bildungssystem im »Kaukasischen Kreidekreis«. Hemmnisse und Perspektiven in der Bildungspolitik, Friedrich-Ebert-Stiftung, Hannover 2007

Thomas Bliesener und Friedrich Lösl: Aggression und Delinquenz unter Jugendlichen. Untersuchungen von kognitiven und sozialen Bedingungen, Bundeskriminalamt Kriminalistisches Institut (Hrsg.), München, Neuwied 2003

Hans-Peter Blossfeld, Wilfried Bos, Dieter Lenzen, Detlef Müller-Böling, Jürgen Oelkers, Manfred Prenzel, Ludger Wößmann: Aktionsrat Bildung. Bildungsgerechtigkeit. Jahresgutachten 2007, hrsg. von der Vereinigung der Bayerischen Wirtschaft e. V., Wiesbaden 2007

Michael Borchard, Christine Henry-Huthmacher, Tanja Merkle, Carsten Wippermann: Eltern unter Druck. Selbstverständnisse, Befindlichkeiten und Bedürfnisse von Eltern in verschiedenen Lebenswelten, Konrad-Adenauer-Stiftung (Hrsg.), Stuttgart 2008

Wilfried Bos, Sabine Hernberg, Karl-Heinz Arnold, Gabriele Faust, Lilian Fried, Eva-Maria Lankes, Knut Schwippert, Renate Valtin (Hrsg.): IGLU 2006. Lesekompetenzen von Grundschulkindern in Deutschland im internationalen Vergleich, Münster 2007

Kerstin Bruckmeier, Tobias Graf, Helmut Rudolph: Aufstocker – bedürftig trotz Arbeit. Institut für Arbeitsmarkt- und Berufsforschung, IAB-Kurzbericht 22/2007

Micha Brumlik (Hrsg.): Vom Missbrauch der Disziplin – Antworten der Wissenschaft auf Bernhard Bueb, Weinheim/Basel 2007

Heinz Bude und Andreas Willisch (Hrsg.): Das Problem der Exklusion. Ausgegrenzte, Entbehrliche, Überflüssige, Hamburg 2006

Bundesministerium für Familie, Senioren, Frauen und Jugend; Monitor Familienforschung 7, o. J.

Bundesministerium für Familie, Senioren, Frauen und Jugend, 7. Familienbericht. Familie zwischen Flexibilität und Verlässlichkeit, Berlin 2005

Bundesregierung: Lebenslagen in Deutschland. Der 3. Armuts- und Reichtumsbericht 2008

Robert Castel: Die Metamorphosen der sozialen Frage. Eine Chronik der Lohnarbeit, Konstanz 2000

Ralf Dahrendorf: Der moderne soziale Konflikt. Essay zur Politik der Freiheit, München 1994

Nico Dragano: Gesundheitliche Ungleichheit im Lebenslauf, »Aus Politik und Zeitgeschichte«, 42/2007

Rainer Geißler: Armut in der Wohlstandsgesellschaft, Bundeszentrale für politische Bildung, Informationen zur politischen Bildung, 269

Rainer Geißler, Bildungsexpansion und Bildungschancen, Informationen zur Politischen Bildung, 269

Markus M. Grabka, Joachim R. Frick: Vermögen in Deutschland wesentlich ungleicher verteilt als Einkommen. Deutsches Institut für Wirtschaftsforschung DIW Berlin, Wochenbericht 45/2007

Uta Meier-Gräwe: Jedes Kind zählt – Bildungsgerechtigkeit für alle Kinder als zukunftsweisende Aufgabe einer vorsorgenden Gesellschaftspolitik, Expertise im Auftrag der Bertelmann Stiftung, Gütersloh 2006

Christine Hagen, Bärbel-Maria Kurth: Gesundheit von Kindern alleinerziehender Mütter. »Aus Politik und Zeitgeschichte«, 42/2007

Michael Hartmann, Eliten und Macht in Europa. Ein internationaler Vergleich. Frankfurt a. M./New York 2007

Wilhelm Haumann: Generationen-Barometer 2006 des Instituts

für Demoskopie Allensbach im Auftrag des Forums Familie stark machen e. V., Freiburg 2007

Hartmut Häußermann, Martin Kronauer, Walter Siebe (Hrsg.): An den Rändern der Städte, Frankfurt a. M. 2004

Ines Heindl, Ernährung, Gesundheit und soziale Ungleichheit. »Aus Politik und Zeitgeschichte«, 42/2007

Stefan Hradil, Holger Schmidt: Angst und Chancen. Zur Lage der gesellschaftlichen Mitte aus soziologischer Sicht. In: Zwischen Erosion und Erneuerung. Die gesellschaftliche Mitte in Deutschland. Ein Lagebericht. Herbert-Quandt-Stiftung (Hrsg.), Frankfurt a. M. 2007

Klaus Hurrelmann, Sabine Andresen: TNS Infratest Sozialforschung, Kinder in Deutschland 2007. 1. World Vision Kinderstudie, Frankfurt a. M. 2007

Franz-Xaver Kaufmann: Schrumpfende Gesellschaft – Vom Bevölkerungsrückgang und seinen Folgen, Lizenzausgabe für die Bundeszentrale für politische Bildung, Bonn 2005

Stephen P. Jenkins, Thomas Siedler: The Intergenerational Transmission of Poverty in Industrialized Countries, Discussion Papers 693, Deutsches Institut für Wirtschaftsforschung, Berlin 2007

Astrid Kaiser (Hrsg.): Koedukation und Jungen, Weinheim/ Basel 2005

Helmut Klein: Direkte Kosten fehlender Ausbildungsreife in Deutschland, in: IW-Trends, 4/2005

Klaus Klemm, Isabell van Ackeren: Das deutsche Schulsystem. Entstehung – Struktur – Steuerung, AG Bildungsforschung/ Bildungsplanung, Universität Duisburg-Essen 2007

Christian Klöckner, Anja Beisenkamp, Sylke Hallmann: LBS-Kinderbarometer Deutschland 2007. Stimmungen, Meinungen, Trends – von Kindern und Jugendlichen in Deutschland. Hrsg. vom Dachverband der Landesbausparkassen in Zusammenarbeit mit dem deutschen Kinderschutzbund, 2007

Hans-Peter Klös, Axel Plünnecke: Bildungsfinanzierung und Bildungsregulierung in Deutschland: Eine bildungsökonomische Einordnung, in: Bildungsregulierung und Bildungsfinanzierung in Deutschland. Eine bildungsökonomische Reformagenda. Hrsg. vom Institut der deutschen Wirtschaft Köln, Köln 2006

Oliver Koppel: Nicht besetzbare Stellen beruflich Hochqualifizierter in Deutschland – Ausmaß und Wertschöpfungsverluste, in: IW-Trends, 1/2008

Steffen Kröhnert, Reiner Klingholz: Not am Mann. Vom Helden der Arbeit zur neuen Unterschicht? Berlin-Institut für Bevölkerung und Entwicklung (Hrsg.), 2007

Martin Kronauer: »Soziale Ausgrenzung« und »Underclass«: Über neue Formen der gesellschaftlichen Spaltung, in: SOFI-Mitteilungen, 24/1996

Martin Kronauer: Exklusion. Die Gefährdung des Sozialen im hoch entwickelten Kapitalismus, Frankfurt a. M. 2002

Martin Kronauer, Berthold Vogel, Frank Gerlach: Im Schatten der Arbeitsgesellschaft – Arbeitslose und die Dynamik sozialer Ausgrenzung, Frankfurt a. M. 1993

Stefan Lessenich, Frank Nullmeier: Deutschland – eine gespaltene Gesellschaft, Frankfurt a. M. 2006

Friedrich Lösel, Doris Bender: Jugenddelinquenz, in: Störungen im Kindes- und Jugendalter, hrsg. von Peter F. Schlottke, Silvia Schneider, Rainer K. Silbereisen, Gerhard W. Lauch, Göttingen 2005

Friedrich Lösel, Andreas Beelmann, Stefanie Jaursch, Mark Stemmler: Soziale Kompetenz für Kinder und Familien: Ergebnisse der Erlangen-Nürnberger Entwicklungs- und Präventionsstudie, Institut für Psychologie I der Universität Erlangen-Nürnberg, o. J.

Roland Merten: Armutszeugnis Kinderarmut. Kinderarmut in Deutschland – mehr als nur ein Randphänomen, in: Grundschule aktuell. Zeitschrift des Grundschulverbandes, 97/2007

Roland Merten: Gibt es eine Erziehungskatastrophe? Oder: »Aus einem krummen Holze lässt sich nichts Gerades zimmern«, in: Unsere Jugend, 59/11 und 12

Roland Merten: Albert Scher (Hrsg.), Inklusion und Exklusion in der Sozialen Arbeit, 2004

Gero Neugebauer: Politische Milieus in Deutschland. Die Studie der Friedrich-Ebert-Stiftung, Bonn 2007

Paul Nolte, Generation Reform. Jenseits der blockierten Republik, Lizenzausgabe für die Bundeszentrale für politische Bildung, Bonn 2004

Paul Nolte, Dagmar Hilpert: Wandel und Selbstbehauptung: Die gesellschaftliche Mitte in historischer Perspektive. In: Zwischen Erosion und Erneuerung. Die gesellschaftliche Mitte in Deutschland. Ein Lagebericht. Herbert-Quandt-Stiftung (Hrsg.), Frankfurt a. M. 2007

Bettina Reimann, Ulla-Kristina Schuleri-Hartje: Integration und sozialräumliche Segregation sind kein Widerspruch!, Deutsches Institut für Urbanistik, Difu-Berichte, 1/2006

Organisation für wirtschaftliche Zusammenarbeit und Entwicklung, OECD, Migration Report 2007 (Migrationsbericht)

Organisation für wirtschaftliche Zusammenarbeit und Entwicklung OECD: PISA-Studien, Ergebnisse in den Briefing Notes u. a., PISA 2006, Naturwissenschaftliche Kompetenz für die Welt von morgen, 2007

Organisation für wirtschaftliche Zusammenarbeit und Entwicklung OECD: Education at a Glance, 2003

Thomas Rhein, Melanie Stamm: Niedriglohnbeschäftigung in Deutschland. Deskriptive Entwicklung seit 1980 und Verteilung auf Berufe und Wirtschaftszweige, Institut für Arbeitsmarkt- und Berufsforschung, IAB-Forschungsbericht, 12/2006

Thomas Rhein, Hermann Gartner, Gerhard Krug: Aufstiegschancen für Geringverdiener verschlechtert. Institut für Arbeitsmarkt- und Berufsforschung, IAB-Kurzbericht, 3/2005

Markus Richter, Klaus Hurrelmann: Warum gesellschaftliche Verhältnisse krank machen, in: »Aus Politik und Zeitgeschichte«, 42/2007

R+V-Versicherung: R+V-Studie »Ängste der Deutschen 2007«

Dieter Schnack, Rainer Neutzling: Kleine Helden in Not. Jungen auf der Suche nach Männlichkeit, Reinbek bei Hamburg 2007

Franz Schultheis, Kristina Schulz (Hrsg.): Gesellschaft mit beschränkter Haftung. Zumutungen und Leiden im deutschen Alltag, Konstanz 2005

Shell Deutschland Holding (Hrsg.): Jugend 2006. 15. Shell-Jugendstudie, Frankfurt a. M. 2006

David K. Shippler: The Working Poor. Invisible in America, New York 2005

Thomas Siedler, Family Economics and Political Behavior. The Inheritance of Social Assistance Receipt (unveröffentlicht)

Statistisches Bundesamt: Armut und Lebensbedingungen; Leben in Europa, Wiesbaden 2006

Statistisches Bundesamt: Bevölkerung Deutschlands bis 2050. 11. koordinierte Bevölkerungsvorausberechnung, Wiesbaden 2006

Statistisches Bundesamt: Allgemeinbildende Schulen – Schuljahr 2006/2007. Fachserie 11, Reihe 1, Wiesbaden 2007

Bernd Wegener: Was ist gerecht? In: Geo Magazin, 10/2007

Martin Werding, Marianne Müller: Globalisierung und gesellschaftliche Mitte. Beobachtungen aus ökonomischer Sicht, in: Zwischen Erosion und Erneuerung. Die gesellschaftliche Mitte in Deutschland. Ein Lagebericht, Herbert-Quandt-Stiftung (Hrsg.), Frankfurt a. M. 2007

Ludger Wössmann: Letzte Chance für gute Schulen – Die 12 großen Irrtümer und was wir wirklich ändern müssen, Gütersloh 2007